U0498083

国家社科基金后期资助项目

简牍所见秦汉刑事法制的文本与实践研究

李婧嵘　著

图书在版编目(CIP)数据

简牍所见秦汉刑事法制的文本与实践研究/李婧嵘著.—北京:商务印书馆,2023
ISBN 978-7-100-22749-0

Ⅰ.①简… Ⅱ.①李… Ⅲ.①刑事诉讼—证据—司法制度—研究—中国—秦汉时代 Ⅳ.①D925.213

中国国家版本馆 CIP 数据核字(2023)第 137623 号

简牍所见秦汉刑事法制的文本与实践研究
李婧嵘 著

商 务 印 书 馆 出 版
(北京王府井大街 36 号 邮政编码 100710)
商 务 印 书 馆 发 行
北京市白帆印务有限公司印刷
ISBN 978-7-100-22749-0

2023 年 10 月第 1 版 开本 710×1000 1/16
2023 年 10 月北京第 1 次印刷 印张 13¾
定价:68.00 元

国家社科基金后期资助项目
出版说明

后期资助项目是国家社科基金设立的一类重要项目，旨在鼓励广大社科研究者潜心治学，支持基础研究多出优秀成果。它是经过严格评审，从接近完成的科研成果中遴选立项的。为扩大后期资助项目的影响，更好地推动学术发展，促进成果转化，全国哲学社会科学工作办公室按照“统一设计、统一标识、统一版式、形成系列”的总体要求，组织出版国家社科基金后期资助项目成果。

全国哲学社会科学工作办公室

作者简介

李婧嵘，女，湖南湘潭人，德国汉堡大学哲学博士（PhD），现为湖南大学法学院副教授、硕士生导师，主要研究领域：出土文献与秦汉法律史。兼任湖南大学出土文献与法律史研究中心研究员，湖南大学简帛文献研究中心研究员，湖南省文物局专家库专家。在 *T'oung Pao*、*Early China*、*Bulletin of the School of Oriental and African Studies*，以及《史林》《文献》《古代文明》《简帛》《简帛研究》等国内外学术刊物发表论文 10 余篇，参译译著三部，其中 *History of the Science of Law in China*（《中国法学史纲》英文版）获第八届中国出版集团优秀“走出去”奖。主持国家社科基金项目、贵州省哲学社会科学规划国学单列课题、中国博士后科学基金面上资助项目 3 项，参与国家社科基金重大项目 3 项。曾获湖南省普通高等学校青年骨干教师、湖南省高校信息化教学竞赛文科组一等奖第一名、湖南大学首届优秀教师新人奖等荣誉奖项。

目　录

绪　论

因秦汉律令久已佚失，长期以来秦汉法律史的研究主要有赖于钩沉传世文献及其注释中的法律史料。自睡虎地秦简出土四十余年以来，国内外历史学界、简帛文献学界以及法律史学界以出土简牍为材料，从不同角度推进了秦汉法律史的研究，成果丰硕，蔚然可观，填补了诸多空白。从秦汉法律研究有关的学术史梳理与研究动态来看，秦汉刑法一直为众多学者的研究重点，学者们尤其关注秦汉刑法原则、刑罚体系、刑徒及刑期、刑事诉讼程序等问题的研究，对这些问题深耕细作、创获颇丰。①

本书将主要以出土简牍所见法律文献为材料，并结合传世文献记载，挖掘不同性质的简牍材料之间的线索与联系，在对秦汉刑事法律文本展开细致研究的基础之上，探究秦汉刑事法制的实施程序及其实践，进而分析秦汉刑法如何实现其治政理民的功能。

一、秦汉刑法的承袭、因革与发展

从刑法嬗变与发展的角度来看，厘清秦汉刑法的承袭、因革与发展对秦汉刑法史研究有重要意义，也有助于理解在秦汉帝国的历史社会背景之下，刑法的功能与价值何在。因此，下文将讨论先秦时刑法的发展及其特点。

梅因在其经典名著《古代法》中提到，国家在“法典”时代之前，大多经历了一个“习惯法”时代。此时期的习惯法是一种“专门为有特权的少数人所知道的法律”。② 即指在习惯法时代，法律只为少数享有特权的人所知悉，

① 参见徐世虹、支强：《秦汉法律研究百年(三)——1970年代中期至今：研究的繁荣期》，载中国政法大学法律古籍整理研究所编：《中国古代法律文献研究》(第六辑)，北京，社会科学文献出版社，2012年版，第95—170页；李均明等：《当代中国简帛学研究》，北京，中国社会科学出版社，2019年版，第503—551页。

② 〔英〕梅因：《古代法》，沈景一译，北京，商务印书馆，1959年版，第9页。

普通百姓无从知晓法律内容。中国古代法律也大致经历了由习惯法走向成文法的过程。夏、商、西周时期，“昔先王议事以制，不为刑辟”，① 尚处于“‘习惯法’以及它为一个特权阶级所秘藏的时代”。② 据传世文献如《左传》反映，彼时以“古法”“先王之制”之类传统的习惯与规范维护社会秩序，少数贵族统治者垄断了法律知识，由他们掌握了法律和礼制，庶民并不知晓法律规范的内容及其如何被实施。

此类传统的习惯规范与后世的法律规范有很大区别，前者属于统治阶层的知识范畴，并且在很大程度上为临时适用的规范。从性质上来看，夏、商、西周时期的制裁行为与后世的刑罚处罚也存在区别，上古时期对何种犯罪行为处以何种刑罚，并未形成固定的规范与定则，极为缺乏稳定性。③ 并且，当时的刑罚以死刑及致人伤残的肉刑为主，当有人危及社会公共秩序时，刑罚的目的与意义并非只是让受刑之人饱受伤残之苦，更重要的是将他们逐出社会之外。④

春秋末期周室衰微，诸侯国之间兼并战争频发，百家争鸣，社会巨变。新兴地主阶层要求打破陈旧的法律格局，公布成文法，建立新的社会秩序，于是各国开始陆续施行法律变革。此时，郑国与晋国先后公布成文法，这在中国法律发展史上影响深远，具有重要意义。公元前 536 年，郑国执政子产“铸刑书”为国之常法，晋国大夫叔向写信驳斥，“昔先王议事以制，不为刑辟，惧民之有争心也”，自刑书公布后，“民知有辟，则不忌于上。并有争心，以征于书，而徼幸以成之，弗可为矣”。⑤ 公元前 513 年，晋国大臣赵鞅、荀寅“铸刑鼎”，孔子对此予以斥责：“晋其亡乎！失其度矣。夫晋国将守唐叔之所受法度，以经纬其民，卿大夫以序守之，民是以能尊其贵，贵是以能守其业。贵贱不愆，所谓度也……今弃是度也，而为刑鼎，民在鼎矣，何以尊贵？贵何业之守？贵贱无序，何以为国？”⑥

虽然郑国“刑书”和晋国“刑鼎”的具体内容已无从考证，《左传》的以上记载足以让我们管窥春秋末期两国公布成文法所引起的轩然大波。由此，

---

① 杨伯峻：《春秋左传注》，北京，中华书局，1990 年版，第 1274 页。

② 〔英〕梅因：《古代法》，沈景一译，第 9 页。

③ 参见〔日〕籾山明：《法家以前——春秋时期的刑与秩序》，徐世虹译，载杨一凡、〔日〕寺田浩明主编：《日本学者中国法制史论著选：先秦秦汉卷》，北京，中华书局，2016 年版，第 198—199 页。

④ 滋贺秀三在谈及中国上古时代刑罚的目的时指出：“为了实现将某个成员从社会中除掉的同样目的，死刑是别无其他的最直接的方式，肉刑则是以较缓和的方式实现上述目的。”他进而言之：“肉刑的目的，是实现了一种民事死亡。为毁伤肉体而加以刻印，令受刑者承受伤痛和残疾之苦，不是肉刑的主要目的。”〔日〕滋贺秀三：《刑罚的历史》，徐世虹译，载杨一凡、〔日〕寺田浩明主编：《日本学者中国法制史论著选：先秦秦汉卷》，第 64 页。

⑤ 杨伯峻：《春秋左传注》，北京，中华书局，1990 年版，第 1274—1275 页。

⑥ 同上书，第 1504 页。

刑法规范逐渐不再为贵族统治阶层所独晓，违法行为与刑罚也为普通百姓所知，使得他们可以知法并循法而行。正如《管子》载："夫法者，所以兴功惧暴也。律者，所以定分止争也。令者，所以令人知事也。法律政令者，吏民规矩绳墨也。"①更为重要的是，随着成文法的公布，古代刑法的功能也相应转变，刑法作为稳定性的社会规范，逐渐发展成为君主治国理民的重要工具，用于惩罚犯罪行为并维护国家社会秩序。

后至战国时期，周天子势力更为衰退，已名存实亡，诸侯国渐已发展成为政治、经济上独立的国家，形成了各国割据分裂的局面。各国为求国家富强，纷纷先后变法图强，其中尤以魏国魏文侯时的李悝变法引人注目。《晋书·刑法志》载：

> 是时承用秦汉旧律，其文起自魏文侯师李悝。悝撰次诸国法，著《法经》。以为王者之政，莫急于盗贼，故其律始于《盗》《贼》。盗贼须劾捕，故著《网》《捕》二篇。其轻狡、越城、博戏、借假不廉、淫侈、逾制以为《杂律》一篇，又以《具律》具其加减。是故所著六篇而已，然皆罪名之制也。商君受之以相秦。汉承秦制，萧何定律，除参夷连坐之罪，增部主见知之条，益事律《兴》《厩》《户》三篇，合为九篇。②

此外，《唐律疏议》中对李悝变法及其对秦汉的影响亦有记载：

> 周衰刑重，战国异制，魏文侯师于里悝，集诸国刑典，造《法经》六篇：一、《盗法》；二、《贼法》；三、《囚法》；四、《捕法》；五、《杂法》；六、《具法》。③

据以上记载，魏文侯时，李悝汇集各国法律，撰有《法经》六篇：《盗》《贼》《囚》《捕》《杂》《具》。④《法经》被认为是中国法律史上第一部较为系统的古

---

① 黎翔凤撰、梁运华整理：《管子校注》，北京，中华书局，2004 年版，第 998 页。

② （唐）房玄龄等撰：《晋书》，北京，中华书局，1974 年版，第 922 页。

③ （唐）长孙无忌等撰：《唐律疏议》，刘俊文点校，北京，中华书局，1983 年版，第 2 页。

④ 关于《法经》六篇的记载先后见于《魏书·刑罚志》《晋书·刑法志》及《唐律疏议》中。即使是成书最早的《魏书》，距魏文侯李悝之时已有近千年，学者质疑了这些传世文献中有关《法经》记载的真实性。其中，最先质疑的为捷克汉学家鲍格洛，参见 Timoteus Pokora："The Canon of Laws by Li Kui—A Double Falsification?"*Archív Orientální*, vol. 27(1959), pp. 96－121。再如李力也指出："从现有史料来看，《法经》在汉以前就失传了。到魏明帝至《晋书·刑法志》作者之时，才发现有关材料。《法经》之称，并不是李悝之法的原名，而是后世人们对它的惯称。其原名可能为'某法'。东汉桓谭《新论》中根本没有引用过《法经》。明末董说《七国考》所引《法经》是伪造的。"李力：《从几条未引起人们注意的史料辨析〈法经〉》，《中国法学》1990 年第 2 期。何勤华则认为，除非出现具有信服力的新材料证明《法经》存伪，否则不宜认定《法经》为伪造。参见何勤华：《中国法学史纲》，北京，商务印书馆，2012 年版，第 16—26 页。

代成文法典。①

《晋书·刑法志》还记载了李悝《法经》对秦汉法律的重要影响：

> 商君受之以相秦。汉承秦制，萧何定律，除参夷连坐之罪，增部主见知之条，益事律《兴》《厩》《户》三篇，合为九篇。叔孙通益律所不及，傍章十八篇，张汤《越宫律》二十七篇，赵禹《朝律》六篇，合六十篇。又汉时决事，集为《令甲》以下三百余篇，及司徒鲍公撰嫁娶辞讼决为《法比都目》，凡九百六卷。②

由以上记载可知，秦孝公时，商鞅以李悝所撰《法经》作为蓝本，改法为律，推动秦国变法，促进了秦国的富强，并为之后的统一大业奠定了法律基础。③ 之后，汉高祖时丞相萧何又以秦律为基础，在六篇上增加《兴律》《厩律》《户律》三篇，为汉律九篇。在此基础上汉律篇章又继续发展与嬗变，数量不断增多，内容愈发繁复。

而后，汉律又对魏、晋、隋、唐律产生了深远影响。如沈家本所论："《唐律》之承用《汉律》者不可枚举，有轻重略相等者，有轻重不尽同者，试取相较，而得失之数可借以证厥是非。是则求《唐律》之根源，更不可不研究夫《汉律》矣。"④可见，秦汉刑法在中国古代刑法史上具有承前启后的作用，其

---

① 日本学者浅井虎夫称："征之历史，则战国时，魏李悝撰《法经》六篇，当为中国编纂法典之始。"〔日〕浅井虎夫：《中国法典编纂沿革史》，陈重民译、李孝猛点校，北京，中国政法大学出版社，2007 年版，第 6 页。中国法典编纂始于《法经》之学界通说的形成与发展，参见陈涛、高在敏：《中国法典编纂的历史发展与进步》，《法律科学》2004 年第 3 期。将《法经》视为法典，是因为《法经》六篇的规范涵盖了当时法律的基本事项，并对法律作出了分类，具有法典的部分特征。但从律篇体系、立法体例、逻辑结构等技术层面来看，中国古代的法典编纂应始于魏晋时期。参见〔日〕滋贺秀三：《关于曹魏〈新律〉十八篇篇目》，程维荣等译，载杨一凡总主编、〔日〕寺田浩明主编：《中国法制史考证》丙编第二卷《日本学者考证中国法制史重要成果选译·魏晋南北朝隋唐卷》，北京，中国社会科学出版社，2003 年版，第 263—266 页；〔日〕冨谷至：《通往晋泰始律令之路（Ⅱ）：魏晋的律与令》，朱腾译、徐世虹校译，载中国政法大学法律史学研究院编：《日本学者中国法论著选译》，北京，中国政法大学出版社，2012 年版，第 164—189 页。

② （唐）房玄龄等撰：《晋书》，北京，中华书局，1974 年版，第 922—923 页。对于《晋书·刑法志》此段记载的真实性，也有学者质疑。参见张建国：《叔孙通定〈傍章〉质疑——兼析张家山汉简所载律篇名》，《北京大学学报（哲学社会科学版）》1997 年第 6 期。

③ 徐世虹细致梳理了学界关于秦"改法为律"的研究观点，对此指出："所谓'改法为律'，是仅仅将六篇改为'律'而融入秦既有的法律之中，还是秦原来的法律皆为'法'，而由商鞅统一改为'律'；抑或'改法为律'就是'变法修刑'的易言，表现的是'变法'与'修律'的历史事实，这一历史事件的真相究竟如何，尚待更多的资料予以揭示。"徐世虹：《文献解读与秦汉律本体认识》，载《"中央研究院"历史语言研究所集刊》2015 年第 68 本第 2 分，第 245 页。

④ （清）沈家本撰：《历代刑法考》，邓经元、骈宇骞点校，北京，中华书局，1985 年版，第 1365—1366 页。

立法理念、法律体例、律篇结构、罪名与刑罚等内容承袭于战国，又对后代刑法具有重要影响与作用。因此，研究秦汉刑法文本与法制实施的问题，对探究中国古代刑法史的因袭与变革具有重要的研究意义。

二、本书使用的秦汉出土法律简牍简介

中国成文法历史可追溯到春秋末期，但最早流传下来的中国古代法律为公元 7 世纪的《唐律疏议》，唐律之前的中国古代法律早已佚失。学者之前多通过钩沉、整理传世文献中秦汉法律的引文或零星记载来研究秦汉法律史。[①] 其中，主持晚清法律变革的法律史学家沈家本（1840—1913 年）在前人汉律研究的基础之上，搜集与考证了传世文献中汉代法律的内容，完成了法律史名著《汉律摭遗》。[②] 此书广稽史料，详尽考释，辨析归纳，尝试复原佚失已久的汉律令体系，是清末汉律研究的集大成之作。清末民国时期的法律史学家程树德（1877—1944 年）搜辑汉律残文，稽考细致，完成了法律史著作《汉律考》。这本书搜罗汉律佚文并按照《九章律》篇章排序，勾勒了汉律令的结构，体例清晰，为学者研究汉律提供了丰富的资料。[③] 在海外学界，如荷兰学者何四维（A.F.P. Hulsewé）搜集了传世文献中汉律的相关材料，钩沉史料，旁征博引，归纳考辨，撰著了法史名著《汉律遗存》（*Remnants of Han Law*）。该书前部分主要研究汉代法律与法制问题，后部分附有《汉书・刑法志》的译注及《礼乐志》第一部分的翻译。[④]

史料为法律史研究的基础，近年来秦汉法律史研究的推动与发展正是有赖于简牍法律文献的不断出土与发现。出土简牍使得佚失已久的秦汉法律重新面世，为学界研究秦汉法律史提供了丰富且价值宝贵的第一手资料，掀起了以简牍为主要材料研究法律史的学术热潮。本书研究中使用的秦汉出土简牍法律文献主要如下。

---

① 徐世虹详尽整理了清末民国时期以辑佚考证为主的汉律的研究成果，参见徐世虹：《秦汉法律研究百年（一）——以辑佚考证为特征的清末民国时期的汉律研究》，载中国政法大学法律古籍整理研究所编：《中国古代法律文献研究》（第五辑），北京，社会科学文献出版社，2012 年版，第 1—22 页。

② （清）沈家本：《汉律摭遗》，载氏著：《历代刑法考》，邓经元、骈宇骞点校，第 1365—1779 页。

③ 程树德：《汉律考》，载氏著：《九朝律考》，北京，中华书局，1963 年版，第 11—196 页。

④ A.F.P. Hulsewé：*Remnants of Han Law*，Leiden：E. J. Brill，1955.

（一）睡虎地秦简

1975年底，位于湖北省云梦县的睡虎地十一号秦墓发现了1100余枚秦简，出土时位于墓主的头部、右侧、腹部和足侧等位置，竹简大部分内容为秦代法律和司法文书。据墓中同出土的《编年纪》记载，墓主名为“喜”，生于秦昭王四十五年（公元前262年），曾在秦王政时期历任安陆县令史、鄢县令史等与司法相关的职务。睡虎地十一号秦墓中随葬的法律简册主要为五种：《秦律十八种》《效律》《秦律杂抄》《法律答问》及《封诊式》。[①]

［文本］

1. 睡虎地秦墓竹简整理小组编：《睡虎地秦墓竹简》，北京，文物出版社，1990年版。

2. 陈伟主编：《秦简牍合集：释文注释修订本》（壹），武汉，武汉大学出版社，2016年版。

3. 陈伟主编：《秦简牍合集：释文注释修订本》（贰），武汉，武汉大学出版社，2016年版。

［西文译本］

1. Derk Bodde："Forensic Medicine in Pre-Imperial China," *Journal of the American Oriental Society*, vol. 102(1982), pp. 1－15.

2. Katrina C.D. McLeod and Robin D.S. Yates："Forms of Ch'in Law: An Annotated Translation of the *Feng-Chen Shih*," *Harvard Journal of Asiatic Studies*, vol. 41(1981), pp. 111－63.

3. A.F.P. Hulsewé：*Remnants of Ch'in Law: An Annotated Translation of the Ch'in Legal and Administrative Rules of the 3rd Century B.C., Discovered in Yün-Meng Prefecture, Hu-Pei Province, in 1975*, Leiden: E. J. Brill, 1985.

（二）龙岗秦简

1989年底，距离睡虎地十一号秦墓不远的湖北省云梦县城郊龙岗六号秦墓出土了竹简150余枚，内容为与管理禁苑事务相关的秦代法律。墓中另外出土了一块木牍，据其文本记载，名为“辟死”的刑徒被判为城旦刑徒，经乞鞫后查明乃为错判，官府改判后“辟死”被免为庶人，并对错判官吏论罪

① 关于睡虎地十一号秦墓的墓葬形制、随葬器物以及墓主身份的介绍，参见《云梦睡虎地秦墓》编写组：《云梦睡虎地秦墓》，北京，文物出版社，1981年版。

处理。整理者认为,此秦墓的墓主应当就是木牍文中记载的“辟死”。①

[文本]

1. 刘信芳、梁柱:《云梦龙岗秦简》,北京,科学出版社,1997 年版。

2. 中国文物研究所、湖北省文物考古研究所编:《龙岗秦简》,北京,中华书局,2001 年版。

3. 陈伟主编:《秦简牍合集:释文注释修订本》(叁),武汉,武汉大学出版社,2016 年版。

(三) 岳麓书院藏秦简

2007 年底,湖南大学岳麓书院从香港文物市场抢救性收购了两千余枚秦代简牍。因这批秦简并非科学考古发掘所得,极有可能为盗墓者偷掘,其出土地相关信息不详。② 史达通过分析墓中出土简册《质日》,指出岳麓秦简应该都出土于同一个墓葬,墓主很可能曾任秦的江陵县丞。③

岳麓秦简中有 1200 余枚简抄写有秦代律令,这些律令已于近年分四卷陆续发表。此外,岳麓秦简还有司法案例集《为狱等状四种》,被抄录于四类不同形制的 252 枚竹简及木简(拼合后总数)上,共收录了 15 个秦代司法案例。并且,其案例多可与张家山汉简《奏谳书》中的案例进行对照研究。④

[文本]

1. 朱汉民、陈松长主编:《岳麓书院藏秦简(叁)》,上海,上海辞书出版社,2013 年版。

2. 陈松长主编:《岳麓书院藏秦简(肆)》,上海,上海辞书出版社,2015 年版。

3. 陈松长主编:《岳麓书院藏秦简(伍)》,上海,上海辞书出版社,2017 年版。

4. 陈松长主编:《岳麓书院藏秦简(壹—叁)释文修订本》,上海,上海辞书出版社,2018 年版。

5. 陈松长主编:《岳麓书院藏秦简(陆)》,上海,上海辞书出版社,2020 年版。

---

① 中国文物研究所、湖北省文物考古研究所编:《龙岗秦简》,北京,中华书局,2001 年版,第 4—7 页。

② 参见陈松长:《岳麓书院所藏秦简综述》,《文物》2009 年第 3 期。

③ 〔德〕史达:《岳麓秦简〈廿七年质日〉所附官吏履历与三卷〈质日〉拥有者的身份》,《湖南大学学报(社会科学版)》2016 年第 4 期。

④ 朱汉民、陈松长主编:《岳麓书院藏秦简(叁)》,前言部分,上海,上海辞书出版社,2013 年版。

6.〔德〕陶安:《岳麓秦简〈为狱等状四种〉释文注释修订本》,上海,上海古籍出版社,2021 年版。

7. 陈松长主编:《岳麓书院藏秦简(柒)》,上海,上海辞书出版社,2022 年版。

[西文译本]

1. Ulrich Lau and Thies Staack:*Legal Practice in the Formative Stages of the Chinese Empire*:*An Annotated Translation of the Exemplary Qin Criminal Cases from the Yuelu Academy Collection*, Leiden:Brill,2016.

(四)里耶秦简

2002 年 6 月至 7 月,里耶秦简于湖南省湘西土家族苗族自治州龙山县里耶镇里耶古城一号古井中发掘出土,共计简牍 36000 余枚,其中有字简牍 17000 多枚。① 里耶简牍的出土地为秦时洞庭郡迁陵县官署所在地,简牍主要记载了迁陵县与上级洞庭郡和下属机构以及都乡、启陵、贰春三乡的各种往来官府实用文书和簿籍,涉及郡县官署设置、司法诉讼、刑罚劳役、官吏考核罢黜、文书邮传等与秦代法律相关的内容。② 这些资料较之墓中出土的静态法律文本,可以让我们窥探秦代法律在日常行政与司法事务中的真实运作实况,也有助于理解与研究秦代刑事法制实施的过程。

[文本]

1. 湖南省文物考古研究所编著:《里耶秦简(壹)》,北京,文物出版社,2012 年版。

2. 湖南省文物考古研究所编著:《里耶秦简(贰)》,北京,文物出版社,2017 年版。

3. 陈伟主编:《里耶秦简牍校释(第一卷)》,武汉,武汉大学出版社,2012 年版。

4. 陈伟主编:《里耶秦简牍校释(第二卷)》,武汉,武汉大学出版社,2018 年版。

(五)张家山汉简

1983 年底,湖北省江陵县张家山二四七号汉墓出土了 1200 余枚竹简。

---

① 湖南省文物考古研究所、湘西土家族苗族自治州文物处、龙山县文物管理所:《湖南龙山里耶战国——秦代古城一号井发掘简报》,《文物》2003 年第 1 期。

② 参见陈伟主编:《里耶秦简牍校释(第一卷)》,武汉,武汉大学出版社,2012 年版,第 1—10 页。

根据随葬简册《历谱》可知，墓主曾任汉初地方官吏，极有可能于吕后二年（公元前186年）或稍微晚点去世。墓中随葬有两种法律简册：《二年律令》和《奏谳书》。①

《二年律令》简册由500余枚竹简构成，其上抄录了吕后二年时期的二十七种汉律律文和一种汉令。《二年律令》文本是研究汉初法律的直接资料，也是研究汉初社会、政治、军事、经济等方面的重要材料。《奏谳书》简册共有竹简228枚，标题"奏谳书"抄写于最后一枚简的背面。《奏谳书》共收录了二十个秦汉法律案例和两个春秋时期的事例记述，②其法律案例为秦汉时期刑事司法诉讼程序的记录。《奏谳书》对于研究秦汉刑事司法实践及诉讼程序具有重要的研究意义。③

［文本］

1. 张家山二四七号汉墓竹简整理小组编：《张家山汉墓竹简〔二四七号墓〕》，北京，文物出版社，2001年版。

2. 张家山二四七号汉墓竹简整理小组编：《张家山汉墓竹简〔二四七号墓〕》（释文修订本），北京，文物出版社，2006年版。

3. 彭浩、陈伟、〔日〕工藤元男主编：《二年律令与奏谳书——张家山二四七号汉墓出土法律文献释读》，上海，上海古籍出版社，2007年版。

［西文译本］

1. Ulrich Lau and Michael Lüdke: *Exemplarische Rechtsfälle vom Beginn der Han-Dynastie: Eine kommentierte Übersetzung des Zouyanshu aus Zhangjiashan/Provinz Hubei*, Tokyo: Research Institute for Languages and Cultures of Asia and Africa (ILCAA), Tokyo University of Foreign Studies, 2012.

2. Anthony J. Barbieri-Low and Robin D.S. Yates: *Law, State and Society in Early Imperial China: A Study with Critical Edition and Translation of the Legal Texts from Zhangjiashan Tomb no. 247*, Leiden: Brill, 2015.

因睡虎地秦简、岳麓秦简、里耶秦简、龙岗秦简与张家山汉简时代相近，

---

① 张家山汉墓竹简整理小组：《江陵张家山汉简概述》，《文物》1985年第1期。

② 关于《奏谳书》中"春秋案例"的性质，参见张忠炜：《读〈奏谳书〉"春秋案例"三题》，载中国政法大学法律古籍整理研究所编：《中国古代法律文献研究》（第三辑），北京，中国政法大学出版社，2007年版，第236—253页。

③ 张家山二四七号汉墓竹简整理小组编：《张家山汉墓竹简〔二四七号墓〕》（释文修订本），北京，文物出版社，2006年版，第91页。

跨越了秦末汉初之动荡时期，几乎可视为同时代的史料，并且汉初刑事法制本承袭自秦，将它们的法律史料对比研究，又有不少可以互补之处。① 此外，各地遗址出土简牍如敦煌汉简、居延汉简及悬泉汉简，数量众多、内容庞杂，司法文书以及律令残文等法律史料也散见其中，本书研究中也将运用到这些简牍材料。②

（六）张家山三三六号汉墓竹简

张家山三三六号汉墓（原编号为一三六号）于 1985 年底在湖北荆州市荆州区发掘，此前发掘的张家山二四七号汉墓位于该墓之东侧四百余米。经整理后，此墓竹简总计为 872 枚（包含空白简 11 枚）。其中发现的法律简册为《功令》和《律令十六章》。《功令》是考核、任免官吏之汉令的汇编。《律令十六章》较张家山汉简《二年律令》新增了律囚律、迁律、厩律和朝律，其他律篇名皆见于《二年律令》，但其律条多有增删和补充。③

［文本］

1. 彭浩主编：《张家山汉墓竹简〔三三六号墓〕》（上下），北京，文物出版社，2022 年版。

（七）尚待刊布的秦汉简牍法律文献

除以上已经整理并刊布的秦汉简牍法律文献，在其他秦汉墓葬及官署遗址中也有法律简牍出土发现，如睡虎地七十七号汉墓、湖北荆州市胡家草场十二号汉墓及湖南省益阳市兔子山遗址。这些墓葬出土的秦汉简牍法律文献仍有待整理、发表，但也可以根据考古发掘报告或整理者披露的部分材料来研究秦汉刑事法制的相关问题。

1. 睡虎地七十七号汉墓简牍

睡虎地七十七号汉墓随葬有两卷竹简（分为 V 组和 W 组）。其中 V

---

① 关于秦、汉法律的关系，参见 Li Xueqin and Xing Wen："New Light on the Early-Han Code：A Reappraisal of the Zhangjiashan Bamboo-Slip Legal Texts，"*Asia Major*，3rd ser.，14. 1（2001），pp. 139 – 143；崔永东：《张家山汉简中的法律思想》，《法学研究》2003 年第 5 期；闫晓君：《略论秦律对汉律的影响》，《甘肃政法学院学报》2005 年第 5 期；Anthony J. Barbieri-Low and Robin D. S. Yates：*Law，State and Society in Early Imperial China：A Study with Critical Edition and Translation of the Legal Texts from Zhangjiashan Tomb no. 247，Leiden：Brill，2015，pp. 219 – 233.*

② 敦煌汉简和居延汉简中所见法律资料的梳理和汇编，参见李明晓、赵久湘：《散见战国秦汉简帛法律文献整理与研究》，重庆，西南师范大学出版社，2011 年版。

③ 彭浩主编：《张家山汉墓竹简〔三三六号墓〕》（上）前言部分，北京，文物出版社 2022 年版。

组简为306枚,有盗、告、具、贼、捕、亡、杂、囚、兴、关市、复、校、厩、钱、迁等15种律文;W组544枚,有金布、均输、户、田、徭、仓、司空、尉卒、置后、傅、爵、市贩、置吏、传食、赐、史、奔命、治水、工作课、腊、祠、赍、行书、葬等24种律文。每种律的律名均书于该种律文首简的正面,律名上方标注有长方形墨块或圆形墨团。睡虎地汉简汉律的出土,对研究秦汉法律具有重要价值。①

2. 胡家草场十二号汉墓简牍

湖北荆州市胡家草场十二号汉墓发现了大量珍贵的西汉法律文献,主要包括汉律和汉令,载于3000余枚竹简上,简背有刻划线。整理者指出,这批出土汉代法律资料中,尤其是"汉令数量大,内容丰富,结构清晰,将明显推动汉代令典的编纂与体系研究"。除了汉律令,此墓中还另有11枚木简,为记录案例的公文格式,其性质类似于睡虎地秦简《封诊式》。②

2021年,荆州博物馆、武汉大学简帛研究中心编著的《荆州胡家草场西汉简牍选粹》由文物出版社出版,其中披露了少量的胡家草场西汉律令简牍。据书的"前言"部分介绍,荆州胡家草场十二号汉墓共出土律令简三千余枚,律分为三卷:第一卷的内容基本可与睡虎地七十七号汉墓出土"□律"相对应,第二卷自题"旁律甲",第三卷自题"旁律乙",且三卷皆有目录,目录皆有小结,分别记为"凡十四律""凡十八律""凡十三律"。令分两卷,其中第一卷自题"令散甲",且两卷皆有目录,分别记为"凡十一章""凡廿六章"。整理者指出:"在迄今所见同类资料中,胡家草场汉律体系最为完备;而多种汉令成规模地集中出土,胡家草场汉令是唯一一例,堪称汉律令的一个范本,据之可以推动律令分类与编辑研究,秦汉律的承袭与演变研究以及其他秦

---

① 参见湖北省文物考古研究所、云梦县博物馆:《湖北云梦睡虎地M77发掘简报》,《江汉考古》2008年第4期;熊北生、陈伟、蔡丹:《湖北云梦睡虎地77号西汉墓出土简牍概述》,《文物》2018年第3期。彭浩据考古简报图片中发布的《葬律》简五枚,释读了简文并予以解释。参见彭浩:《读云梦睡虎地M77汉简〈葬律〉》,《江汉考古》2009年第4期。

② 李志芳、蒋鲁敬:《湖北荆州市胡家草场西汉墓M12出土简牍概述》,《考古》2020年第2期。关于胡家草场西汉简的内容与价值,参见荆州博物馆:《湖北荆州市胡家草场墓地M12发掘简报》,《考古》2020年第2期。何有祖等以胡家草场汉简《赐律》条文为参照,重新编联与复原了张家山汉简《二年律令》中与之对应的《赐律》残简。何有祖、刘盼、蒋鲁敬:《张家山汉简〈二年律令·赐律〉简序新探——以胡家草场汉简为线索》,《文物》2020年第8期。唐俊峰根据胡家草场已公布的12枚竹简,对《外乐律》《蛮夷律》条文作出校释与分析。唐俊峰:《新见荆州胡家草场12号汉墓〈外乐律〉〈蛮夷律〉条文读记与校释》,载周东平、朱腾主编:《法律史译评》(第八卷),上海,中西书局,2020年版,第72—93页。

汉简牍律令文本的进一步复原。”①

3. 益阳兔子山遗址出土简牍

2013年发掘的湖南省益阳市兔子山遗址共有十六口古井，其中十一口井出土了简牍，有不少与法律相关的资料。② 其中如九号井出土了秦二世元年发布的诏书，③三号井出土了“张勋主守盗案”木牍。④ 此外，兔子山遗址七号井出土简牍2392枚，其中有字简2302枚，但简牍保存较差。其简牍内容“多为西汉前期益阳县衙署公文文书，具体记录了当时长沙国辖下益阳县、乡、村、里行政运作以及官民日常生活，是当时基层社会的实录”。⑤ 张忠炜和张春龙以七号井出土的汉律律名木牍为材料，考察了汉律体系，认为汉以是否具备刑罚性为标准，将律分为狱律与旁律。⑥

附：本书引用简牍资料均将整理文本中的释文繁体字通行字改释为简体字。释文编号仍然按照整理文本简号排序，于每支简末加（　）注明简号。符号□表示不能释读和辨识的字，一□一字，符号☒表示未能确定残缺字数。简文中异体字与假借字一般随整理文本注出正字和本字，加（　）号表示。简文中原有错字，随整理文本注出正字，加〈　〉号表示。简文原有脱字，整理文本或根据文献补足，或根据文意补足，补足释文用[　]号表示。简文中表示重文或者合文符号的＝号，释文不保留符号，而释出该重文符号表示的字。简文中原有其他符号，释文中一般不予保留，释文另加现代标点符号。

---

① 荆州博物馆、武汉大学简帛研究中心编著：《荆州胡家草场西汉简牍选粹》，北京，文物出版社，2021年版，第1—3页。

② 关于兔子山遗址九号井出土的简牍，参见湖南省文物考古研究所、益阳市文物处：《湖南益阳兔子山遗址九号井发掘简报》，《文物》2016年第5期；张春龙、张兴国：《湖南益阳兔子山遗址九号井出土简牍概述》，《国学学刊》2015年第4期；湖南省文物考古研究所、益阳市文物管理处：《湖南益阳兔子山遗址九号井发掘报告》，载湖南省文物考古研究所编：《湖南考古辑刊》（第12集），北京，科学出版社，2016年版，第148—149页。

③ 孙家洲以兔子山遗址为材料，分析了此份诏书与《史记》相关记载的抵牾之处。参见孙家洲：《兔子山遗址出土〈秦二世元年文书〉与〈史记〉纪事抵牾释解》，《湖南大学学报（社会科学版）》2015年第3期。

④ 徐世虹利用已披露的兔子山遗址为材料，研究了西汉末期的法制状况。参见徐世虹：《西汉末期法制新识——以张勋主守盗案牍为对象》，《历史研究》2018年第5期。

⑤ 湖南省文物考古研究所、益阳市文物考古研究所：《湖南益阳兔子山遗址七号井发掘简报》，《文物》2021年第6期。

⑥ 张忠炜和张春龙认为，汉律中具备刑罚性质的多为狱律，行政性、制度性、礼制性的律篇则多归为旁律。参见张忠炜、张春龙：《汉律体系新论——以益阳兔子山遗址所出汉律律名木牍为中心》，《历史研究》2020年第6期。

三、本书研究秦汉法律史的方法论

20世纪以来，出土简牍法律文献的不断被发现，为推进与深化秦汉法律史的研究带来了丰富的资料。因出土简牍作为秦汉法律文献的重要载体，有其特殊的形制与特性，抄录其上的法律文献也有特有的性质与功能，在以简牍为材料持续推动秦汉法律史研究的同时，也应注重挖掘新的研究理论与方法，并提炼新的知识体系。① 下文将介绍本书以简牍研究秦汉法律史主要运用的方法。

（一）综合使用法学与史学的研究方法

在学科分类上，法律史虽属于法学学科，但也兼具"法学"与"史学"的双重性质。法律史研究究竟应该偏重"史学"还是"法学"，是学者们所关注的方法论问题。胡永恒在《历史研究》上发表《法律史研究的方向：法学化还是史学化》，指出目前法律史研究需要重视的问题在于研究者史学基础薄弱，他在文中强调："当前的法律史研究应当朝史学化的方向走。这一主张基于对目前法律史学界的基本判断——史学基础还比较薄弱，史料发掘不够，史实考证不够，众多研究者的史学训练不够。虽然法律史研究也存在法学水准不够的问题，但两相比较，史学基础薄弱的问题要更突出、更严重。"但是他同时指出：法律史要成为法学之源，为其他法学学科提供养分，"仅凭单向的'史学化'是不够的。没有足够的法学素养，也许能做一些史实梳理、考证的工作，但难以胜任对历史中的各种法律问题进行深刻阐释的任务，甚至无法辨别哪些问题才具有法学意义上的学术价值"。②

大多数法律史学者则认为，法律史研究应当注重以法学问题意识为中心展开，并提倡在研究中融合法律史学科与其他法学学科。苏亦工指出，目前法律史研究存在两个问题：一为法律史学忽视了法学自身的性质与特点，片面偏重史学；二为研究中过于强调对法律史的史料发掘与史实考证，而忽略了法律史学的主要研究任务应当是综合使用历史分析和法律分析的方法对已认定的史实作出理论概括，进而为现实法学研究提供充足的成果。因此，苏亦工建议，法律史研究应该注意从法学的角度切入，发掘史料与考证

---

① 参见徐世虹：《出土简牍法律文献》，载中国政法大学法律古籍整理研究所编：《中国古代法律文献概论》，上海，上海古籍出版社，2019年版，第93页。

② 胡永恒：《法律史研究的方向：法学化还是史学化》，《历史研究》2013年第1期。

史实则可大量借助于史学界的研究成果。如此，法律史学才可以摆脱困境，走向繁荣。[①] 方潇提出，法律史研究中应当主张抛弃"辉格论"而关注"语境论"，谨慎地运用"法教义学"而注重运用"法社科学"，以客观揭示法律史的真实面貌。并且，他也强调法律史研究应该偏重"法学化"，淡化"史学化"，以法律史的现实关怀来阐释古代法律的本质与目的。[②] 周东平提到，目前中国法律史知识在生产、传播与接收层面都出现了各种问题，想要解决这些问题，中国法律史学应该采取传统与多元相结合的研究方法，让法学各学科成为中国法律史知识传播过程的参与者，并让直接的知识接受者能动地利用中国法律史知识。[③]

也有法律史学者如徐世虹强调，法律史学科具有双重属性为学界早已达成的基本共识。因此，法律史的"这一属性为研究者设定了双重门槛：既要求有法学的素养，又不允许历史学的缺位。割裂学科的双重属性而过度强调单一属性，或据学缘而自负其能，或身居此学而无意甚至回避汲取彼学，都不能真正推动法律史研究的进步"。[④]

就目前秦汉法律史研究来看，如以上法律史学者所讨论的，研究依然偏重史料发掘、史实考证与构建，法学视角与问题意识仍有所缺失，法律史研究中可以运用的法学理论与法学方法仍有待加强与挖掘。在秦汉法律史研究中，考证的史实若缺乏法学层面的阐释与理解，则难以深入探析简牍法律文献中蕴含的法律问题，并揭示这些法律文献具有的法学研究价值与意义。

本书在秦汉刑法史的研究中将注重综合运用法学与历史学的研究方法。首先，因出土秦汉简牍法律文献深涩、难懂，研究将使用文字学、简帛文献学的方法释读简文、辨字析义，并以历史学的方法勾稽与辨析史料，秉承"论从史出"，以考证史实并详其本末。但是，研究考证史实的目的还在于思考与阐释史料中蕴含的法律问题，以诠释历史现象背后的法律原因，并对秦汉刑事法制的相关问题作出合理的法学诠释。因此，本书将整合并融通法学与史学的理论方法，以史学方法夯实研究的基础，以法学视角研究秦汉刑法的文本与制度实践。此种研究既可回应法律史学界关于法律史研究应偏向"史学化"还是"法学化"的探讨，亦可寻绎法律史在法学学科应有的定位

---

① 参见苏亦工：《法律史学研究方法问题商榷》，《北方工业大学学报》1997 年第 4 期。

② 参见方潇：《当下中国法律史研究方法刍议》，《江苏社会科学》2016 年第 2 期。

③ 参见周东平：《问题的多面性及其对策——中国法律史学困境的知识运行解读》，《江苏社会科学》2016 年第 2 期。

④ 徐世虹：《绪论》，载中国政法大学法律古籍整理研究所编：《中国古代法律文献概论》，上海，上海古籍出版社，2019 年版，第 18 页。

与发展方向。

此外,中国现代法学理论及学说虽然多汲取自西方法学,但因古今中外的刑法与刑法制度所需解决的问题存在相似性,现代法学的问题意识与研究视角也将有助于讨论简牍史料中蕴含的法律问题。因此,本书研究中也将适当地运用现代法学概念来论述秦汉法律史,这样既有利于梳理与归纳分散、繁复、局部的简牍材料,也有利于法律史学科在现代学术语境中与其他法学学科展开对话与沟通。[①] 由此,本书也将探索运用其他部门法学方法尤其是刑法学的概念、方法及成果来研究秦汉刑事法制问题,并融通其他法学学科的诠释观点来评断秦汉刑事法制。

但是,研究中也应注意到中国古代法律制度与近现代法律制度之间存在较大差异,两者的理论、方法与概念体系皆有所区别,若完全以近现代法律发展理论与模式来分析中国秦汉刑事法制,也将难以把握秦汉刑法的特点,并作出准确评判。因此,本书也将尽量避免以现代法学理论框架机械、粗糙地"肢解"秦汉刑事法制及其内容,或者以现代法学理论作没有根据的探讨和阐述,而代之将刑事法律制度置于秦汉帝国的社会历史背景中来进行研究,以全方位、多角度、整体性地揭示秦汉刑法的"原生态"。此外,本书也将尽量明晰秦汉刑法术语与现代法学概念之间的异同,审慎借用现代法学概念,以免混淆、忽略不同概念内涵之间存在的差异,从而避免研究中出现"削足适履"的尴尬。

(二)结合微观实证与宏观论证

本书研究秦汉刑法史,将秉承论从史出原则,结合"微观实证"与"宏观论证",从整体上把握秦汉社会历史的发展脉络,并以此为背景考证与阐释法律史料,以求"尽细微"而"致广大"。徐世虹就指出,论从史出的深耕细作与观点的宏观提炼在本质上并无不同,二者在逻辑上呈现渐进关系,其必然途径为"见微知著"。她提到:"'见木不见林'固然令研究价值失半,而'见林不见木'则难免空中楼阁之虞。中国法律史的研究有方法、理论、对象、流派

---

① 如徐忠明就指出,在现代法学的学术语境下,如果我们完全使用中国古代的法律概念与术语研究中国法律史,虽然有其固有意义,但是这样的研究难以融入现代法学话语体系,也很难被接受了现代学术训练的人们所理解。他提到:"人们似乎还是可以用'民法'这个概念来研究中国古代的户婚、田宅、钱债等问题的;与此同时,又须保持应有的警惕和反省,以免人为地消解中西法律的固有差异。还有,假如我们不用'民法'这个概念,那么又用什么概念来解读中国古代的户婚、田宅、钱债等法律呢?使用习惯法或民间法,固然可以解释部分内容;但是,制定法或国家法的相关内容却不能包容。"徐忠明:《从西方民法视角看中国固有"民法"问题——对一种主流观点的评论》,载何勤华主编:《法的移植与法的本土化》,北京,法律出版社,2001年版,第531—532页。

的不同，自然不是非此即彼的关系。但对史料的重视与考证不等于对史论的必然漠视，对宏观考察的强调也不意味着对细节的必然忽视。一个真实的'碎片'要好过虚幻的'宏大'，而由若干真实的'碎片'构筑而成的'宏大'，自然也好过单一的'碎片'。"①孙家红也指出，法史学研究中应该结合宏观法史学与微观法史学的研究方法，"宏观把握，细微观察"，以全方位、多角度地考察历史社会背景下的法律现象，从而打破法史学研究中的琐碎和呆板，并打通与其他法学学科之间的隔阂。②

秦汉简牍法律文献为真实且未被打扰的第一手古史资料，但是简牍资料内容零星、分散，且它们所提供的法律信息往往未被传世文献所记载。目前学者倾向于追逐新材料，对法律史问题的关注多元化，多使用"局部"性的史料进行微观实证研究，导致秦汉法律史研究呈现出分散化、局部化、个别化的发展趋势。比如，籾山明就指出："也许应该说，无论多么细致，使用'局部'性的史料所进行的研究，是很难以其原来的形式进行集中而广泛的讨论的。"③秦汉法律史研究得益于新材料的出土与发现，对简牍法律史料的挖掘与辨析将是本书开展研究的基础，但若局限于征引、考据史料的"局部"研究，则研究易成为支离破碎的史料堆砌，也难以还原并勾勒秦汉刑事法制实施的真实面貌。

而另一方面，传世文献如《史记》《汉书》的著述视角宏观广阔，有助于了解秦汉刑法实施的社会历史背景。尤其是《汉书·刑法志》梳理、总结了先秦秦汉法律承袭、因革与发展的历史脉络，对法律史研究具有重要的学术价值。④ 因此，深入理解传世文献的历史记载，将有利于从整体上把握秦汉时期的历史社会背景，了解法律与社会其他因素的矛盾与交锋，窥探法律与社会的互动关系。本书对秦汉刑法史的研究也需精研、细读传世典籍史料，准确把握秦汉历史发展的脉络，结合文献记载来深度解析简牍史料以考证史实。

综上，本书将首先立足于对简牍史料进行局部、细致的实证研究，在此基础之上注意把握秦汉简牍法律史料相互之间的关系，既注重对有共同特

① 徐世虹：《绪论》，载中国政法大学法律古籍整理研究所编：《中国古代法律文献概论》，上海，上海古籍出版社，2019年版，第19页。

② 孙家红：《微观法史学刍议——一项主要针对中国大陆法史学的思考和讨论》，载陈景良、郑祝君主编：《中西法律传统》（第10卷），北京，中国政法大学出版社，2014年版，第3—28页。

③ 〔日〕籾山明：《中国古代诉讼制度研究》，李力译，上海，上海古籍出版社，2009年版，第2—3页。

④ （汉）班固撰：《汉书》，北京，中华书局，1962年版，第1079—1116页。

点与性质的史料群进行分类对比研究，[①]也注重对不同类型、性质的法律史料予以疏通、理解，以多维度、立体地把握秦汉刑事法制实施的细节与情况。[②] 此外，本书在对简牍史料群分类研究的过程中，也注重把握出土简牍与传世文献之间的联系，将碎片化的简牍史料整合并置于秦汉的历史时空背景下予以诠释，在社会与历史的变迁中考察秦汉刑法的运行，以探究秦汉刑事法制的历史特质与法律逻辑。

（三）传世文献与出土文献互补印证

陈寅恪有言："一时代之学术，必有其新材料与新问题。取用此材料，以研求问题，则为此时代学术之新潮流。治学之士，得预于此潮流者，谓之预流（借用佛教初果之名）。其未预得者，谓之未入流。此古今学术史之通义，非彼闭门造车之徒，所能同喻者也。"[③]秦汉法律史的推进与扩展有赖于法律文献的发掘、梳理与研读，以出土文献与传世文献相结合的"二重证据法"为学界注重使用的研究方法。[④] 即使新出法律简牍不断涌现并发布，认识与解读秦汉法律仍旧离不开对传世文献的解读。本书将注重传世文献与出土文献之间的有效衔接，以达到互补印证的研究目的。

出土文献与传世文献各有其特点：一方面秦汉法律简牍多为出土于墓葬中的随葬品，其抄写的法律文本应与墓主相关，因此对墓葬简牍法律文献的解读需综合考虑文献的出土情况、文本来源、著述目的与随葬功能等问题；另一方面，传世文献在两千余年的文本传承过程中，其文本内容难免出现讹误与偏差，并且其著述视角与观点也难免有所偏颇。本书研究中将审

---

① 比如，岳麓秦简《为狱等状四种》与张家山汉简《奏谳书》均为秦汉司法案例集，将两者的材料对比分析，将有助于深入研究秦汉刑事司法制度运行与实践的具体情况。

② 如秦汉法律文本所体现的乃是静态的法律，而简牍所见司法实用文书则从不同角度透射了秦汉刑法接触社会生活后，发挥法规范作用的真实面貌，结合两者进行研究有助于获得对秦汉刑法制度与刑法实际运作状况更为丰富、具体的认识。

③ 陈寅恪：《陈垣敦煌劫余录序》，载氏著：《金明馆丛稿二编》，北京，生活·读书·新知三联书店，2001年版，第266页。

④ 王国维提出了以传世文献与出土文献相印证研究的"二重证据法"："吾辈生于今日，幸于纸上之材料外更得地下之新材料。由此种材料，我辈固得据以补正纸上之材料，亦得证明古书之某部分全为实录，即百家不雅驯之言亦不无表示一面之事实。此二重证据法惟在今日始得为之。虽古书之未得证明者不能加以否定；而其已得证明者不能不加以肯定可断言也。"王国维：《古史新证——王国维最后的讲义》，北京，清华大学出版社，1994年版，第2—3页。梁涛提出，对于古史和出土文献研究来说，更为合理的说法是"原型-意义流变说"，"它既要求我们要去发现文献记载中所反映的原型及其历史上的素地，同时也考察不同记载间的矛盾、抵牾和流变，以及这种流变背后政治、历史的变迁。如此，后人对于同一原型的不同记载、缘饰附会和意义阐发，正好成为我们了解当时社会思想的重要材料"。梁涛：《二重证据法：疑古与释古之间——以近年出土文献研究为例》，《中国社会科学》2013年第2期。

慎地对待出土文献与传世文献这两种性质不同的材料，注意两者的著述目的与关注视角的不同，并以“二重证据法”来疏通两者的记载差异。

此外，简牍资料既可以印证或者补充传世文献的记载，也可以从新的视角或领域来对传统的观点甚至是定论予以重新审视及评断。比如，传统法律史观点认为，中国古代的法律性质为诸法合体，其中最为重要的部分是规定犯罪与刑罚的法规范。① 就出土简牍来看，如睡虎地秦简《秦律十八种》《效律》《秦律杂抄》中的律均为规定国家行政事务的事律规范，岳麓秦简秦律令也多为事律规范，张家山汉简《二年律令》中收录的后十八篇律同样为事律规范。可见，秦汉的事律规范是相当发达的，其内容细致、繁杂、翔实。一方面，秦汉国家的社会秩序稳定需要刑法予以保障；另一方面，中央集权的秦汉帝国对吏民的有效治理，有赖于发达的行政体系与行政制度的有效实施，这需由事律予以规范。② 因此，刑法规范与事律规范是秦汉法律核心的两部分，互相补充。

本书讨论秦汉刑法文本与刑事法制实施的相关问题时，保持审慎的研究态度，注重结合历史社会背景来讨论秦汉刑事法制的建构与实施，以分析刑法制度所需实现的社会意义与法律价值，进而客观评断与理解秦汉刑事法律制度。但也需注意，并非简牍是地下出土之秦汉真实史料，就断然认定其比传世文献更为真实与可靠。在法律史研究中，也应该客观对待传世文献与出土文献的记载，以“二重证据法”对比印证来考证秦汉法律历史事实。

四、本书的问题意识与研究内容

在秦汉刑法研究中，四十余年来学界重视史料考据与史实考证，并在此基础上对刑事法律相关制度进行复原，取得了丰硕的研究成果。③ 本书在

① 中国古代法律发展成熟时期的唐律，由律、令、格、式这四种法律形式构成了唐的法律体系。其中，唐律为规范犯罪与刑罚的刑事法律，唐令为规范行政事务制度的行政法律。艾永明论证，至迟从唐代开始，中国古代法律不再是“以刑为主”，行政法在法律中占主导地位。参见艾永明：《中华法系并非“以刑为主”》，《中国法学》2004 年第 1 期。

② 日本学者冨谷至总结秦汉帝国的特点为“文书行政”。秦汉国家将当时错综复杂的行政与司法事务通过标准化的文书形式下达与上传，保证由中央到地方的行政行之有效，国家的权力意志也因此渗透到社会基层。参见〔日〕冨谷至：《文书行政的汉帝国》，刘恒武、孔立波译，南京，江苏人民出版社，2013 年版，第 341—342 页。

③ 参见徐世虹、支强：《秦汉法律研究百年（三）——1970 年代中期至今：研究的繁荣期》，载中国政法大学法律古籍整理研究所编：《中国古代法律文献研究》（第六辑），北京，社会科学文献出版社，2012 年版，第 95—170 页；李均明等：《当代中国简帛学研究》，北京，中国社会科学出版社，2019 年版，第 503—551 页。

参考与借鉴已有学界研究成果的基础之上，将以法学问题意识为出发点，借助出土简牍材料对目前学界讨论较少或有争议的秦汉刑事法制的文本与实施相关问题展开分析。

本书以刑法的文本与实施这两方面来对秦汉刑事法制展开研究的原因又如邓小南所论："制度既有文本的规定，也有应对现实的操作方式。有运作，有过程，才有制度，不处于运作过程之中也就无所谓制度。如果一个制度只是停留在文本的阶段，我们可以说这个制度事实上是不存在的。"①因此，本书既着重梳理刑事法制的静态文本规定，也注意从动态、立体的维度研究秦汉刑事法制的实施过程。

本书将主要沿着"秦汉刑法文本的载体及其特征—刑法文本的体例与结构形态—刑法文本中体现的法律原则—刑法的传播及其实效—刑事法制的实施程序—刑事法制实施中的特别程序"的研究路径逐步推进与展开。

第一章为"秦汉刑事法律文本的载体研究——以《二年律令》为例"。认识出土法律文献与传世文献之间的差异，辨析墓葬出土法律简牍的性质与作用，是秦汉法律史基础研究的重要内容。此章以秦汉刑法史研究中最为重要的文本载体《二年律令》为例，探讨墓葬出土简牍法律文献的来源、性质与作用，以在此基础上把握秦汉刑法研究中墓葬简牍法律文献的特点及其作用。

第二章为"秦汉刑事法律文本的体例研究"。如第一章研究所述，秦汉刑法文本的载体为简牍，因简牍有其独特的物质性质，载于简牍之上的法律也相应有其特定的书写模式、分类方法与编纂形式。因此，探索秦汉法律的体例与结构形态，必须考虑简牍载体的形制与特性，再结合秦汉时期的立法技术、水平以及立法意图展开分析。此章以简牍法律文本为材料，结合传世文献记载，拟从分类编纂的角度研究秦汉刑法的体例与结构形态，并分析秦汉法律分类与编纂中存在的问题。研究与厘清这些问题，将有助于我们了解秦汉刑法编纂的立法原理与基本逻辑，并理解魏晋何以需要在传承秦汉刑法体例的基础之上对其有所突破并变革，进而制定出呈现体系化的刑法典。

第三章为"秦汉刑事法律文本中的刑法原则——以罪数及其处罚原则为例"。秦汉刑法文本中的重要原则将集中体现刑法的特点，对了解秦汉刑事法制实施背后的法律原理具有重要意义。此章将研究秦汉刑法中的罪数形态及其处罚原则，讨论秦汉刑法如何认定犯罪人的罪数，如行为构成一罪

① 邓小南：《走向"活"的制度史——以宋朝信息渠道研究为例》，载阎步克、邢义田、邓小南等：《多面的制度：跨学科视野下的制度研究》，北京，生活·读书·新知三联书店，2021年版，第109页。

还是数罪,又如何区分不同的罪数形态来确定对犯罪人应予执行的刑罚。因后代法律对秦汉刑法原则也有所承袭,对秦汉刑法文本中的重要原则展开专题研究,将有助于厘清秦汉刑法理论与方法在古代刑法史中的因革与发展。

第四章为"简牍所见秦汉刑事法制实施中的刑法传播"。秦汉将刑法作为治国理政及维护秩序的主要手段,在刑罚威慑主义之下,秦汉刑法及其制度功能实现的有效性很大程度取决于刑法的普及性。此章利用新近出土简牍尤其是岳麓秦简,在分析秦汉刑事法律适用对象的基础上,研究秦汉政府如何分别针对官吏与庶民这两类适用对象来传布刑事法律,以让吏民知法、守法。此外,此章还将探讨秦汉刑法律公布与传播的实际实效如何,吏民是否有效地获取了刑法知识。

第五章为"简牍所见秦汉刑事法制的实施程序及其实践"。秦汉刑法实现其控制社会的功能,需有相应的实施程序及实践机制,从制度构建的角度来看,首先需建立完备的告劾与拘捕制度。此章将首先分析在秦汉刑事法制中告劾与拘捕程序实施的意义与功能,再归纳、整理简牍所见秦汉刑法关于告劾与拘捕的规范,进而利用司法文书所见案例分析告劾与拘捕程序实践的情况。

第六章为"简牍所见秦汉刑事法制实施中的特殊程序"。犯罪行为发生后,经过告劾与拘捕程序,案件将进入刑事司法诉讼程序。秦汉社会秩序稳定的实现、刑事法律制度的有效性及刑事司法资源的有限性都要求对刑事案件及时裁决,并对犯罪人执行刑罚。此章将首先讨论秦汉如何以审限制度确定刑事诉讼各阶段的期限,并研究秦汉刑事法制实施中的特别程序,如"疑狱奏谳""录囚""乞鞫""覆狱"等,从而分析这些制度如何保障刑事法制实施的及时性与有效性。

第一章　秦汉刑事法律文本的载体研究

——以《二年律令》为例

目前发现的秦汉刑法文本皆抄写于文字载体——简牍之上。简牍有其独特的物质性质，会影响到其上所载法律文本的书写模式；此外，简牍的使用、流转以及出土情况还会透露其上所抄法律文献的来源、性质与功能等信息。因此，分析秦汉刑事法律的文本载体及其特征，也是以出土简牍为材料研究秦汉法律史的重要研究内容。本章将以秦汉刑法研究中最为重要的简牍文本——张家山汉简《二年律令》为例，在分析其简牍形制及特征的基础上，探究《二年律令》文本的性质、来源及功能等问题，进而讨论墓葬出土法律简牍的研究方法及其对秦汉法律史的研究意义。

第一节　秦汉法律文本的载体及其特征

秦汉法律文献抄写于简牍之上，因简牍在材质与形制、制作方法、文字布局与书写模式、收卷方式、标识与篇题、用途与功能、流传过程、出土情况等方面具有其特性，对简牍法律文献的研究也需充分考虑以上这些特征。这也决定，在研读出土简牍法律文献时，首先需注意其简牍载体的形制特性，比如简牍的制作材料、形状、长度厚度宽度、制作方式、容字、收卷等特点。[①] 徐世虹就指出，简牍的长度差异也意味着其所载法律文献的功能、使用主体、书写对象等会有所不同，因此简牍形制除了具有视觉功能以外，也

① 杨振红指出，简帛的形制研究，"即它是由什么材料制作的，是竹简、木牍还是丝帛等，木牍、丝帛等的材质是什么，形状是怎样的，长宽厚度各是多少，是如何制作、编联的，等等"。杨振红：《简帛学的知识系统与交叉学科属性》，载蔡万进、邬文玲主编：《简帛学理论与实践》(第一辑)，桂林，广西师范大学出版社，2021 年版，第 14 页。

具有文献学方面的研究价值。[①]

其次，在以出土简牍研究秦汉法律史时，还应考虑其上所载法律文本的编联方式与书写过程，分析这些问题将有助于判断法律文献的来源与性质，比如法律文本为官府还是私人抄录。李梦涛还指出，辨别不同手迹将有利于对简帛进行分编与缀合，从而对简帛正确排序，以恢复简帛文本的原本面貌。在解决了竹简整理复原问题后，还可通过观测文字书写特征获得竹简制作模式相关的更多有效信息，如简帛为一位还是多位书手所书写，书手究竟遵守了什么样的标准书写简帛，并了解书写过程中的随意度和统一性有多大程度差别，由此判断简文中出现的异体字、假借字以及与今本文献的差异。[②]

此外，以出土简牍来研究法律秦汉法律史时，也需注意考虑简牍作为考古遗物的特征，结合出土情况来分析出土法律简牍曾经被制作、使用、发布、流转的情况与特征，以从"原生态"角度动态地把握简牍法律文献的内容与特点。[③] 目前所见的简牍法律文献来源主要有四类：边境遗址出土文书、墓葬出土随葬品、井窖遗址出土档案以及近年来部分高校的入藏品。[④] 除了第四类为非考古发掘出土的简牍，[⑤]其他简牍的出土情况一般都以考古发掘报告的形式发布，其中介绍了简牍的出土位置、发掘方位、地层、原状、共同随葬物（共存关系）、尺寸、文字等，[⑥]这些考古信息对研读简牍法律文献也有所裨益。比如，研究边境遗址或是井窖遗址出土的简牍时，一般需考虑简牍出土地的具体位置与历史背景、出土时的层位和简牍的用途与废弃。[⑦] 籾山明就借助"古文书学"的研究方法，从里耶出土简牍官府文书的写作、传达与保管等

---

① 徐世虹：《绪论》，载中国政法大学法律古籍整理研究所编：《中国古代法律文献概论》，上海，上海古籍出版社，2019年版，第2页。

② 参见〔美〕李梦涛：《试谈郭店楚简中不同手迹的辨别》，载卜宪群、杨振红主编：《简帛研究》（二〇〇六），桂林，广西师范大学出版社，2008年版，第10—11页。关于简帛的长度、容字、收卷、修治、文字、符号、标题、抄写等方面的基础研究，参见李均明、刘国忠、刘光胜、邬文玲：《当代中国简帛学研究：1949—2019》，北京，中国社会科学出版社，2019年版，第61—94页。

③ 杨振红指出，研究简帛所附的考古信息包括："简帛是如何被发现的，是在遗址还是墓葬、水井中出土的，抑或是收集来的，出土、发现时的基本情况是怎样的，它们是如何放置的，简帛与简帛之间的位置关系是怎样的，随葬物之间是否有关联性，等等。"杨振红：《简帛学的知识系统与交叉学科属性》，载蔡万进、邬文玲主编：《简帛学理论与实践》（第一辑），第14页。

④ 徐世虹：《出土简牍法律文献》，载中国政法大学法律古籍整理研究所编：《中国古代法律文献概论》，第60页。

⑤ 关于如何整理和研究非考古发掘出土的简帛资料，参见刘国忠：《流散简帛资料的整理及其学术价值》，载蔡万进、邬文玲主编：《简帛学理论与实践》（第一辑），第117—126页。

⑥ 参见蔡万进：《简帛学的学科分支新论》，载蔡万进、邬文玲主编：《简帛学理论与实践》（第一辑），第40页。

⑦ 参见〔日〕籾山明：《中国古代诉讼制度研究》，李力译，第7—8页。

动态角度来研究简牍史料，以此来考察地方官吏在司法诉讼程序中的工作。①

因抄写秦汉法律文本的简牍多出自于私人墓葬之中，则需注意把握其作为随葬品的性质，结合墓主的身份、墓中共同出土的其他随葬文献及物品等方面来诠释其文本。也就是说，使用随葬简牍法律文献作为研究资料时，应将其置于其出土的墓葬原境（context）中予以考虑，探究法律简牍为何会被置于墓中随葬，并研究其法律文献的来源与价值。从此种意义上来说，随葬简牍法律文献的研究类似于随葬器物的研究。巫鸿讨论随葬器物的研究时指出，墓穴应被视为一种空间构成，随葬器物则是构成这一空间的物质存在形式。随葬器物的物质性、墓葬建筑及丧葬装饰三者紧密相连，正是在这三种因素的共同作用之下，墓葬的功能和象征意义才得以实现。因此，对随葬器物的研究，应该不同于传统的器物艺术鉴赏，不可以割裂其出土墓葬原境来欣赏器物的艺术和历史价值。②

此外，出土简牍法律文献相较于传世文献有其特殊的著述目的及视角，这也是秦汉法律史研究中所不可忽视的。日本学者池田知久指出：

> 即使有了出土资料也并不能简单地判定何为史实。出土资料同样也有作者，同样也有作者的思索，同样也有作者的立场，这份资料同样是从特定的历史中产生的。换句话说，作者在写作时一定赋予了这些资料以特定的含义，并不一定是对当时事实的单纯记述。③

因抄写秦汉法律文本的简牍出土于墓中，此种出土形式也就意味着其随葬文本会带有某种意义的非官方性。换言之，并非因墓葬出土简牍上所

---

① 籾山明指出，他研究中使用的"'古文书学'是以文书及纪录本身为分析对象，阐明文件制作、传达的过程，其政治、社会、思想方面的功能，以及其保管、流传、废弃情形等的学问。在处理出土简牍史料这种考古遗物之时，出土情况的分析也成为很重要的问题。出土简牍史料的古文书学研究指从简牍这种遗物本身（文字信息也是其属性之一）读出过去的制度、习惯的研究方向。"〔日〕籾山明：《简牍文书学与法制史——以里耶秦简为例》，载柳立言主编：《史料与法史学》，台北，"中央研究院"历史语言研究所 2016 年版，第 38—39 页。关于"古文书学"，另参见〔日〕籾山明：《日本居延汉简研究的回顾与展望——以古文书学研究为中心》，顾其莎译，载中国政法大学法律古籍整理研究所编：《中国古代法律文献研究》第 9 辑，第 174—175 页。籾山明在此篇文中还提到了以"古文书学"研究随葬简牍的方法。他指出，因"遗体不能自己埋葬"，所以现实中应该都是由送葬者以简牍作为随葬品。因此，只有在"葬送"这一社会性的脉络中，才可以揭示出随葬简牍和其他随葬品的意义。

② 参见〔美〕巫鸿：《黄泉下的美术：宏观古代中国墓葬》，施杰译，北京，生活・读书・新知三联出版社，2010 年版，第 89 页。

③ 〔日〕池田知久、西山尚志：《出土资料研究同样需要"古史辨"派的科学精神——池田知久教授访谈录》，《文史哲》2006 年第 4 期。

抄录的为秦汉律令，就可以将此视为保持国家法律原本形态的抄本，简牍法律文献很可能是经过再整理与编纂后的产物。徐世虹提到：

> (《管子·立政》)言："宪既布，有不行宪者，谓之不从令。"这是说"不从令"的行为要件是不施行已然公布的法律。此"既布"之"宪"，自然是国家或一级公权机构颁布的法律。只是在法律的传播过程中，因用途不一而导致抄本各异的情况并不能完全排除，如抄本中有无抄写者出于某种原因而糅合的主观提炼，出于法律宣教、司法务实之用的文本与原始立法文本的差异何在，这在利用墓葬出土法律文献时是应当首先思考的。①

综上，结合简牍的形制、特性与出土情况等方面予以考虑，将有助于我们理解简牍法律文献的价值与功能，判断其法律文本的准确性、完整性及权威性，进而理解其文本对秦汉法律史研究的价值。

张家山汉简《二年律令》收录有《贼律》《盗律》《具律》《告律》《捕律》《亡律》《收律》《杂律》八篇规定犯罪与刑罚的罪律篇，仍然是目前研究秦汉刑法史最为重要的文本。本章下文将以《二年律令》为例，沿上述研究思路研究其简牍载体，首先分析《二年律令》简牍的形制及其特征，在此基础上进一步探究《二年律令》文本的来源、性质与随葬功能等问题：如《二年律令》是否为汉初的法典抄本，汉初朝廷是否存有题名为"二年律令"的律令集，《二年律令》是否为官府编纂并抄录的律令集，《二年律令》是否曾用于墓主生前的司法实务，又或是出于随葬目的而抄录的律令集。

第二节　《二年律令》简册的形态研究

据张家山三座汉墓的考古报告，1983 年 12 月至 1984 年 1 月，荆州地区博物馆配合江陵砖瓦厂取土工发掘并清理了三座西汉时期的古代墓葬：

---

① 又如徐世虹还指出，就出土秦汉法律文献性质而言，"学界一般将其视为'法律文书'，但在利用这些'法律文书'时，其文本形式与性质的解析是必要前提。如篇首所引学者之见，当利用《秦律十八种》《二年律令》等文本时，是直接将其视为'法典'，还是看做经过人为变动的'法典'抄本，或是非经立法主体产生的编纂物，将直接影响到对秦汉律本体的基本判断"。徐世虹：《文献解读与秦汉律本体认识》，《"中央研究院"历史语言研究所集刊》2015 年第 86 本第 2 分。张忠炜也提出，应以重视第一手原始资料的"原生态"理论来研究出土简牍法律文献，注重对出土文献性质的讨论，比如为何以律令作为随葬品，随葬律令内容的可信度等问题。参见张忠炜：《解构与重建：秦汉律令研究省思》，载氏著：《秦汉律令法系研究初编》，北京，社会科学文献出版社，2012 年版，第 12—13 页。

编号分别为 M247，M249 和 M258。[1] 这三座汉墓位于湖北省江陵县（今荆州市荆州区），出土地距离古楚都城郢很近。公元前 278 年，此地被秦征服后，属于秦的南郡；[2]秦灭亡后，西汉时也为南郡辖地。

（一）张家山二四七号汉墓

据考古报告，张家山二四七号汉墓为土坑竖穴木椁墓，其椁室由头箱和椁室组成。墓葬出土时，棺内的墓主尸骨早已腐朽无存，因此无法知晓墓主的身体在棺内的存放方向。墓中出土了一批随葬器物，除了随葬于内棺的鸟杖，张家山汉墓出土的所有随葬器物与竹简都存放在头箱内。随葬器物为陶器、漆器、铜器以及竹木器物，因出土时椁室内积满了淤泥，随葬器物的保存状态较差，尤其竹木器物腐朽情况更甚。墓葬出土漆器的形制和纹饰，与江陵地区出土的西汉初期同类文物相似，因此，据墓葬形制与随葬器物的风格特征，考古发掘者认为这座古墓的年代为西汉初年。[3]

不计算残简在内，张家山二四七号汉墓共出土竹简 1200 余枚。竹简被放置于墓葬中两处不同的地方：一处为挨近椁室西部挡板的头箱底部，竹简上堆压着淤泥和漆木器，出土时已散布于淤泥之中，竹简保存状况不佳，多有残断。后经整理者的释读与研究发现，此处存放的竹简为《遣册》简，简册原无题名，由整理者根据其抄写内容而拟加。《遣册》所记载的随葬器物多可与墓中出土的器物实物对比。第二处为紧挨椁室南面壁板的头箱底部，竹简存放于竹笥之内，竹简被陶器、漆器和淤泥所挤压。出土时，竹笥已经腐朽无盖。存放于竹笥的竹简与《遣册》中所记录的“书一笥”正好对应。这说明竹笥中的七卷简册本被作为一件随葬品放置于墓葬中。

（二）《二年律令》简册及其题名

张家山汉简《二年律令》为 528 余枚书写有汉初律令的竹简编联后卷起的简册，简长 31 厘米，简宽 0.7 厘米。[4] 题名“二年律令”书写于首简的背

---

① 荆州地区博物馆：《江陵张家山三座汉墓出土大批竹简》，《文物》1985 年第 1 期。

② （汉）司马迁撰：《史记》，北京，中华书局，1959 年版，第 213 页。

③ 荆州地区博物馆：《江陵张家山三座汉墓出土大批竹简》，《文物》1985 年第 1 期。

④ 据整理小组介绍，不计残片在内，《二年律令》简册共存简 526 枚，是张家山二四七号汉墓出土最长的简册。张家山二四七号汉墓竹简整理小组编：《张家山汉墓竹简〔二四七号墓〕》（释文修订本），第 7 页。彭浩、陈伟和工藤元男指出，他们在《二年律令》的整理过程中发现了另外两枚竹简及十二枚残简。彭浩、陈伟、〔日〕工藤元男主编：《二年律令与奏谳书——张家山二四七号汉墓出土法律文献释读》，上海，上海古籍出版社，2007 年版，第 87 页。即使无法准确判断后整理发现的这十二枚残简的位置与归属，也可推知《二年律令》简册至少由 258 枚竹简组成。此外，据《张家山汉墓竹简〔二四七号墓〕》的前言介绍，书中的竹简照片与原简等大，简宽 0.7 厘米为作者用尺子实际测量照片中竹简宽度所得数据。

面，另一题名“律令二十□种”书写于末简的正面（简整理号为526）。

整理者指出，“律令二十□种”为收录律令篇数的小结。因字迹漫灭不清，整理者在张家山汉简2006年的释文修订本中将其存疑地释读为“律令二十九（?）种”。[①] 张家山汉简研读班指出，据图版，“律令二十□种”似为“律令二十九种”。[②] 李力据字形观察，也指出简526上的释文为“律令二十九种”，并认为这正好是《二年律令》中原来就存有《囚律》之标题的旁证。[③] 通过观察《二年律令》简526的图版，“□”字痕迹只留有一模糊上挑的捺笔，因“八”和“九”最后都有类似的上挑捺笔，似很难通过字形来厘定究竟为何字。又因各整理本的《二年律令》中皆为二十七种律及一种令，也无法准确判断《二年律令》中是否本存有《囚律》律文及律的篇名，[④] 目前仍将《二年律令》简526上的题名厘定为“律令二十八种”似更为合适。

（三）《二年律令》简册的编联

张家山二四七号汉墓出土时，编联《二年律令》卷册的编绳早已腐朽无存。据竹简上仍然残留的编绳余痕，可知此简册原由上、中、下三道编绳编联而成。并且，竹简天头与地尾等长，分别为1.5厘米，中部编绳与上、下编绳等距，分别为14厘米。

《二年律令》简上的简字和各种符号一般都书写于上、下两道编绳之间。只有在三种例外情况之下，符号被标注于竹简天头位置即上道编绳之上：一、《二年律令》二十七种“律名”和一种“令名”上标注的墨块号码“■”；二、《津关令》各条令文起首处标注的数字编号；[⑤] 三、标号为“二十二”的《津关令》令文由三款组成，在其第二款及第三款条文前标注的黑点符号“·”。

此外，在多数情况下，《二年律令》位于竹简中道编绳的上、下简字之间间距较大。但经过仔细观察，可以发现简19、36、90、172、174、195、204、319、325及362上却存在编绳压简字的情况。由此可以推知，《二年律令》的竹简是由书手书写之后才被编联的。在《二年律令》简的制作过程中有可

---

① 张家山汉墓竹简整理小组编：《张家山汉墓竹简〔二四七号墓〕》（释文修订本），第88页。

② 张家山汉简研读班：《张家山汉简〈二年律令〉校读记》，载李学勤、谢桂华主编：《简帛研究》（二〇〇二、二〇〇三），桂林，广西师范大学出版社，2005年版，第195页。

③ 李力：《张家山二四七号墓汉简法律文献研究及其述评》，东京，东京外国语大学亚非语言文化研究所，2009年版，第400—401页。

④ 李均明最先提出，《二年律令》中本应该存有《囚律》条文。参见李均明：《〈二年律令·具律〉中应分出〈囚律〉条款》，《郑州大学学报（哲学社会科学版）》2002年第3期。

⑤ 需指出的是，《二年律令·津关令》还有简493、494、496、498、500、504、506及518上分别抄写了各令的起首令文，但其中简493、494、496、498及500天头部分的墨迹已经模糊不清，其令文之前的数字标号无法辨认；简504、506及518的天头部分已经折断不存。

能是通过以下两种方式，在上、下编绳处分别预留了竹简天头及地尾的位置，并使得中道编绳不压字：一是在制简的过程中便已经刻画了契口，并预留竹简上、中、下三道编绳的位置；二是书写竹简时可将标尺简放置在简侧，再对照标尺简的记号预留好编绳位置，以书写简字。①

在《二年律令》简册的制作过程中，先由书手先书写律令文本而后再编联的方式也应该更为方便。因《二年律令》简册由至少 528 枚竹简组成，其卷册较长，且体积庞大，如若将简册编联后再进行书写颇为不便，这样需将卷册展开在长几案上，随时卷起或卷开简册以便书写。② 相较之下，《二年律令》竹简由书手书写之后再行编联，也可方便由不同的书手同时书写简册中的法律文本。③

（四）《二年律令》简册的形态

因《二年律令》竹简编绳腐朽脱落，之后又受到外力挤压，这个卷册的中部被分为左、右两部分（分别标注为图 1 中的 C 组和 F 组两部分）。C 组的轮廓仍或多或少保留了卷册的外形，F 组的竹简则移位较多，其下部竹简与墓中另一简册《脉书》的部分竹简混杂于一起。

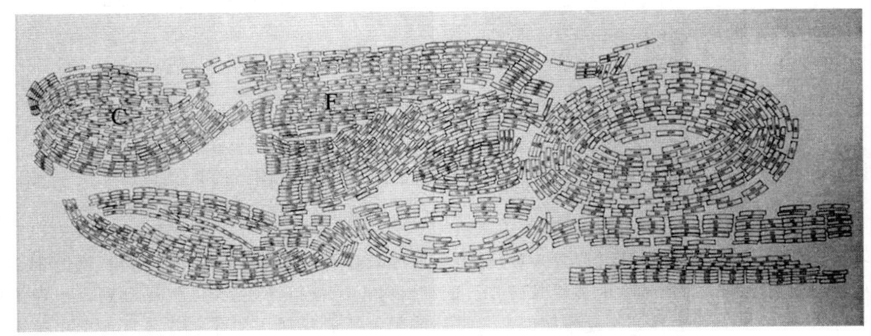

图 1 张家山二四七号汉墓出土竹简示意图④

《二年律令》简册上的法律文本起首于卷册外侧竹简，结束于内侧竹简。因此，其首简位于简册的最外缘，末简位于简册的最中心处，写有简字的简

① 参见邢义田：《汉代简牍的体积、重量和使用——以"中研院"史语所藏居延汉简为例》，载氏著：《地不爱宝——汉代的简牍》，北京，中华书局，2011 年版，第 29 页。

② 关于秦汉简册的书写、编联与书写姿势，参见同上书，第 27—30 页。

③ 《二年律令》应由三位书手书写完成，其中一位为主要书手，书写了半数以上的竹简简文，而其他两位为辅助书手。参见李婧嵘：《张家山 247 号汉墓〈二年律令〉书手、书体试析》，《湖南大学学报（社会科学版）》2016 年第 4 期。

④ 《附录二：竹简出土位置示意图》，张家山二四七号汉墓竹简整理小组编：《张家山汉墓竹简〔二四七号墓〕》，北京，文物出版社，2001 年版，第 322 页。

正面朝内。并且,《二年律令》简册为从左到右以顺时针方向卷起,以上竹简出土位置示意图中所示应为其竹简的天头。以此种方式收卷后,可使书写于首简背面的题名"二年律令"露于外部,以供知悉。①

如前所述,《二年律令》的另一题名"律令二十八种"写于编号为526的竹简上,526为所有简的最后一个整理号。但从"竹简出土号对照表"来看,整理号为526的简却没有对应的出土号。据张家山汉墓"竹简出土示意图",出土号为C161的简位于《二年律令》简册的最中间位置,且此简既未被列入"对照表",也无相应的简整理号。王伟据此指出,整理号为526的简应对应出土示意图中的简C161。②

第三节 《二年律令》的文本性质研究

对于《二年律令》的文本性质,学者们多有探讨,但依然众说纷纭,并未达成一致。③ 借鉴与参考学界已有研究成果,下文将结合上文对于《二年律令》简册形态与出土情况的讨论,探究《二年律令》的文本来源、性质及其随葬目的,以更为客观、准确地解读《二年律令》文本,进而在此基础上将其文本作为资料研究秦汉法律史。

(一) 张家山二四七号汉墓墓主

虽然《二年律令》中收录了汉初的二十七种律和一种令,但因《二年律

---

① 从《二年律令》简1背部照片来看,此简的下部留有刻划印迹。近年来,竹简背部的刻划印迹及墨迹现象引起了简帛学界的关注与研究。学者们讨论简背划线现象,以解释刻划线出现的原因及目的,并尝试以此为参照来复原简序。参见孙沛阳:《简册背划线初探》,载复旦大学出土文献与古文字研究中心编:《出土文献与古文字研究》(第四辑),上海,上海古籍出版社,2011年版,第449—458页;李天虹:《湖北出土楚简(五种)格式初析》,《江汉考古》2011年第4期;〔德〕史达:《岳麓秦简〈为狱等状四种〉卷册一的编联——依据简背划线和简背反印字迹复原卷轴原貌》,李婧嵘译,《湖南大学学报(社会科学版)》2013年第3期。

② 王伟:《张家山汉简〈二年律令〉编联初探》,载武汉大学简帛研究中心主编:《简帛》(第一辑),上海,上海古籍出版社,2006年版,第353—367页。

③ 如高敏认为,《二年律令》是吕后二年之前诸位皇帝制定律令的汇抄抄本。高敏:《〈张家山汉墓竹简·二年律令〉中诸律的制作年代试探》,《史学月刊》2003年第9期。宫宅洁指出,秦汉时期的律典并非由中央政府编撰与颁布,而是由地方官府独立制作的法律集,并且每年以修订、追加条文的方式来进行更新。张家山汉简《二年律令》就是这样一个地方法令集,其中还包括了已经失效的法律条文。参见〔日〕宫宅洁:《张家山汉简〈二年律令〉解题》,《中国古代刑制史研究》,杨振红、单印飞、王安宇、魏永康译,桂林,广西师范大学出版社,2016年版,第15—21页。关于《二年律令》性质讨论的研究成果梳理,参见李力:《〈二年律令〉题名再研究》,《张家山247号墓汉简法律文献研究及其述评》,东京,东京外国语大学亚非语言文化研究所,2009年版,第353—364页。

令》与其他六卷简册共同存放在竹笥内，并放置于张家山二四七号汉墓中随葬，《二年律令》与其他随葬品也就体现了"私有"的属性，即为属于墓主的私人随葬品。分析《二年律令》的性质，也应重点分析张家山二四七号汉墓墓主的身份。

1.《历谱》简册

张家山汉简《历谱》中只有两条记载，透露了与墓主身份相关的重要信息。第一条记载写于残简 2 上："☑新降为汉，九月☑"。[①] 因残简上未有朔日干支纪日，难以判断该简的纪年和归属，整理者将残简疑编为简 2，但将其简文直接释于简 1 的简文后。张金光指出，简 2 应编联于简 1 之前，其上载有高祖四年（公元前 203 年）各月的朔日干支。[②] 因此，"新降为汉"也应发生于高祖四年。

因残简上所载"☑新降为汉，九月☑"的主语缺失，其文句的具体含义也存在争议。如李安敦和叶山认为，其意为：名为"新"的墓主于高祖四年（公元前 203 年）时投降于汉。[③] 首先，"新降"一词多见于传世文献，如《后汉书》中"耿谭以新降者多"，[④]"新降"意思为"新近投降"。此外，据张家山二四七号汉墓的墓葬结构、葬具、随葬品判断，墓主生前的社会地位并不高，应为地方低级官吏。[⑤] 因此，此记载应指高祖四年时，张家山汉墓所在地（属于南郡）被汉征服后新近降于汉，而并非在此地任低级官吏的墓主自行投降于汉。

《历谱》中的第二条记载"☑八月癸酉，九月壬寅，后九月壬申，六月病免"[⑥]书写于简 10 之上，该简在简下部约四分之三处折断，只余留简下部，简上部已遗失无存。据该简残存的纪日，可知此简所载为惠帝元年（公元前 194 年）的每月朔日干支。由此，墓主生前在汉初为官，后于惠帝元年六月因病免官。

结合《历谱》以上两条记载可推知，高祖四年张家山汉墓所在地降汉前，墓主应该已为当地官吏，降汉后继续在汉为官。《历谱》仅有的两条记载也

---

① 张家山二四七号汉墓竹简整理小组编：《张家山汉墓竹简〔二四七号墓〕》（释文修订本），第 4 页。

② 张金光：《释张家山汉简〈历谱〉错简——兼说"新降为汉"》，《文史哲》2008 年第 3 期。

③ Anthony J. Barbieri-Low and Robin D. S. Yates: *Law, State and Society in Early Imperial China: A Study with Critical Edition and Translation of the Legal Texts from Zhangjiashan Tomb no. 247*, pp. 105 - 106.

④ （南朝宋）范晔撰：《后汉书》，北京，中华书局，1965 年版，第 2954 页。

⑤ 张家山二四七号汉墓竹简整理小组编：《张家山汉墓竹简〔二四七号墓〕》（释文修订本），第 1 页。

⑥ 同上书，第 3 页。

就记录了墓主在汉为官阶段的起点和结点。因张家山二四七号汉墓中两卷法律简册《二年律令》与《奏谳书》的竹简占随葬简的半数以上,有可能墓主生前作为汉初地方低级官吏,曾处理相关法律事务。

2. 鸟杖

张家山二四七号汉墓出土了一根鸟杖,这是墓葬内棺中发现的唯一随葬品。该墓的考古报告中并未提及该鸟杖,鸟杖绘图见于墓的平面结构图中,其位置位于内棺左侧。[①]《二年律令》简 355 上的律规定了汉初受杖的条件:

> 大夫以上年七十,不更七十一,簪袅七十二,上造七十三,公士七十四,公卒、士五(伍)七十五,皆受仗(杖)。(355)[②]

由此律可知,即使墓主拥有汉初第五等爵位即大夫以上的爵位,他去世时也应至少年高七十岁方可受杖。这与《历谱》的记载相对应,其纪日结束于吕后二年(公元前 186 年),墓主应于此年或稍晚的时候去世。以此推算,如墓主亡时至少为七十高龄,此八年前他于惠帝元年(公元前 194 年)因病免职,彼时至少已年过六十二。很可能因墓主已年高力衰,无从继续在汉为官任事,于惠帝元年因病免职。

1959 年秋,甘肃武威磨嘴子十八号汉墓出土了王杖十简,发现时在棺盖上与随葬的鸠杖绑在一起。王杖十简上载有汉成帝时的两份诏书:

> 制诏御史曰:年七十受王杖者比六百石,入官廷不趋,犯罪耐以上毋二尺告劾,有敢征召、侵辱者比大逆不道。建始二年九月甲辰下。[③]
>
> 制诏丞相、御史:高皇帝以来至本二年,胜(朕)甚哀老小,高年受王杖,上有鸠,使百姓望见之比于节,有敢妄骂詈殴之者比逆不道。得出入官府、郎第、行驰道旁道。市卖"复毋所与"如山东复有旁人养谨者常养扶持,复除之。明在兰台石室之中。王杖不鲜明,得更缮治之。[④]

---

① 荆州地区博物馆:《江陵张家山三座汉墓出土大批竹简》,《文物》1985 年第 1 期。

② 张家山二四七号汉墓竹简整理小组编:《张家山汉墓竹简〔二四七号墓〕》(释文修订本),第 57 页。此律也见于胡家草场西汉简 404 上,荆州博物馆、武汉大学简帛研究中心编著:《荆州胡家草场西汉简牍选粹》,北京,文物出版社,2021 年版,第 195 页。

③ 中国社会科学院考古研究所、甘肃省博物馆编:《武威汉简》,北京,文物出版社,1964 年版,第 140 页。

④ 同上。

据以上两份诏书可知，汉政府给予受杖的年老者法定的特殊优待，以此显示他们尊贵的地位和身份。由此来看，应该是因为鸟杖象征着张家山二四七号汉墓墓主生前受尊重的年龄与社会地位，于是放置于存放墓主身体的内棺中。

（二）《二年律令》的年代问题

研究《二年律令》的文本性质，需要解读首简简背的题名“二年律令”。学界对此题名的理解仍未达成一致，包括整理小组在内的多数学者认为，题名中的“二年”为吕后二年（公元前 186 年）；也有学者认为，“二年”为高祖二年（公元前 205 年）；还有学者指出，“二年”应为惠帝二年（公元前 193 年）。① 在判断题名中的“二年”具体为汉初哪个二年前，首先应该考虑题名“二年律令”的具体含义：是指《二年律令》简册中所抄录的律令颁布于此“二年”，抑是这些律令修订于此“二年”，抑或是律令施行于此“二年”，还是律令于此“二年”抄写于简册之上。②

1. 题名“二年律令”的理解

下文将首先讨论第一种可能性，即简册《二年律令》中抄录的律令是否为由皇帝制定、颁发于某二年。据传世文献记载，可大致判断《二年律令》中部分律令的颁行年代。如《二年律令》简 82 上的律与惠帝元年（公元前 194 年）颁布的下列诏令内容相似：

---

① 关于该问题的讨论，参见张建国：《试析汉初“约法三章”的法律效力——兼谈“二年律令”与萧何的关系》，《法学研究》1996 年第 1 期；李学勤：《张家山汉简研究的几个问题》，《郑州大学学报（哲学社会科学版）》2002 年第 3 期；高敏：《〈张家山汉墓竹简・二年律令〉中诸律的制作年代试探》，《史学月刊》2003 年第 9 期；曹旅宁：《张家山 247 号墓汉律制作时代新考》，载中国文物研究所编：《出土文献研究》（第六辑），上海，上海古籍出版社，2004 年版，第 117—124 页；刘欢：《关于〈二年律令〉颁行年代的探析》，《考古与文物》2006 年第 2 期；张忠炜：《〈二年律令〉年代问题研究》，《历史研究》2008 年第 3 期；王彦辉：《关于〈二年律令〉年代及性质的几个问题》，《古代文明》2012 年第 1 期；〔日〕宫宅洁：《张家山汉简〈二年律令〉解题》，载氏著：《中国古代刑制史研究》，杨振红、单印飞、王安宇、魏永康译，第 19—24 页；晋文：《张家山汉简中的田制等问题》，《山东师范大学学报（人文社会科学版）》2019 年第 4 期。关于“二年律令”题名研究的研究成果梳理，参见李力：《〈二年律令〉题名之再研究》，《张家山 247 号墓汉简法律文献研究及其述评》，东京，东京外国语大学亚非语言文化研究所 2009 年版，第 345—353 页。

② 冨谷至和张忠炜也分别提出了该问题，参见〔日〕冨谷至：《江陵张家山二四七号汉墓出土竹简—— 特别是关于〈二年律令〉》，载卜宪群、杨振红主编：《简帛研究》（二〇〇八），桂林，广西师范大学出版社，2010 年版，第 306 页；张忠炜：《〈二年律令〉解题及其他》，载氏著：《秦汉律令法系研究初编》，北京，社会科学文献出版社，2012 年版，第 21 页。

上造、上造妻以上，及内公孙、外公孙、内公耳玄孙有罪，其当刑及当为城旦舂者，耐以为鬼薪白粲。(82)①

上造以上及内外公孙耳孙有罪当刑及当为城旦舂者，皆耐为鬼薪白粲。②

将以上相比较来看，《二年律令》简 82 上的律应源于惠帝元年的此条诏令。③ 另以《二年律令》简 85 上的汉律为例：

吕宣王内孙、外孙、内耳孙玄孙，诸侯王子、内孙耳孙，彻侯子、内孙有罪，如上造、上造妻以上。(85)④

据《汉书》记载，吕后于元年（公元前 187 年）追赐其父亲谥号"吕宣王"。⑤ 由此可推知，《二年律令》中优待"吕宣王"的这条汉律也只可能是制定、颁布于吕后元年或之后。

根据传世文献记载，学者还探讨了《二年律令》中所收录的其他律条的制定与颁布时间。⑥ 高敏认为，《二年律令》的各种律并非制定于同一年，时间应有先有后，其中大部分的律应为高祖五年统一全国后制定，尤其是《户律》中的多数律条应源于高祖五年五月诏。⑦

除了律条外，《二年律令·津关令》中收录的令条也并非制定、颁布于同一年。《津关令》的不同令条中出现了官名"相国"和"丞相"。根据《汉书》中关于"相国""丞相"改称的记载，杨建分析认为，《津关令》的令条是按其制定

① 张家山二四七号汉墓竹简整理小组编：《张家山汉墓竹简〔二四七号墓〕》（释文修订本），第 20 页。

② （汉）班固撰：《汉书》，北京，中华书局，1962 年版，第 85 页。

③ 参见高敏：《〈张家山汉墓竹简·二年律令〉中诸律的制作年代试探》，《史学月刊》2003 年第 9 期。诏、令、律为秦汉法律的三种呈现形式，关于这三者的形成过程、性质与关系，学界有不同观点。广濑薰雄提出，秦汉律、令的发展过程并行，律、令皆由皇帝以诏的形式一条一条颁布。参见〔日〕广濑薰雄：《秦汉时代律令辨》，载氏著：《简帛研究论集》，上海，上海古籍出版社，2019 年版，第 407 页。

④ 张家山二四七号汉墓竹简整理小组编：《张家山汉墓竹简〔二四七号墓〕》（释文修订本），第 21 页。据此律，多数学者包括整理小组推断题名中的"二年"所指即为"吕后二年"。

⑤ 《汉书》载："高后元年追尊曰吕宣王。"（汉）班固撰：《汉书》，第 679 页。

⑥ 参见曹旅宁：《张家山二四七号墓汉律制作年代新考》，载中国文物研究所编：《出土文献研究》（第六辑），第 117—124 页；张忠炜：《〈二年律令〉解题及其他》，载氏著：《秦汉律令法系研究初编》，第 31—37 页。

⑦ 参见高敏：《〈张家山汉墓竹简·二年律令〉中诸律的制作年代试探》，《史学月刊》2003 年第 9 期。

年代予以排列，其中标号为4、5、7、8、9、10、11、12、13、14、15的这十一条汉令制定于高祖十一年（公元前196年）至惠帝五年（公元前190年）之间，标号为16、17、18的汉令则制定于惠帝五年之后，因标号为1、2、3的汉令排序最前，应当制定于高祖十一年之前，而标号为6的汉令或形成于高祖十一年之后。①

综上来看，《二年律令》中收录的律与令并非制定并颁布于汉初的某二年，而应在汉初一段时期内由皇帝陆续制定并颁布的。② 再来考虑题名"二年律令"是否意指《二年律令》中的律令修订于某汉初"二年"。《二年律令》中共存二十七种汉律及一种汉令，总计为数百条律令。如张建国所论，汉初法律中的律较为稳定，在某二年大规模修订汉律令的可能性较小，且朝廷修订少数律令也无需冠以"二年"纪年。③

下文将继续讨论题名"二年律令"意指的其他两种可能性，即《二年律令》中收录的为某二年时施行的律令，或这些律令于某二年抄写于此简册之上。首先来分析岳麓秦简1888和1907上的两条秦令，其内容与秦汉法律生效与施行相关：

> 新律令下，皆以至其县、都官廷日决。故有禁，律令后为罪名及减益罪者，以奏日决。卒令乙卅二(107/1888)④
>
> 令曰：诸所上而为令，诏曰可，皆以书下日定其奏日下之；其当以时

① 参见杨建：《西汉初期津关制度研究》，上海，上海古籍出版社，2010年版，第25—32页。大庭脩指出，《津关令》中出现"相国"的令制定于高祖十一年（公元前196年）至惠帝五年（公元前190年），出现"丞相"的令制定于惠帝六年（公元前189年）或之后；参见 Ōba Osamu："The Ordinances on Fords and Passes Excavated from Han Tomb Number 247, Zhangjiashan," translated and edited by David Spafford, Robin D. S. Yates and Enno Giele with Michael Nylan, *Asia Major*, 3rd ser. 14. 2 (2001), p. 130；另见彭浩：《〈津关令〉的颁行年代与文书格式》，《郑州大学学报（哲学社会科学版）》2002年第3期。

② 关于《二年律令》中律令的颁布年代，另参见彭浩、陈伟、〔日〕工藤元男：《二年律令与奏谳书——张家山二四七号汉墓出土法律文献释读》，上海，上海古籍出版社，2007年版，第87页；张建国：《试析汉初"约法三章"的法律效力——兼谈"二年律令"与萧何的关系》，《法学研究》1996年第1期；张忠炜：《〈二年律令〉解题及其他》，载氏著：《秦汉律令法系研究初编》，北京，社会科学文献出版社，2012年版，第31—43页；曹旅宁：《张家山247号墓汉律制作时代新考》，载中国文物研究所编：《出土文献研究》（第六辑），上海，上海古籍出版社，2004年版，第117—124页；李力：《关于〈二年律令〉题名之再研究》，载氏著：《张家山247号墓汉简法律文献研究及其述评》，东京，东京外国语大学亚非语言文化研究所2009年版，第345—353页。

③ 张建国：《试析汉初"约法三章"的法律效力——兼谈"二年律令"与萧何的关系》，《法学研究》1996年第1期。

④ 陈松长主编：《岳麓书院藏秦简（伍）》，上海，上海辞书出版社，2017年版，第103页。

下，必以下时定之。卒令乙廿七(106/1907)①

岳麓秦简 1888 上的秦令分两种情况规定了新律令的生效：一、新的律令自到达县廷、都官廷之日起生效，官吏需以新律令断案；二、若已有旧律令，修改后的新律令对旧有律令中的罪名或刑罚进行了修改，以"奏日"确定新律令生效日。简 1907 上的秦律规定，"奏日"为皇帝诏令的下发日。因此，修改后的新律令自朝廷颁发日即行生效。在第二种情况下，一旦秦汉新律令在官府生效，旧有律令即自行废止，不得再予使用。

此外，睡虎地秦简《秦律十八种》简 199 上的《尉杂律》载："岁雠辟律于御史。"②地方官府每年应去郡御史处核查、校勘律令，以保证官府可以及时更新法律，并从官府的律令集中删除已失效的旧法律。因法律具有实用性的特点，废止的法律不再具有效力，无论是官府抑或官吏个人所抄录的法律集一般都会选择于当年仍施行的有效法律。③ 反之亦然，某年施行且具有效力的法律也应抄写于此年。据此，即使无从准确判断题名"二年律令"的具体含义，《二年律令》中收录的律令应为某二年时施行的有效律令，也应于此二年被书写于简册上。

2."二年"所指为"吕后二年"

在分析了题名"二年律令"的含义后，接下来将讨论其"二年"所指具体为汉初哪个二年。前文曾提及，《津关令》令 4—15 及令 16—18 分别制定于高祖十年(公元前 196 年)及惠帝五年(公元前 190 年)之后。《二年律令》的律令也就不可能于高祖二年或惠帝二年抄写于简上。此外，《津关令》中标号为 22 的汉令也值得讨论：

> 廿二、丞相上鲁御史书言，鲁侯居长安，请得买马关中。丞相、御史以闻，制曰：可。(520)
>
> 丞相上鲁御史书，请鲁中大夫谒者得私买马关中，鲁御史为书告津关，它如令。丞相、御史以闻，制曰：可。(521)

---

① 岳麓秦简整理者将简 1907 释读为"令曰：诸所上而为令，诏曰可，皆以书下日定，其奏日下之；其当以时下，必以下时定之。卒令乙廿七。"陈松长主编：《岳麓书院藏秦简(伍)》，第 103 页。简文断读参见陈伟：《岳麓书院藏秦简(伍)校读(续)》，http://www.bsm.org.cn/show_article.php?id=3006.

② 睡虎地秦墓竹简整理小组编：《睡虎地秦墓竹简》，北京，文物出版社，1990 年版，第 64 页。

③ 在现实中，官府或者官吏一般都出于实用考虑来抄录法律。如韩树峰指出，史书内容具体生动、通俗易懂，相较之下法律文本则尤为艰深晦涩、枯燥无味，阅读难度也远甚于前者。参见韩树峰：《汉晋法律的清约化之路》，《"中央研究院"历史语言研究所集刊》2015 年第 86 本第 2 分。

丞相上鲁御史书，请鲁郎中自给马骑，得买马关中，鲁御史为传，它如令。丞相、御史以闻，制曰：可。(522)①

以上这条汉令由三条分条款组成，令文中出现的“鲁侯”应指张偃，其母鲁元公主为吕后的长女，②“鲁中大夫”和“鲁御史”为鲁侯张偃的属官。此条令给予吕后外孙鲁侯张偃特殊优待，特许张偃及其属官在关中地区买马。据李学勤和邢文考证，吕后六年(公元前182年)时，吕后封张偃为鲁王。③吕后元年(公元前187年)时，有可能吕后因其长女鲁元公主去世，加封鲁元公主之子张偃为鲁侯。④ 因此，此条汉令应制定于吕后元年(公元前187年)或之后，而早于吕后六年(公元前182年)。

由上可见，《二年律令》简85上的律和标号22的令都不可能早于吕后元年(公元前187年)制定并施行。又因吕后去世(公元前180年)后，吕氏家族立马失去权势并被诛杀，优待其家族的这些律令也应即行废除。因《二年律令》中所收录的为某二年时仍在施行的律，题名中的“二年”只可能为“吕后二年”。

(三)《二年律令》的文本性质

综上所论，《二年律令》所收录的为吕后二年(公元前186年)时施行的有效律令，并且这些律令也应于此二年抄写于简册之上。吕后二年又恰为张家山汉简《历谱》中记载的最后一年，墓主应于此年或稍微晚点去世，而墓主又已于八年前也就是惠帝元年(公元前194年)因病免职，墓主生前显然无法将其免职之后抄录的《二年律令》用于处理其行政司法事务。对此，还可以追问的问题即在于：在邻近墓主去世之时，为墓主制作、抄录《二年律令》简册并将其放入墓中随葬的目的何在。为了解答这个问题，下文将探究《二年律令》的文本性质及其随葬目的。

1.“吕后二年”时施行律令的摘抄

学者对《二年律令》的文本性质研究颇多，但观点有所不同：有学者认为《二年律令》是早已亡佚的汉代典抄本；也有学者则指出《二年律令》为汉初

---

① 张家山汉墓竹简整理小组编：《张家山汉墓竹简整理小组〔二四七号墓〕》(释文修订本)，第87—88页。

② 同上书，第210页；彭浩：《〈津关令〉的颁行年代与文书格式》，《郑州大学学报(哲学社会科学版)》2002年第3期。

③ Li Xueqin and Xing Wen："New Light on the Early-Han Code：A Reappraisal of the Zhangjiashan Bamboo-Slip Legal Texts，"*Asia Major*，3rd ser. 14. 1(2001)，pp. 129 - 133.

④ 参见杨建：《西汉初期津关制度研究》，第31页。

律令的全部汇抄；另有学者提出《二年律令》为汉初律令的摘抄本。①

张家山汉简《二年律令》收录了汉初的二十七种律和一种令，应为当时律令的摘抄。据张家山三三六号汉墓及胡家草场十二号汉墓简牍来看，②西汉时的律篇如《外乐律》《蛮夷律》《腊律》《治水律》《葬律》《祠律》及令篇如《少府令》《卫官令》《功令》并未抄录于《二年律令》简册之中。

其次，即使是《二年律令》中的二十七种律和一种令，也并未包括这些律篇和令篇下的全部法律条文。《二年律令》各类律中所收录的律条数目悬殊较大，如《贼律》《盗律》及《户律》中有几十条律，而《均输律》《关市律》只存两条律，《爵律》仅有三条律。显然，汉初《均输律》《关市律》及《爵律》并非只有两三条律，《二年律令》只是收录了其中的少数几条。此外，《津关令》的每条令前均有数字标记。③《津关令》中最后一条令文标号为二十三，但总共只有十八条令收录其中，此二十三条令中就有五条未收录于《津关令》。可见，《二年律令》的《津关令》也只是摘录了部分令条。

2.“二年律令”是否为官方题名

下文将讨论汉初是否有存在题名为“二年律令”的官府律令集，因这个问题关涉张家山汉简《二年律令》的文本性质及来源。④

---

① 《二年律令》性质研究的学术综述，参见李力：《关于〈二年律令〉题名之再研究》，载氏著：《张家山 247 号墓汉简法律文献研究及其述评》，东京，东京外国语大学亚非语言文化研究所，2009 年版，第 345—353 页。相关研究参见王彦辉：《关于〈二年律令〉年代及性质的几个问题》，《古代文明》2012 年第 1 期；〔日〕宫宅洁：《张家山汉简〈二年律令〉解题》，载氏著：《中国古代刑制史研究》，杨振红、单印飞、王安宇、魏永康译，第 19—24 页；晋文：《张家山汉简中的田制等问题》，《山东师范大学学报（人文社会科学版）》2019 年第 4 期。

② 参见荆州博物馆、武汉大学简帛研究中心编著：《荆州胡家草场西汉简牍选粹》，北京，文物出版社，2021 年版，第 196—197 页；彭浩主编：《张家山汉墓竹简〔三三六号墓〕》（上下），北京，文物出版社，2022 年版，第 159—226 页。荆州地区博物馆：《江陵张家山两座汉墓出土大批竹简》，《文物》1992 年第 9 期；荆州博物馆：《湖北荆州市胡家草场墓地 M12 发掘简报》，《考古》2020 年第 2 期；李志芳、蒋鲁敬：《湖北荆州市胡家草场西汉墓 M12 出土简牍概述》，《考古》2020 年第 2 期。

③ 标有数字的秦汉令也见于其他出土简牍，如岳麓秦简、居延汉简和武威汉简的令文。中田薰指出，有可能是中央或地方政府在将令文归类时，根据某种颁布顺序标注了数字并对同类的令文排序。参见〔日〕中田薰：《汉律令》，载中国政法大学法律古籍整理研究所编：《中国古代法律文献研究》（第三辑），北京，中国政法大学出版社，2007 年版，第 105—112 页。另见杨建：《西汉初期津关制度研究》，第 25—26 页；南玉泉：《秦令的性质及其与律的关系》，载徐世虹等：《秦律研究》，武汉，武汉大学出版社，2017 年版，第 74—92 页；凡国栋：《秦汉出土法律文献所见“令”的编序问题——由松柏 1 号墓〈令〉丙第九木牍引发的思考》，载中国文化遗产研究院编：《出土文献研究》（第十辑），上海，中西书局，2011 年版，第 160—168 页。

④ 李力认为汉初朝廷有正本的《二年律令》，并由各级郡县复制及使用。他还指出，题名“二年”应为“高祖二年”（公元前 205 年），因汉朝廷于此年开始制定法律。由此，张家山汉墓《二年律令》应是朝廷正本《二年律令》的抄本和节选本，“二年律令”为正本原有题名。参见李力：《关于〈二

秦汉律与令的性质有所区别，律一般为较为稳定的法律规范，令通常用以补充律的不足，并解决新出现的法律问题。如睡虎地秦简《语书》载：

是以圣王作为法度，以矫端民心，去其邪避(僻)，除其恶俗。法律未足，民多诈巧，故后有间令下者。[②]

张建国指出，这句话的“间”字说明了“令”的重要功能之一即为补充法律的不足，如律的规定不够完备，“间令”即需下达公布。[③] 此外，下列岳麓秦简 1792 上的秦令提到：

能捕以城邑反及非从兴殹(也)，而捕道故塞徼外蛮夷来为间，赏毋律。今为令。(170/1792)[④]

据以上秦令，因对于追捕以城邑反叛或非兴发之人追捕故旧边界外蛮夷为间谍者，秦律未有给予赏赐的规定，现就此事项制定秦令予以规范。其内容也可证明秦令用以补充秦律之不足。

虽然，单条汉律与单条汉令的制定程序形同，均可以皇帝下诏的方式颁布，[⑤]但多数汉律并非由皇帝因时因事而设并逐条颁布，而是承袭于

(接上页)年律令〉题名之再研究》，载氏著：《张家山 247 号墓汉简法律文献研究及其述评》，东京，东京外国语大学亚非语言文化研究所，2009 年版，第 362 页。

① 孟彦弘指出：“律令文本形式的变化，即由诏令变为令、令变为律，或诏令直接变为律条，表现在司法实践上，反映的就是律、令之间的关系，即‘令’是对‘律’的补充、修订或说明。这是汉代律、令关系的实质所在。”孟彦弘：《秦汉法典体系的演变》，《历史研究》2005 年第 3 期。邵方也指出：“律令关系的实质，就是令对律起补充、说明和修正的作用。从文本上看，律、令都有一个由原始的诏书到改写成精密的法律条文的过程，这种改写实际就是律、令的来源之一。于是，我们发现了由诏书变成令文，又由令文变成律条的过程，甚至诏书直接变成为律条。无论是内容还是法律效力，秦汉时期的律、令似乎并无不同。但既然是律、令并称，说明其间一定有所区分。作为法典的律、令，既有区别而区别又不明确，反映了当时法典的不成熟性和法典演变的过渡性。”邵方：《〈晋书·刑法志〉与汉〈九章律〉》，《法学评论》2007 年第 1 期。

② 睡虎地秦墓竹简整理小组编：《睡虎地秦墓竹简》，第 13 页。

③ 张建国：《秦令与睡虎地秦墓竹简相关问题略析》，《中外法学》1998 年第 6 期。

④ 陈松长主编：《岳麓书院藏秦简(伍)》，第 124 页。

⑤ 〔日〕广濑薰雄：《秦汉时代律令辨》，载氏著：《简帛研究论集》，上海，上海古籍出版社，2019 年版，第 401 页。大庭脩归纳了汉代诏令的三种形态：一为皇帝直接对某事下诏令；二为丞相和御史向皇帝奏请某事，由皇帝批准后成为令；三为由皇帝提出某项政策，命令官员起草相关具体的规定，再由皇帝批准成为令文。参见 Ōba Osamu：“The Ordinances on Fords and Passes Excavated from Han Tomb Number 247, Zhangjiashan,” translated and edited by David Spafford, Robin D. Yates and Enno Giele, with Michael Nylan, *Asia Major*, 3rd ser. 14.2(2001), pp. 128－129；〔日〕大庭脩：《秦汉法制史研究》，徐世虹等译，上海，中西书局，2017 年版，第 139—146 页。

秦；[①]汉令则皆由皇帝以诏令方式分别逐条制定与颁布。因此，因汉律与汉令的性质不同，且颁布方式也有一定的区别，汉律与汉令的分类与编纂方式亦有所区别，秦汉的律与令应该也是分开归类与编纂的。[②] 混合律与令的法律集应并非为汉初中央朝廷所颁布，《二年律令》也并非官方命名的律令集。[③] 张忠炜也指出，汉初既不存在"正本《二年律令》"的说法，书题"二年律令"也不可视为正式的国家法定称谓，书题多为抄录、汇编单篇律及令时追题。其理由如下：一、史书中无"二年律令"的相关记载；二、古书书名多为追题命名，题名一般具有较大的随意性；三、据张家山三三六号汉墓及睡虎地七十七号汉墓的发掘报告来看，这两个墓中出土的法律简册也无类似"二年律令"的书题。[④]

综上来看，张家山汉简《二年律令》中抄录了性质有所区别的律与令，并非为中央朝廷颁布，其题名"二年律令"也并非官方的律令集题名，而是此简册抄本的标识题名。[⑤]

3.《二年律令》简册的文本性质

张家山《二年律令》并非为题名"二年律令"的官方律令集抄本，其所抄

---

① 汉律对秦律的继承，参见高敏：《汉初法律系全部继承秦律说——读张家山汉简〈奏谳书〉札记》，载氏著：《秦汉魏晋南北朝史论考》，北京，中国社会科学出版社，2004 年版，第 76—84 页；崔永东：《张家山汉简中的法律思想》，《法学研究》2003 年第 5 期；闫晓君：《略论秦律对汉律的影响》，《甘肃政法学院学报》2005 年第 5 期；Li Xueqin and Xing Wen："New Light on the Early-Han Code：A Reappraisal of the Zhangjiashan Bamboo-Slip Legal Texts，"*Asia Major*，3rd ser. 14. 1(2001)，pp. 139 - 141；Barbieri-Low Anthony J. and Robin D. S. Yates：*Law，State and Society in Early Imperial China：A Study with Critical Edition and Translation of the Legal Texts from Zhangjiashan Tomb no*. 247，pp. 219 - 233.

② 关于汉令的排序与汇编，参见〔日〕中田熏：《汉律令》，中国政法大学法律古籍整理研究所编：《中国古代法律文献研究》(第三辑)，北京，中国政法大学出版社，2007 年版，第 105—112 页；张忠炜：《秦汉律令的历史考察》，载氏著：《秦汉律令法系研究初编》，北京，社会科学文献出版社，2012 年版，第 108—118 页；南玉泉：《秦令的性质及其与律的关系》，载徐世虹等：《秦律研究》，武汉，武汉大学出版社，2017 年版，第 74—92 页；凡国栋：《秦汉出土法律文献所见"令"的编序问题——由松柏 1 号墓〈令〉丙第九木牍引发的思考》，载中国文化遗产研究院编：《出土文献研究》(第十辑)，第 160—168 页。

③ 参见 Geoffrey MacCormack："The Transmission of Penal Law(*Lü*) from the Han to the T'ang：A Contribution to the Study of the Early History of Codification in China，"*Revue internationale des droits de l'antiquité* 3(2004)，pp. 50 - 57。

④ 参见张忠炜：《〈二年律令〉解题与其他》，载氏著：《秦汉律令法系研究初编》，第 24—25 页。

⑤ 参见于振波：《浅谈出土律令名目与"九章律"的关系》，《湖南大学学报(社会科学版)》2010 年第 4 期。日本学者冨谷至也提到，《二年律令》的"二十七种律文不过是权宜性地汇集和收录了吕后二年时期的法规，它不能被视为编纂而成的法典，'二年律令'亦非具有普遍性的法典名称"。参见〔日〕冨谷至：《通往晋泰始律令之路(I)：魏晋的律与令》，朱腾译，徐世虹校译，载中国政法大学法律史学研究院编：《日本学者中国法论著选译》，第 131 页。

录的也只是吕后二年时施行的部分律令。下面也就需要进一步探讨《二年律令》文本性质的问题，即《二年律令》是否为官方抄录用于行政司法实践的律令集。

《二年律令》的律令文本中出现了多处明显的书写讹误。① 首先，其中存在出现错字的情况。整理小组指出，《二年律令》简 28 上的"列"为"死"字误写，简 405 上的"私"为"和"字误写，简 412 上的"下"为"上"字误写。②

其次，书手将本属其他律条的文本误抄于与其无关的另一条律条中。举《二年律令・金布律》简 429—432 上的律为例：

> 官为作务、市及受租、质钱，皆为缿，封以令、丞印而入，与参辨券之，辄入钱缿中，上中辨其廷。质者勿与券。租、质、户赋、园池入钱(429)县道官，勿敢擅用，三月壹上见金、钱数二千石官，二千石官上丞相、御史。不幸流，或能产拯一人，购金二两；拯死者，购一两。不智(知)何人，㢑狸而(430)謓之。流者可拯，同食、将吏及津啬夫、吏弗拯，罚金一两。拯亡船可用者，购金二两；不盈七丈以下，丈购五十钱；有识者，予而令(431)自购之。(432)③

以上法律文本被作为一条律连续书写于简 429—432 上。此法律文本的前部分规定了官为作务、市及受租、质钱的法定程序，应属《金布律》的内容；而下划线标注的法律文本却规定了对救援不幸淹没入河流的人或船的奖赏，应系误抄于此。

此外，《二年律令》文本中还出现了无关联的两句律文被误抄为一条律的情况。如《二年律令・金布律》简 435 上的律载：

> 县官器敝不可缮者，卖之。诸收人，皆入以为隶臣妾。(435)④

---

① 游逸飞列举了《二年律令》文本中存在的数种讹误，参见游逸飞：《试论张家山汉简〈二年律令〉的几处讹误》，《珞珈史苑》2013 年第 1 期。

② 张家山二四七号汉墓竹简整理小组编：《张家山汉墓竹简整理小组〔二四七号墓〕》（释文修订本），第 12、63 和 65 页。但韩国学者尹在硕指出，在《二年律令》和睡虎地秦简中，"列"和"死"字形非常相似，大多可以混用。若需判断竹简上是何字，还需考虑句子本身的文意。参见〔韩〕尹在硕：《评彭浩、陈伟、工藤元男主编〈二年律令与奏谳书〉》，载卜宪群、杨振红主编：《简帛研究》（二〇〇八），桂林，广西师范大学出版社，2010 年版，第 325 页。

③ 张家山二四七号汉墓竹简整理小组编：《张家山汉墓竹简整理小组〔二四七号墓〕》（释文修订本），第 67 页。

④ 同上书，第 68 页。

以上法律文本的第一句规定了如何处理损毁而不可修缮的政府器物，应属《金布律》内容。第二句与前文则毫无关联，规定了收人没入官府后作为隶臣妾。据其内容，或属《收律》的范围，显然系误抄于此。

《二年律令》文本中，也有属于同一律篇但并不相联系的法律文本误抄为一条律的情况。以《二年律令·具律》简 86 上的律为例：

吏、民有罪当笞，谒罚金一两以当笞者，许之。有罪年不盈十岁，除；其杀人，完为城旦舂。(86)①

以上法律文本的第一句许可有罪官吏及平民以罚金一两替代笞刑，第二句则为十岁以下未成年犯罪者的减刑规定。简 86 上的两句简文显然规定了不同的法律事项，因其内容均与量刑相关，其文本应分别源自《具律》的两条律。再以《二年律令·户律》简 345 上的律为例：

为人妻者不得为户。民欲别为户者，皆以八月户时，非户时勿许。(345)②

以上法律文本的第一句禁止已为人妻者单独立户，第二句则规定了庶民别立他户的时期。简 345 上的这两句简文规定了与户籍相关的不同法律事项，应分别出自于《户律》的两条律。

再者，《二年律令》的法律文本中还混杂有并非律令内容的其他文本。以《二年律令·贼律》简 18 上的律为例，律中出现的句子"或命糲谓蘖毒"应为对非常用词"糲"的别名解释，或是附加于律文中的注释，似不为律文原文内容：③

有挟毒矢若谨(堇)毒、糲，及和为谨(堇)毒者，皆弃市。或命糲谓蘖毒。诏所令县官为挟之，不用此律。(18)④

① 张家山二四七号汉墓竹简整理小组编：《张家山汉墓竹简整理小组〔二四七号墓〕》(释文修订本)，第 21 页。

② 同上书，第 56 页。

③ 日本专修大学《二年律令》研究会：《张家山汉简〈二年律令〉译注(一)》，《专修史学》第三五号，2003 年 2 月；转引自彭浩、陈伟、〔日〕工藤元男：《二年律令与奏谳书——张家山二四七号汉墓出土法律文献释读》，上海，上海古籍出版社，2007 年版，第 97 页。

④ 张家山二四七号汉墓竹简整理小组编：《张家山汉墓竹简整理小组〔二四七号墓〕》(释文修订本)，第 10 页。

综上来看，简册《二年律令》的法律文本中出现了各种类型的讹误，并且由竹简图片来看，律令被书手书写后并无校雠与修订的痕迹。据《二年律令·贼律》中关于官府文书的规定来看，秦汉对官府抄录的律令有严格的规范与要求，官府文书中若出现讹误，相关责任官吏将受到处罚。①

秦汉时期，由官府抄录的律令集因用于日常的行政司法实践，还需经由官吏校雠，以确保其正确无误。里耶秦简中就有两封官府文书与校勘律令相关：

□年四月□□朔己卯，迁陵守丞敦狐告船官□：令史㢘雠律令沅陵，其假船二㮴，勿留。（6—4）②

卅一年六月壬午朔庚戌，库武敢言之：廷书曰令史操律令诣廷雠，署书到、吏起时。有追。今以庚戌遣佐处雠。敢言之。

七月壬子日中，佐处以来。端发。处手。（8—173）③

以上第一封文书载，迁陵代守县丞敦狐告知船官，由其借两艘船给令史㢘用于赴沅陵校雠律令。第二封文书载，县廷书要求令史将律令交由县廷校雠，并应记载下"书到、吏起时"。

因秦汉对官府抄录的律令有严格的规范与要求，并且还需经由令史等官吏的校雠程序，由此来判断，法律文本中存有不同类型的讹误且无校雠痕迹的《二年律令》不应为官府抄录的律令集。

与抄录传统经典文献的简册相异，秦汉官府或官吏多因行政司法实践需要而抄录律令集简册，以便履行职事时，从中查找并翻阅相关律令条文，官吏一般不会出于阅读兴趣从头至尾地翻阅枯燥且晦涩的律令条文。④

并且，官署遗址出土简牍中发现了汉律令目录，有助于官吏在处理职事时浏览、检索到简册中的目标律令条文，以准确、高效地处理事务，具有较强的实用性。如20世纪30年代居延地湾遗址出土了一枚诏书目录简：

县置三老二

行水兼兴船十二

① 参见《二年律令·贼律》简12、13、15、16和17上的律，张家山二四七号汉墓竹简整理小组编：《张家山汉墓竹简整理小组〔二四七号墓〕》（释文修订本），第9—10页。

② 陈伟主编：《里耶秦简牍校释（第一卷）》，武汉，武汉大学出版社，2012年版，第19页。

③ 同上书，第104页。

④ 韩树峰指出："法律条文之艰深晦涩、枯燥无味，较一般文书有过之而无不及，阅读难度自然甚于后者，如果与史书相比，相差更不可以道里计。"韩树峰：《汉晋法律的清约化之路》，《"中央研究院"历史语言研究所集刊》2015年第86本第2分。

置孝、弟、力、田廿二
征吏二千石以符卅二
郡国调列侯兵卌二
年八十及孕未需颂系五十二①

陈梦家考证认为，此诏书目录简应为原编册的第二枚简，完整的编册共十枚简，编目至多六十，应止于六十之前。此目录应该是按"施行诏书"年代先后顺序编次，列于前者早于列于晚者，编册读法为横列右行。陈梦家将诏书目录简复原排列如下：②

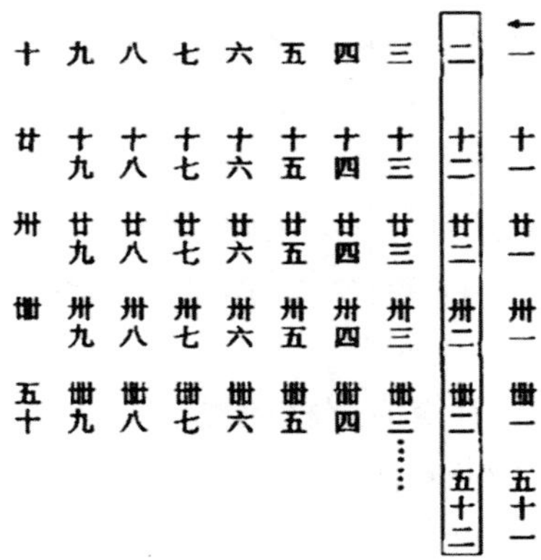

此外，1987年湖南张家界古人堤遗址出土了残损严重的一块汉律目录木牍。木牍第一、二、三栏残损，应为《盗律》目录，第四、五、六栏墨迹仍存，为《贼律》目录："较完整者有盗出故（?）物、揄（踰）封、毁封、贼燔烧宫、父母告子、失火、贼杀人、奴婢杀人、斗杀以刀、贼杀伤人、戏杀人、殴父母、犬杀伤人、谋杀人已杀、奴婢悍、父母殴笞子、诸入食官、奴婢射人、诸坐伤人等。"③此目录中"条标"所指的多条贼律可与《二年律令·贼律》律条相对应。

居延出土诏书目录简与古人堤出土汉律目录木牍均出自官署遗址，其性质为废弃的官府文书，曾用于行政司法实践。载有条标的此类目录简可以突出律令条文的内容信息，当秦汉官吏需使用或援用律条之时，无需大费

① 中国社会科学院考古研究所编辑：《居延汉简》（甲乙编下册），北京，科学出版社，1959年版，第3页。

② 陈梦家：《西汉施行诏书目录》，载氏著：《汉简缀述》，北京，中华书局，1980年版，第275—276页。

③ 湖南省文物考古研究所、中国文物研究所：《湖南张家界古人堤遗址与出土简牍概述》，《中国历史文物》2003年第2期。

周折地在整卷法律简册中去搜寻特定的某条律令。《二年律令》中收录了数百条律令条文，但未附律令"条标"目录或索引，官吏若在行政司法实践中查找所需律令条文，可想而知，从长卷册中搜找律令会非常不便。

此外，还应结合《二年律令》简册的物质形态来考虑其功能。首先来看《二年律令》简册收卷后的长度与重量，此卷简册由至少528枚竹简组成，简宽为0.7厘米，即使忽略不计竹简间的编绳宽度，此卷简册长度至少为3.696米。邢义田以居延汉简为标本测量了汉简的重量和体积，由77枚木简构成的《永元器物簿》简册体积约为1579.5立方厘米。据此，他估算《二年律令》简册体积应为《永元器物簿》的6.83倍，捆起来后此卷简册直径约为21.56厘米，应该颇为笨重。他进而指出，因《二年律令》简册体积庞大，若想用单手持握此卷简册比较困难，应该只可以将简册展开后放在几案上阅读。即便如此，也只能一次展开简册的一部分简阅读，收卷后再展开另外一部分简继续阅读。① 如将《二年律令》用于行政司法实践，在没有条标目录且长达近四米的卷册中去浏览所需律令条文颇为不便。

再来分析《二年律令》对施行于吕后二年时的律令的摘抄与选录问题。睡虎地秦简中《秦律十八种》简186上的"内史杂"律规定如下：

> 县各告都官在其县者，写其官之用律。内史杂(186)②

如此律规定，在县都官需抄录其负责职事相关的全部律令，以方便处理其职事范围内的行政与法律事务。③《二年律令》简册中只是抄录了汉初的二十七种律与一种令，其中数个律篇只收录了两三条律，此种模式的律令摘选似也难以满足行政与司法实践的需求。再者，《二年律令》中的部分律条又为对汉初律条的省抄与摘录，④而法律作为国家权威的立法产物，官府抄

---

① 邢义田指出，他有一个大胆的推测："墓葬中出土的简册，凡一册多达数百简者，都比较可能是为陪葬而特别抄制的明器，非供实用。"邢义田：《汉代简牍的体积、质量和使用》，载氏著：《地不爱宝：汉代的简牍》，第13、22页。

② 睡虎地秦墓竹简整理小组编：《睡虎地秦墓竹简》，第61页。

③ 徐世虹指出："'其官之用律'当非指专为某一官署（如内史）制定的法律，而是指国家现行律令适用于该官署的内容。"徐世虹：《九章律再认识》，载"沈家本与中国法律文化国际学术研讨会"组委会编：《沈家本与中国法律文化国际学术研讨会论文集》，北京，中国法制出版社，2005年版，第688页。

④ 广濑薰雄指出，墓葬出土的律令有或多或少的不同之处："第一，墓葬出土的律令是书籍，各有各的编书目的。第二，墓葬出土律令根据其目的省略了一些原有的信息，并改变了原有的格式。我们还发现，墓葬出土的律令不仅改格式、省略信息，有时候连字句也改动。"〔日〕广濑薰雄：《秦汉墓葬出土律令的资料性质试论（之一）》，载氏著：《简帛研究论集》，第420页。

录用于职事的律令应逐字逐句忠实抄录律令原文，不得擅自删改文本。从法律选抄与摘录的角度来看，《二年律令》也应并非为官方抄录用于行政司法实践的律令集。

第四节 《二年律令》的随葬功能研究

由上文分析来看，《二年律令》法律文本中包含了众多未经校勘的书写讹误，且也只是摘录了于吕后二年时施行的部分律令条文，其选录似无法满足官府使用的需求；此外，其简册体积庞大且笨重，又没有“条标”目录用于浏览、查找律令条文，《二年律令》应该并非为官府或官吏抄录用于日常行政职事的律令集。

并且，张家山二四七号汉墓墓主生前应该也未使用过《二年律令》简册，否则，墓主曾为熟悉法律事务的汉地方官吏，应该不难发现其法律文本中的各种讹误并作出校勘与修订，比如刮去错字简的表面再写上原字。这也与张家山汉简《历谱》中的两条记载相合。墓主在惠帝元年（公元前 194 年）即因病免职，《二年律令》收录有吕后元年之后制定与颁布的律文，简册也应抄于吕后二年（公元前 186 年），显然墓主为汉为官处理事务时不可能使用这卷简册。又因吕后二年是《历谱》纪日的末年，墓主极有可能死于此年或稍晚，也就是近墓主去世之时《二年律令》简册才被抄录、制作。

《二年律令》简册并非为官府抄录用于行政司法实践的律令集，又不曾被墓主生前使用，在墓主去世之际制作的这卷简册应是出于随葬目的。这或许是由三位书手同时同地书写《二年律令》中律令文本的原因，[①]他们并未细致、严谨地抄写律令，又未曾校雠，以致文本中出现了各种不同的讹误。

既然《二年律令》是为随葬目的而制作、抄录的简册，也就值得探讨将其随葬于张家山二四七号汉墓的原因。除张家山汉简《二年律令》和《奏谳书》以外，在原属秦汉南郡地区的其他墓中如睡虎地十一号秦墓及龙岗六号秦墓中也出土了法律简册。

---

① 关于《二年律令》的书手与书体分析，参见李婧嵘：《张家山 247 号汉墓〈二年律令〉书手、书体试析》，《湖南大学学报（社会科学版）》2016 年第 4 期。另见陈耀钧、阎频：《江陵张家山汉墓的年代及相关问题》，《考古》1985 年第 12 期；〔日〕冨谷至：《江陵张家山二四七号汉墓出土竹简——特别是关于〈二年律令〉》，载卜宪群、杨振红主编：《简帛研究》（二〇〇八），桂林，广西师范大学出版社，2010 年版，第 308 页；张忠炜：《〈二年律令〉解题及其他》，载氏著：《秦汉律令法系研究初编》，北京，社会科学文献出版社，2012 年版，第 21 页。

睡虎地秦墓中，共有《秦律十八种》《秦律杂抄》《效律》《法律答问》与《封诊式》五卷法律简册。《编年纪》发现于墓主头部下方，记录了从秦昭王元年（公元前 306 年）到秦始皇三十年（公元前 217 年）中以战役为主的历史事件，亦载有墓主“喜”的重要事例。据其记载，墓主喜生前曾任安陆县和鄢县司法官吏，负责审理狱案。安陆县为今之云梦县，睡虎地墓就位于安陆故城西郊。①

龙岗六号秦墓墓中出土木牍记载了名为“辟死”刑徒的一份无罪改判判决。“辟死”被执行肉刑后向官府乞鞫，经复审被改判无罪，成为秦的“隐官”，在不易被人看到的禁苑工作，负责管理禁苑相关事务。学者认为，木牍中的“辟死”系此墓墓主，因墓主的身体“未见有腿骨痕迹”，其生前应遭受了肉刑被割去双腿。② 此墓出土秦律皆与墓主生前职事所涉的禁苑管理事务相关。

由上来看，睡虎地十一号秦墓、龙岗六号秦墓与张家山二四七号汉墓中的随葬法律简册具有相似之处，即其中所抄录的法律关涉墓主生前的行政司法职事。下文将继续讨论秦汉时将关涉墓主职事的法律简牍置于墓中随葬的原因。

学者从不同角度分析了秦汉之人对“阴间”的理解，以及将简册作为随葬品置于墓葬中的原因。素珊探讨了汉墓的结构和随葬品，认为汉墓可视为给死者停歇的一个“站点”。汉墓及其随葬品结合了众多的人间元素，阴间被时人视为“人间生命的一种延续”。③ 郭珏分析了汉代的告地书文献，指出秦汉之人认为阴曹地府和人间的社会、行政结构是相同的，阴间是阳间生活的反映。④ 蒲慕州提出，西汉时期的“阴曹地府”被描绘为一个统一的帝国世界，此处的生活与阳间相似。⑤ 鲁惟一认为，墓中随葬的各种简牍文献应是用于陈列墓主生前的必需品，墓主可凭借这些不同类型的文献向阴

① 睡虎地秦墓竹简整理小组编：《睡虎地秦墓竹简》，第 3 页。

② 参见中国文物研究所、湖北省文物考古研究所编：《龙岗秦简》，北京，中华书局，2001 年版，第 7 页。学界对此判决文书真实性仍存在较大争论，即此份无罪判决是源自真实的司法判决还是为了还墓主清白而杜撰的文书。参见李学勤：《云梦龙岗木牍试释》，载《龙岗秦简》，第 149—151 页；黄盛璋：《云梦龙岗六号秦墓木牍与告地策》，载《龙岗秦简》，第 152—155 页；胡平生：《云梦龙岗六号秦墓墓主考》，载《龙岗秦简》，第 156—160 页。

③ Susan N. Erickson："Han Dynasty Tomb Structures and Contents，"in *China's Early Empires：A Re-appraisal*，edited by Michael Nylan and Micheal Loewe，Cambridge：Cambridge University Press，2010，p. 81.

④ Jue Guo："Concepts of Death and the Afterlife Reflected in Newly Discovered Tomb Objects and Texts from Han China，"in *Mortality in Traditional Chinese Thought*，edited by Amy Olberding and Philip J. Ivanhoe，Albandy，N. Y.：State University of New York Press，2011，pp. 102 - 103.

⑤ Mu-chou Poo："Preparation for the Afterlife in Ancient China，"in *Mortality in Traditional Chinese Thought*，edited by Amy Olberding and Philip J. Ivanhoe，p. 21.

曹地府证明自己的技能与长处，进而为其在阴间谋取特殊的优待。①

据以上学者的研究来看，秦汉时人们普遍信奉"事死如生"的观点，认为阴间的生活为阳间生活的延续与反映，阴曹地府的社会结构、行政体系也与阳间相似。墓主以简牍法律文献随葬于墓中，或是想以此向阴曹地府显示自己具备处理行政司法事务的能力，并在阴间谋求从事生前的类似职事。②

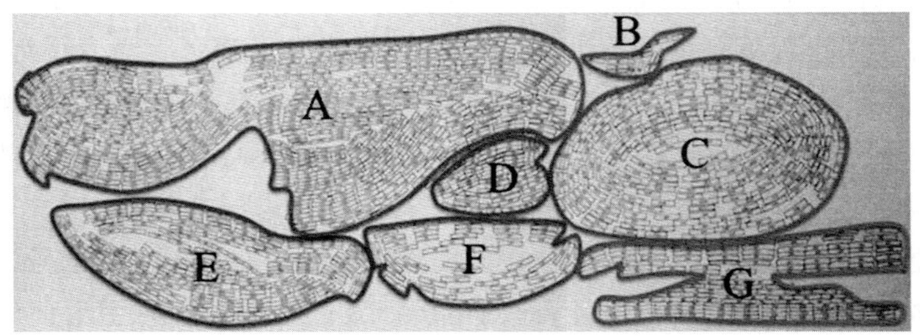

图 2　张家山二四七号汉墓竹简出土位置示意图③

因张家山二四七号汉墓中放置于头箱竹笥中的七卷简册对应了《遣册》里面的"书一笥"，即它们从整体上是被作为一件物品随葬，也有必要综合考虑这七卷简册的随葬目的与意义。据张家山汉墓《竹简出土位置示意图》所示，竹笥中由上至下分别存放有七卷简册：《历谱》(B 组)、《二年律令》(A 组)、《奏谳书》(C 组)、《脉书》(D 组)、《算数书》(E 组)、《盖卢》(F 组)及《引书》(G 组)。除了《历谱》为整理者拟加题名，其他皆为各简册原有题名。由此来看，每一卷简册都是一个独立的文献载体(codicological unit)，换言之，即每一卷简册为一个单独的写本(manuscript)。

在一定程度，七卷简册在竹笥中存放的位置上与其文本内容相关。

① Michael Loewe："Wood and Bamboo Administrative Documents of the Han Period，" in *New Sources of Early Chinese History：An Introduction to the Reading of Inscriptions and Manuscripts*，edited by Edward L. Shaughnessy，Berkeley：Society for the Study of Early China and the Institute of East Asian Studies，University of California，Berkeley，1997，pp. 190 - 191.

② 部分学者则提出了"镇墓说"，认为秦汉墓葬法律简牍可以起到镇墓的功能。冨谷至提到："律令是以镇墓、辟邪的目的被随葬的，如果说与法律有关系的话，那么在现世社会中具有作为威吓恶行行为效果的律与令，转用于对黄泉世界的邪气、恶鬼进行威吓。即，作为随葬品的法律，其目的就是除魔、辟邪。"〔日〕冨谷至：《江陵张家山二四七号汉墓出土竹简——特别是关于《〈二年律令〉》，载卜宪群、杨振红主编《简帛研究》(二〇〇八)，桂林，广西师范大学出版社，2010 年版，第 309 页。张忠炜也持该观点，张忠炜：《墓葬出土律令文献的性质及其他》，载《中国人民大学学报》2015 年第 5 期；后增补修订并收录《秦汉律令法系研究续编》，上海，中西书局，2021 年版，第 9—26 页。

③ 张家山二四七号汉墓整理小组编：《张家山汉墓竹简〔二四七号墓〕》附录二，北京，文物出版社，2001 年。

这七卷简册中有四册内容明显与墓主生前职事相联系——《历谱》《二年律令》《奏谳书》及《算数书》。据竹简出土示意图可见,《历谱》《二年律令》以及《奏谳书》在竹笥中放置的位置相近。《历谱》的两条记载分别为墓主降汉与因病免职的记录,也就记载了墓主在汉为官的起止时间点。《二年律令》以及《奏谳书》为法律简册,与墓主生前曾为汉初地方低级官吏的司法事务相联系。数学算题集《算数书》放置于《奏谳书》一侧,其内容包括了实用的算术题和算数技巧,①应为可供官吏日常履职时参考使用的数学指南书。②

医药文献《脉书》位于《二年律令》和《奏谳书》之间。这应该是由于《脉书》的简册体积较小,正好可以被放置于这两卷简册的空隙中。③ 军事政治类文献《盖卢》则同医药文献《引书》放置于竹笥的一角。④ 秦汉地方官吏为政治民,不仅需熟悉政府行政律令,还需掌握与其职事相关的各类知识与技术,否则很难称职地应对职务需求。地方官吏了解疾病医治、数学、历法、军事与政治策略等内容,也可以将其知识与技能运用到工作各方面。⑤ 这三

---

① 《算数书》总共包含了69个算题,大多数算题由题名、题目与解法构成。这部数学算题集中的某些算题形成于战国晚期甚至更早。《算数书》是已发现最早的汉代数学算题集,为研究数学发展史提供了直接的材料。彭浩研究了《算数书》的年代、内容及价值,还就《算数书》与《九章算术》比对研究,并详细注释了《算数书》简文。参见彭浩:《张家山汉简〈算数书〉注释》,北京,科学出版社,2001年版。

② 古克礼指出,较之张家山汉简《算数书》,《九章算术》更像是一本数学研究书,它里面收录的数学题并不用于日常行政事务,应该是供对数学感兴趣的人们使用。参见 Christopher Cullen: *The Suan Shu Shu 'Writings on Reckoning': A Translation of a Chinese Mathematical Collection of the Second Century BC, with Explanatory Commentary, and an Edition of the Chinese Text*, Cambridge UK: Needham Research Institute, 2004, pp. 11 - 13。

③ 《脉书》内容主要关于六十余种疾病名称、人体的经脉以及主要病症,其部分内容与马王堆三号汉墓出土的帛书《阴阳十一脉灸经》《脉法》及《阴阳脉死候》相同,两者可对照研究。参见张家山二四七号汉墓竹简整理小组编:《张家山汉墓竹简〔二四七号墓〕》(释文修订本),第115页。

④ 《盖卢》文本共分为九个部分,每部分内容均以盖卢提问而伍子胥回答的方式展开。据学者研究,《盖卢》中出现了一些文本问题和文本错误,这些并非由竹简保存状况不佳或者是书手的书写能力低下所致。在西汉初期的张家山《盖卢》抄本之前,其文本已经被抄录了多次。参见 Olivia Milburn: "Gai Lu: A Translation and Commentary on a Yin-Yang Military Text Excavated from Tomb M247, Zhangjiashan," *Early China*, vol. 33(2010), pp. 103 - 104。

⑤ 睡虎地十一号秦墓也为一个例证,秦汉官吏需掌握各类知识,睡虎地秦简随葬简册皆与曾担任秦地方司法官吏的墓主职事相关。除法律简册《秦律十八种》《秦律杂抄》《效律》《法律答问》及《封诊式》以外,还随葬了简册《为吏之道》《语书》及《日书》。随葬简册《为吏之道》及《语书》也与墓主"喜"的官吏身份与职责相关。林剑鸣指出,秦代官吏除了法律知识之外,还需了解医药、卜算以及农业生产等方面的知识。《日数》中"有相当大的一部分是与官吏从事公务活动有关的,如'捕盗''析狱''入官'以及攻伐、征战、晋见等等,而这些内容往往能起到直接指导官吏处理事务的作用,这就形成了秦汉吏治的一大特色"。林剑鸣:《〈日书〉与秦汉时代的吏治》,《新史学》1991年第2卷第2期。

卷简册应该与张家山二四七号汉墓墓主生前的官吏职事也有一定的联系，[①]或者也有可能反映了墓主日常生活中的知识兴趣。

总之，作为一件随葬品置于竹笥中的七卷简册有如张家山二四七号汉墓墓主的一个“资料库”或“图书馆”，展示了墓主生前作为汉初地方低级官吏的行政与司法能力，并反映了他为吏治民或日常生活中所具备或感兴趣的知识。

第五节　以墓葬出土简牍研究秦汉法律史的方法与意义

结合上文对张家山汉简《二年律令》的文本性质及其功能的研究，下文将讨论墓葬出土法律简牍对秦汉法律史研究的意义，以及在研究过程中所应注意的问题。

抄录秦汉法律文本的简牍多出自于私人墓葬之中，这决定了法律简牍不同于边境或井窖遗址出土的官府文书、档案，应具有一定的私人属性，因此以其为材料研究秦汉法律史也应有其特殊的方法。首先，简牍的形制及特征、出土情况等文本载体的信息，是研究墓葬出土法律简牍所不可忽视的重要内容。尤其对于秦汉墓葬中出土的各种不同的法律简牍，在研究中应分别作出细致的分析，以了解简牍法律文献相较官方法律文本作出了何种改变，如书写形态、文本讹误、格式与字句改动、律文省抄等方面的改动，从中来探究法律简牍文本的来源以及编辑目的。[②] 在谈到墓葬出土秦汉律令时，徐世虹指出：“在利用出土文献时对文本的抄写目的做出甄别，这是对待出土文献应持有的审慎态度。从常理推测，其书写目的或可有二：一是即时性的目的，即为了随葬而抄写，出此需要而抄写者，其抄本与母本或有一定差异；另一则是因履职而产生的抄本，其产生于日常工作之中，在墓主人去

① 英国学者鲁惟一认为，含有军事和医药文本的简册或可用作指南手册，帮助墓主抵抗阴间的某些疾病和武装对手。参见 Michael Loewe：“Wood and Bamboo Administrative Documents of the Han Period，”in *New Sources of Early Chinese History：An Introduction to the Reading of Inscriptions and Manuscripts*，edited by Edward L. Shaughnessy，Berkeley：Society for the Study of Early China and the Institute of East Asian Studies，Berkeley：University of California，1997：pp. 190－191。

② 广濑薰雄提出了一种研究思路，即在研究墓葬出土律令的性质时，可以结合律令的编纂和流传的过程加以考虑。因此，他将律令分为三个层次：第一层次为皇帝颁布时的律令；第二层次为律令颁布后由各类机构或私人根据不同的目的、用各种方法整理的律令，而后编纂成的律令书；第三层次为在社会上流传、辗转抄写，并被埋藏于墓中的律令书。参见〔日〕广濑薰雄：《秦汉墓葬出土律令的资料性质试论（之一）》，载氏著：《简帛研究论集》，第 421 页。

世后作为随葬品下葬。毋庸赘言，前者不免有随意、私人的特性，反映在文本上就是节略或错讹；而与后者相关的则是约束、客观、现实性。”①

但是，即使是研究发现秦汉墓葬出土的简牍文法律文本与国家公权力颁布的法律文本之间存在差异，也并不可以就此断然否认法律简牍作为秦汉法律史研究重要材料的价值。徐世虹提出：

> 在公权力的运行范围内，公权力对法律的权威性与立法权限有严格掌控。法律的产生、修订、下达尽管有主体的不同，但承载了国家或地方权力机构意志的法律文本不能脱离公权制约而另行其事。墓葬出土的法律文献虽然皆为抄本，但其原本应是公权的立法产物。如果对这样的法律文献缺乏一个基本判断，则研究将滑向虚无的边缘。②

如上所论，即使如张家山汉简《二年律令》中的法律为选择性地摘录，其文本中也出现文字讹误、内容混淆、律条分类错误等问题，又是为墓主随葬而临时抄录的私人律令集，并非曾用于官府行政与司法事务，但是《二年律令》所抄录的“原本”仍然是国家公权力颁布的法律。

除了应避免秦汉简牍法律文献的研究滑向虚无边缘，也应防范另一种倾向，即因法律简牍资料是地下出土之秦汉真实史料，就断然认定简牍史料相比传世文献更为真实、可信，当出土简牍与传世文献的内容出现抵牾之处，就贸然以出土简牍否定传世文献中的相关记载。德国学者纪安诺指出：

> 与许多观点相反，必须强调，相对于传世文本，出土写本（excavated manuscripts）并不见得一定就是更好的（或者说是更为“科学的”或者是更为“可信的”）文献材料。出土写本的资料价值有赖于与之相关的问题：如何把出土或传世文本放入其文本背景（context）中解读。在所有需要考虑的问题中，出土写本的考古原境（archeological context）是最为重要的，因为它可能会透露给我们以下信息，如出土写本的可靠性以及年代问题（通常是年代下限，如果墓葬没有被盗掘），文本的完整

---

① 徐世虹：《文献解读与秦汉律本体认识》，载《“中央研究院”历史语言研究所集刊》2015 年第 86 本第 2 分。

② 徐世虹：《出土简牍法律文献》，载中国政法大学法律古籍整理研究所编：《中国古代法律文献概论》，上海，上海古籍出版社，2019 年版，第 61 页。

性与文本流传的历史，以及这些文本的最初用途。①

此外，将考古发掘出土的法律简牍作为研究秦汉法律史的材料，还需结合其出土原境来考虑法律文献的性质、来源与随葬目的，进而在此基础上疏通出土文献与传世文献之间存在的差异，并考证法律史实，作出法学分析。对此，张忠炜提到："不能因为出土资料与文献存异或相悖，就盲目断定典籍记载为非；也不能凭借有限的地下材料，就轻易以之修改传世文本的内容。不论是对出土文献，还是对传世典籍，持以理性而审慎的批判态度，既不厚古薄今，又不是今非古，以彼此间的差异点为切入点，不'趋同'、不'立异'，探究差异存在的缘由，理清事物的发展脉络。"②

四十余年以来，随着秦汉墓葬简牍法律文献的不断发现与出土，亡佚已久的秦汉法律重新为世人所知。这些法律简牍是深埋地下两千余年未经打扰的真实而直接的古代文献材料，为秦汉法律史研究提供了珍贵的第一手资料，推动了学术的新潮流。③ 因秦汉出土法律文本书写于简牍载体之上，在研究中应注意考虑简牍载体的形制及其特征，并且目前所见出土简牍法律文献，多数并未经过系统的整理、分类与汇编，甚至仍然呈现出初始或者零散的状态，在对这些问题予以考虑的前提下来解读简牍所载法律文本，应是以法律简牍研究秦汉法律史的重要内容与出发点。

---

① Enno Giele, "Excavated Manuscripts: Context and Methodology," in *China's Early Empires: A Re-appraisal*, edited by Michael Nylan and Michael Loewe, Cambridge: Cambridge University Press, 2010, p. 114.

② 张忠炜：《解构与重建：秦汉律令研究省思》，载氏著：《秦汉律令法系研究初编》，北京，社会科学文献出版社，2012 年版，第 14 页。

③ 需要指出的是，随着秦汉出土简牍材料的不断出土与广泛运用，学者多按照自己关注的问题，追逐新材料以研究秦汉法律史，学界也有忽视传世文献学术价值的趋向。张忠炜谈到学界对新材料"趋之若鹜"的追求态度时，认为新史料研究必须建立在对旧史料或者传统史料深挖掘的基础之上。参见张忠炜：《解构与重建：秦汉律令研究省思》，载氏著：《秦汉律令法系研究初编》，第 12—15 页。

第二章　秦汉刑事法律文本的体例研究

中国古代成文法律的立法技术相对成熟，形成了特有的立法体例与编纂结构，各朝法律在此方面也呈现出明显的承袭与发展关系。以李悝所创《法经》为首，形成了"法篇—法条"的立法体例，为秦汉法律所承袭。① 魏晋时期，开始编纂法典，将法篇整编成为具有体系化的法典，创制了"法典—法篇—法条"的立法体例。② 发展至唐，《唐律疏议》又创设了"法典—法篇—法卷—法条"的立法体例，结构严整合理，为中国古代法典之集大成者，垂为后范。③ 由古代法律的发展脉络来看，秦汉法律的体例与结构形态在中国古代法律编纂史上具有承前启后的作用。

近年来出土简牍法律文献的不断发现与公布，让我们研究秦汉刑事法

---

① 学界对秦汉时期是否已形成法典仍有所争议。有学者认为，由出土简牍来看，秦汉法律应由律篇构成，律篇并未整合形成一部系统性的法典，也未有法典编纂的预设之名。如徐世虹指出："汉代立法并无统一的法典，而是由单篇律与令共同构成律令体系。"徐世虹：《说"正律"与旁章》，载中国文物研究所编：《出土文献研究》（第八辑），上海，上海古籍出版社，2007 年版，第 75 页。另见〔日〕滋贺秀三：《关于曹魏〈新律〉十八篇篇目》，程维荣等译，载杨一凡总主编、〔日〕寺田浩明主编：《中国法制史考证》丙编第二卷《日本学者考证中国法制史重要成果选译·魏晋南北朝隋唐卷》，北京，中国社会科学出版社，2003 年版，第 263—266 页；王伟：《论汉律》，《历史研究》2007 年第 3 期；〔日〕广濑薰雄：《秦汉时代律令辨》，载氏著：《简帛研究论集》，第 407 页；张忠炜、张春龙：《汉律体系新论——以益阳兔子山遗址所出汉律律名木牍为中心》，《历史研究》2020 年第 6 期。也有学者认为秦汉时期已形成了律典，如陈伟认为，汉文帝时的律典呈现两分结构，罪律与兴、厩等事律归于《□律》，其他事律归入《旁律》。参见陈伟：《秦汉简牍所见的律典体系》，《中国社会科学》2021 年第 1 期；另见孟彦弘：《秦汉法典体系的演变》，《历史研究》2005 年第 3 期；杨振红：《从〈二年律令〉的性质看汉代法典的编纂修订与律令关系》，《中国史研究》2005 年第 4 期；陈伟：《胡家草场汉简律典与汉文帝刑制改革》，《武汉大学学报（哲学社会科学版）》2022 年第 2 期。下文也将从分类编纂的角度来讨论秦汉法典有无的问题。

② 关于魏晋律的体例与结构，参见〔日〕冨谷至：《通往晋泰始律令之路（Ⅱ）：魏晋的律与令》，朱腾译、徐世虹校译，载中国政法大学法律史学研究院编：《日本学者中国法论著选译》，北京，中国政法大学出版社，2012 年版，第 164—189 页；另参见〔日〕滋贺秀三：《关于曹魏〈新律〉十八篇篇目》，载杨一凡总主编、〔日〕寺田浩明主编：《中国法制史考证》丙编第二卷《日本学者考证中国法制史重要成果选译魏晋南北朝隋唐卷》，第 252—266 页。

③ 关于唐律的体例与结构，参见钱大群：《唐律的结构》，载氏著：《唐律研究》，北京，法律出版社，2000 年版，第 53—55 页；岳纯之：《论〈唐律疏议〉的形成、结构和影响》，《政法论丛》2013 年第 2 期。

律文本的体例具有了可行性。本章拟借助出土简牍来分析传世文献的有关记载，讨论秦汉是否形成了独立的刑律篇，并从分类编纂的角度研究刑事法律的立法体例、结构形态及条文拟定，以在此基础上分析秦汉刑事法律分类与编纂中存在的问题及其成因。[①] 这些问题都是以简牍文本开展秦汉法律史研究的重要内容，研究与厘清这些问题，将有助于还原秦汉法律生成、发展与编纂的过程，探究秦汉刑事立法的原理及逻辑，并了解秦汉时期立法水平与技术的情况。此外，研究也将有助于理解魏晋何需在传承汉律的基础之上，突破并变革其分类方式与编纂体例制定体系化的刑法典，进而阐明我国古代刑法体例承袭与流变的历史进程。

第一节　有关秦汉法律文本形态的争议

《晋书·刑法志》以下这段记载为讨论秦汉法律的编纂与体例提供了重要的信息：

> 世有增损，率皆集类为篇，结事为章。一章之中或事过数十，事类虽同，轻重乖异。而通条连句，上下相蒙，虽大体异篇，实相采入。《盗律》有贼伤之例，《贼律》有盗章之文，《兴律》有上狱之法，《厩律》有逮捕之事，若此之比，错糅无常。[②]

上述记载提到，汉律依据"集类为篇，结事为章"的原则，形成了"篇—章"的体例结构。但汉律的编纂也存在问题，出现了一"章"之中或有超过数十件"事"的情形，法条分类与归篇也存在杂错、混淆的情况，篇章无法涵盖其律条内容，比如刑律篇《盗律》中混杂有贼伤之例，《贼律》却又杂糅有盗章之文。

---

① 律与令为秦汉法律的两种形态，因律是秦汉法律文本中更为稳定的法律形态，且为魏晋及后世所承袭、发展，本文将主要从分类编纂的角度讨论秦汉刑律的体例与结构。关于秦汉时期律与令的区别，参见张忠炜：《秦汉律令关系试探》，《文史哲》2011 年第 4 期；朱腾：《从君主命令到令、律之别——先秦法律形式变迁史纲》，《清华法学》2020 年第 2 期；Thies Staack："From Copies of Individual Decrees to Compilations of Written Law: On Paratextual Framing in Early Chinese Legal Manuscripts,"in *Copying Manuscripts: Textual and Material Craftsmanship*, edited by Antonella Brita, Giovanni Ciotti, Florinda De Simini, and Amneris Roselli, Napoli: Unior Press, 2020, pp. 183－240。

② （唐）房玄龄等撰：《晋书》，北京，中华书局，1974 年版，第 923 页。

依据《晋书·刑法志》中的此段记载，学者分别讨论了其内容所指秦汉律"篇""类""章""条""事"的具体含义，进而分析秦汉法律文本的体例与结构形态。但因此记载语焉不详，其意并不明确，学者观点仍未达成一致。

张建国认为，汉律可分为"篇—章—条"三个层次，一事为一条，由数件相似的事（条）合为一类即一章，再由数类（章）相近的内容构成一篇。①

杨振红曾指出，《晋书·刑法志》"集类为篇，结事为章"应理解为"一'事'制定一律（章），一'事'（章）下有若干律条，若干性质相同的'事'（章）被归在一个律篇之下。即'章'构成汉代律典的二级篇目，'篇'构成律典的一级篇目（如九章律的九章）"。② 杨振红后对其观点有所修正，认为汉律"一'事'下有若干律条，若干性质相同的'事'归为一'章'（二级律篇），若干内容相关的章归为一'篇'（一级律篇，如九章）"。③

王伟认为，杨振红的上述观点值得商榷，并指出汉律由约六十个律篇组成，这些篇章皆是"集类为篇"，即由一个"事类"构成一个律篇，"汉律九章"应为"盗""贼""囚""捕""杂""具""兴""厩""户"这九类事项的集合。他还指出，《晋书·刑法志》"集类为篇，结事为章"概述了汉律"篇"（篇章）与"章"（条文）的构成，应理解为"一个篇章由一个事类构成，一个条文由一个或多个事项构成"；并且，"'事'（事项）是单数个体，'事类'是复数同类之'事'（事项）的集合或分类"。④

徐世虹提出，《晋书·刑法志》文中所言汉律的"事"应理解为"规范对象——犯罪行为"，"结事为章"意指"同类行为的集为一章"。此外，由睡虎地秦简《效律》与睡虎地七十七号汉墓汉简《葬律》来看，汉律的篇章关系为"由若干字构成一章，若干章构成一篇，篇与章形成领属关系"。⑤

张忠炜认为："律令简多是分条（章）书写的，一条（章）律或由一句话构成，也可能由多句话构成。"据典籍中关于汉律令文献的记载，他又指出汉律中"章"与"条"的关系较为复杂，"条似是章的构成，等同于'句'，故或认为汉律有篇、章、条三个层次。若某章中仅规定一个事条，则此种情况下章亦为条，条亦即章。"由其分析来看，张忠炜认为，如若汉律一"章"只规定一项事，

---

① 张建国：《再析晋修泰始律时对两项重要法制的省减》，《北京大学学报（哲学社会科学版）》1990年第6期。

② 杨振红：《秦汉律篇二级分类说——论〈二年律令〉二十七种律均属九章》，《历史研究》2005年第6期。

③ 杨振红：《汉代法律体系及其研究方法》，《史学月刊》2008年第10期。

④ 王伟：《辩汉律》，《史学月刊》2013年第6期；另见王伟：《论汉律》，《历史研究》2007年第3期。

⑤ 徐世虹：《秦汉法律的编纂》，（韩国）《中国中古世史研究》2010年第24辑，第215—216页。

则“章”即“条”；若一“章”规定两项或以上事，则“条”等同于“句”，为“章”的构成。①

冨谷至指出，《晋书·刑法志》以上记载中的“篇”应为盗律、贼律等律的编目，“章”则指法律条文。②

任仲爀认为，《晋书·刑法志》所载“率皆集类为篇，结事为章”应理解为“大体上收集‘类’作成‘篇’，汇总‘事’作为‘章’”，因此汉律的层次关系为“事<章，类<篇”，但是由目前资料来看，她认为仍很难说清楚“类”所指的具体内容，“章”和“类”的关系也比较模糊。③

宋洁总结认为，汉律“一章之中包含若干事项，若干事项组成一章，此是‘结事为章’；一章可视为一事类，故若干章（事类）组成一篇，此是‘集类为篇’；‘章’与‘条’有同有异，尤需注意，不宜混同，需结合语境分析。”④

以上学者对秦汉法律中“篇”“类”“章”“事”“条”的理解虽各有不同，其学术观点为下文分析秦汉刑法文本的体例与结构提供了借鉴与参考，具有重要的启发意义。

第二节　简牍所见秦汉刑事法律文本的“篇—章”体例

上文所引《晋书·刑法志》的记载应为曹魏立法者对于汉律体例的梳理与理解，以便参酌损益，在继承汉律结构的基础上有所创新以制定《新律》，但并不意味着汉代原本即基于“篇—章”的体例来拟定条文并分篇立法。秦汉有别于曹魏及后世的立法程序，魏晋及后世立法一般由皇帝命修律大臣考详旧律、参酌损益，在明确的立法目的和合理的立法技术指导下，将律条分类归篇后，依据清晰的逻辑关系确定律篇前后顺序，以制定体系化的法典。法典编纂完成后，再由皇帝将其向天下颁布。⑤ 由出土秦汉法律简牍

① 张忠炜：《秦汉律令的历史考察》，载氏著：《秦汉律令法系研究初编》，北京，社会科学文献出版社，2012年版，第120页。

② 〔日〕冨谷至：《通往晋泰始律令之路（Ⅰ）：魏晋的律与令》，朱腾译、徐世虹校译，载中国政法大学法律史学研究院编：《日本学者中国法论著选译》，北京，中国政法大学出版社，2012年版，第128—129页。

③ 参见〔韩〕任仲爀：《汉、魏晋律的篇章变化——以贼律为中心》，戴卫红译，载卜宪群、杨振红主编：《简帛研究》（二〇一三），桂林，广西师范大学出版社，2013年版，第260页。

④ 宋洁：《汉律构成中“篇”“章”“条”“事”之关系》，载杨振红、邬文玲主编：《简帛研究》（二〇一四），桂林，广西师范大学出版社，2014年版，第199页。

⑤ 关于魏晋时期法律的制定程序，参见〔日〕广濑薰雄：《秦汉时代律令辨》，载氏著：《简帛研究论集》，第396—397页。

资料来看，大部分汉律应系直接承袭于秦律，[①]其余汉律或由令转化而来，[②]又或因时因事而为，由皇帝以下诏的形式分条单独制定。因此，汉律并非预先统一编纂。[③] 秦汉立法模式还受其书写载体——简牍物质特性与形制的影响，书写于简牍卷册上的秦汉律集并非为不能追加、变更、删减的闭合典籍，而是开放的卷宗编纂物。律条皆可被制定、追加、续编于新的简牍上，再编缀于法律卷册上。[④] 律条被制定且汇集之后，由中央朝廷据其内容分类归篇，法条逐渐积累达到一定数量后即可设立一个律篇，再进而呈现出《晋书·刑法志》中记述的"篇—章"体例。[⑤] 此外，如孟彦弘所言，秦汉律篇也时有增减，具有"开放性"，并非像《魏律》以后各朝的律，具有一个大致固定的结构。[⑥] 因此，在秦汉动态、开放的立法模式下，也就产生了法条追加与法篇追设的立法过程。《晋书·刑法志》中对汉律体例的以上记述乃是经由

① 关于汉律对秦律的继承，参见高敏：《汉初法律系全部继承秦律说——读张家山汉简〈奏谳书〉札记》，《秦汉魏晋南北朝史论考》，北京，中国社会科学出版社，2004 年版，第 76—84 页；Li Xueqin and Xing Wen："New Light on the Early-Han Code：A Reappraisal of the Zhangjiashan Bamboo-Slip Legal Texts，"*Asia Major*，3rd. ser. 14. 1(2001)，pp. 139 – 143；Anthony J. Barbieri-Low and Robin D. S. Yates：*Law，State and Society in Early Imperial China：A Study with Critical Edition and Translation of the Legal Texts from Zhangjiashan Tomb no. 247*，pp. 220 – 225.

② 关于秦汉律由令的转化，参见孟彦弘：《秦汉法典体系的演变》，《历史研究》2005 年第 3 期；〔日〕冨谷至：《通往晋泰始律令之路(Ⅱ)：魏晋的律与令》，朱腾译、徐世虹校译，载中国政法大学法律史学研究院编：《日本学者中国法论著选译》，北京，中国政法大学出版社，2012 年版，第 159—163 页；南玉泉：《秦令的性质及其与律的关系》，载徐世虹等：《秦律研究》，武汉，武汉大学出版社，2017 年版，第 98—102 页；朱腾：《从君主命令到令、律之别——先秦法律形式变迁史纲》，《清华法学》2020 年第 2 期。

③ 广濑薰雄总结认为，"秦、两汉时代，'律'一贯是通过皇帝'诏(令)'一条一条地制定的。因此律的制定程序也就是令的制定程序本身。"他进而指出："秦汉时代对律按照内容进行整理和分类，如盗律、贼律等。这种律可能类似于事项令，不断地增加新的律文，不是作为国家法典的一章存在的。"〔日〕广濑薰雄：《秦汉时代律令辨》，载氏著：《简帛研究论集》，第 401、407 页。

④ 冨谷至讨论汉令的制定与编纂时提到，汉令条文的形式、编纂与其书写材料之间有着密切的关系，官府的令并非不能追加、变更的闭合典籍，而是开放的卷宗编纂物。冨谷至讨论的虽为汉令的编纂，但如上文所论，汉律与汉令均可通过制诏分条颁布，且皆写于简牍上，其观点也为理解汉律的体例与编纂提供了参考。〔日〕冨谷至：《木简竹简述说的古代中国——书写材料的文化史》，刘恒武译，上海，中西书局，2021 年版，第 181 页；另见〔日〕冨谷至：《通往晋泰始律令之路(Ⅱ)：魏晋的律与令》，朱腾译、徐世虹校译，载中国政法大学法律史学研究院编：《日本学者中国法论著选译》，第 179 页。

⑤ 欧扬提到秦汉律的制定时指出："套用顾颉刚的著名论断'古史是层累地造成的'，可以说岳麓秦简《亡律》是层累地编成，进而可认定秦及汉初的特定律篇都是如此。各个时期的覆盖层的叠加，从若干特定律条开始，对其进行修改和补充的诸多条文附益其上，经过不同时代的若干次编次，逐渐形成了篇幅上可称为篇章而内容上形成一定体系的特定律篇。"欧扬：《岳麓秦简〈亡律〉日期起首律条初探》，载周东平、朱腾主编：《法律史译评》(第八卷)，上海，中西书局，2020 年版，第 71 页。汉中央朝廷对律的归类与编纂，参见 Geoffrey MacCormack："The Transmission of Penal Law (*Lü*) from the Han to the T'ang：A Contribution to the Study of the Early History of Codification in China，"*Revue internationale des droits de l'antiquité*，vol. 51(2004)，pp. 52 – 54。

⑥ 孟彦弘：《秦汉法典体系的演变》，《历史研究》2005 年第 3 期。

曹魏之人知识提炼的结果，秦汉立法者本非依曹魏概括的立法逻辑与模式来制定、编纂法律，在研究秦汉法律体系时，尤需注意两者之间的鸿沟。

由此来看，据《晋书·刑法志》记载，在曹魏立法者看来，秦汉法律形成了"篇—章"的编纂体例，"篇"与"章"分别代表了不同层次的文本结构单位，作为对法律文本的分解部分，共同呈现出秦汉法律的结构特点与有序性。

（一）"篇"

《晋书·刑法志》中所载汉律"集类为篇"中的"篇"应指《贼律》《盗律》《具律》等律篇，学界对此并无争议。① 在秦汉简牍资料面世前，因《晋书·刑法志》以下记载详细梳理了秦汉法律承袭《法经》的发展历史过程，并分析了汉律的性质与结构，为学者们讨论秦汉律篇及其构成的重要材料，对学界研究影响深远：

> 是时承用秦汉旧律，其文起自魏文侯师李悝。悝撰次诸国法，著《法经》。以为王者之政，莫急于盗贼，故其律始于《盗》《贼》。盗贼须劾捕，故著《网》《捕》二篇。其轻狡、越城、博戏、借假不廉、淫侈、逾制以为《杂律》一篇，又以《具律》具其加减。是故所著六篇而已，然皆罪名之制也。商君受之以相秦。汉承秦制，萧何定律，除参夷连坐之罪，增部主见知之条，益事律《兴》《厩》《户》三篇，合为九篇。②

据以上记载，战国魏文侯相李悝造《法经》六篇为：《盗法》《贼法》《网法》《捕法》《杂法》《具法》。秦孝公时商鞅改法为律，为六篇律。汉承秦制，萧何定律，在此基础上增加《兴律》《厩律》《户律》三篇，制定了《九章律》。③ 其中，前六篇为规范"罪名之制"的刑律篇，新增三篇为规范事制的事律篇。

---

① 〔日〕冨谷至：《通往晋泰始律令之路(Ⅰ)：魏晋的律与令》，朱腾译、徐世虹校译，载中国政法大学法律史学研究院编：《日本学者中国法论著选译》，北京，中国政法大学出版社，2012 年版，第 128—129 页。

② （唐）房玄龄等撰：《晋书》，北京，中华书局，1974 年版，第 922—923 页。

③ 陈俊强分析了唐律以《法经》作为其发展源头的原因："唐初史臣对李悝《法经》的'新发现'，在唐代建立律令制度发展系谱而言是深具意义的。唐人在缕述律令发展时，固然可以远宗古典所的'禹刑''汤刑''周刑'等，但一方面这些远古刑典早已湮没无闻，对其内容无片言只字的认识。另一方面，这些刑典看来都是'以刑统罪'而非'以罪统刑'，与秦汉以降刑律法典形式不同。后世律典最直接和具体的祖源，无疑就是汉初萧何所制《九章律》。但《九章律》不是凭空创制，《汉志》云'于是相国萧何攈摭秦法，取其宜于时者，作律九章。'可见《九章律》是根据秦法为底本制定的。而不管是《汉志》或是《魏志》，都特别标出商鞅作为秦代律典的奠基者。然而秦的暴虐和商鞅的酷烈，自汉代以来早已被定性作为负面的对象来表述。倘若唐人真要建构一个完整的律令发展系谱，这个系谱的源头是暴虐的秦朝，其奠基者就是酷烈的商鞅，显然并不恰当。在这样的状况下，李悝的《法经》就非常重要了。"陈俊强：《汉唐正史〈刑法志〉的形成与变迁》，《台湾师大历史学报》2010 年总第 43 期，第 34—35 页。

然而，出土简牍如睡虎地秦简、青川木牍、龙岗秦简、江陵王家台秦简、岳麓秦简、里耶秦简、睡虎地汉简、张家山二四七号汉墓汉简、张家山三三六号汉墓汉简、居延汉简、敦煌悬泉汉简、武威旱滩坡汉简、张家界古人堤木牍、益阳兔子山汉简、胡家草场西汉简都发现了秦汉律，由其所见的秦汉律篇名远远超过了《晋书·刑法志》中记载的汉初九篇律。①

由这些出土简牍来看，秦汉的罪律篇与事律篇在形式与内容上虽然存在一定的区别，但罪律篇与事律篇并未分离，共同抄写于一卷简册之上出土，呈现一体关系，刑律篇并未独立出来。② 徐世虹认为："对这些文献所见的律名稍加辨析即可发现，它们所呈现的是由性质较为明确的刑律之篇与涉及国家各项事务的职事之律构成的一个体系。"③并且，出土简牍中，秦汉刑律篇中并非由纯粹的刑法条文构成，事律篇也并非由纯粹的事律条文构成。有关罪的刑罚规定与规范事制的非刑罚规定杂糅于秦汉一律篇甚至是一律条中的情况较为常见。④ 以张家山汉简《二年律令》为例，刑律篇《贼律》简35—37上所载律前部分为子牧杀、殴詈尊亲属的罪刑规定，后部分则为父母告子不孝的程序事项规范；⑤刑律篇《收律》简179为对官吏"收"程序的事律规范；⑥而事律篇《行书律》有多条法律规定了未按法定要求行书的刑罚。如王伟所论，《晋书·刑法志》中所载秦汉规范"罪名之制"的罪律与规范"事制"的事律之间的分类、分离，应并非为秦汉立法的结果，而是后来曹魏之人对汉律的梳理与认识，直到魏晋立法时才真正区分罪律与事律，

---

① 徐世虹及李勤通分别以列表的方式整理了出土简牍中所见的秦汉律名。参见徐世虹：《出土简牍法律文献》，载中国政法大学法律古籍整理研究所编：《中国古代法律文献概论》，上海，上海古籍出版社，2019年版，第73—74页；李勤通：《论秦汉律"律名否定论"》，载王捷主编：《出土文献与法律史研究》（第九辑），北京，法律出版社，2020年版，第452—454页。另参见张忠炜：《新见汉律律名疏证》，载氏著：《秦汉律令法系研究续编》，第113—130页。

② 如以多种律令成规模地出土且所见汉律体系较完整的胡家草场汉简为例：其《告律》《盗律》《贼律》《亡律》《捕律》《具律》《杂律》七篇应为关涉犯罪与刑罚的刑律篇，其他律篇如《复律》《兴律》《关市律》《厩律》《朝律》《田律》《户律》等应系规范"事制"的事律篇，包含了民事、经济、行政方面的法律规范。荆州博物馆、武汉大学简帛研究中心编著：《荆州胡家草场西汉简牍选粹》，第3页。

③ 徐世虹还指出："从资料出发，我们目前所看到的秦汉律由单篇律构成，在这些律的外部并无一个如刑法、行政法这样较为单一、明确的统摄形式。以晋志所见，六篇本身的排序已初具罪则、程序、总则之次，但据出土文献，六篇又与它篇呈一体关系，因此至少在目前尚无将刑事法规独立出来的明确证据。"徐世虹：《文献解读与秦汉律本体认识》，《"中央研究院"历史语言研究所集刊》2015年第86本第2分。

④ 参见徐世虹：《秦汉法律的编纂》，（韩国）《中国中古世史研究》2010年第24辑，第218—219页；王伟：《辩汉律》，《史学月刊》2013年第6期。

⑤ 张家山二四七号汉墓竹简整理小组编：《张家山汉墓竹简〔二四七号墓〕（释文修订本）》，第13页。

⑥ 同上书，第32页。

且对立法产生了影响并得以体现。①

此外，出土简牍所见秦汉律篇虽多，但律篇数量并不固定，处于不断增减之中，律篇顺序也并未稳定，且部分律篇之间的区分并不明显，各律篇的律条内容亦有所重复。② 即使秦汉律体系的内部结构可划分为“狱律”和“旁律”（或“□律”和“旁律”），睡虎地汉简与胡家草场汉简的“□律”与“旁律”所含律篇也并不相同。③ 这些也体现，如前所述，秦汉律的体系结构并不稳固，是开放、变动的，律条及律篇皆可随法律创制、修改、废止而被删减，律篇排序不稳定，各律篇间也未形成清晰的逻辑关系。④ 因此，从分类编纂的角度来看，秦汉仍未形成如曹魏《新律》十八篇般结构稳固、呈体系化且独立的刑事法典。⑤

---

① 参见王伟：《论汉律》，《历史研究》2007 年第 3 期。

② 张忠炜、张春龙：《汉律体系新论——以益阳兔子山遗址所出汉律律名木牍为中心》，《历史研究》2020 年第 6 期。孟彦弘提到，在睡虎地秦律令中，有关“工”的律条，被分别编入工、工人程、均工三种律；有关仓廪出入的律条，被分别编入仓律、效律、内史杂。孟彦弘：《秦汉法典体系的演变》，《历史研究》2005 年第 3 期。

③ 据整理者介绍，胡家草场汉简与睡虎地七十七号汉简中的汉律被划分为“□律”和“旁律”，且两者的“□律”基本对应，但相较睡虎地汉简“□律”15 篇，胡家草场汉简“□律”缺“迁律”，只有 14 篇。荆州博物馆、武汉大学简帛研究中心编著：《荆州胡家草场西汉简牍选粹》，第 2 页；熊北生、陈伟、蔡丹：《湖北云梦睡虎地 77 号西汉墓出土简牍概述》，《文物》2018 年第 3 期；李志芳、蒋鲁敬：《湖北荆州市胡家草场西汉墓 M12 出土简牍概述》，《考古》2020 年第 2 期。兔子山遗址出土的汉律木牍上，汉律被划分为“狱律”和“旁律”。张忠炜、张春龙：《汉律体系新论——以益阳兔子山遗址所出汉律律名木牍为中心》，《历史研究》2020 年第 6 期。睡虎地汉简和胡家草场汉简的“□律”有可能即为“狱律”。

④ 需要指出的是，秦汉部分律篇尤其是刑律篇如盗律、贼律等较为稳定，于秦汉不同时期内始终存在于律体系中，且罪律篇排序较为靠前，这些也为后世律篇的逐步稳定乃至固定奠定了基础。参见李勤通：《论秦汉律“律名否定论”》，载王捷主编：《出土文献与法律史研究》（第九辑），北京，法律出版社，2020 年版，第 454 页。

⑤ 近年来，学界对秦汉律篇的体系展开了深入、细致的研究，学者们讨论秦汉律令篇章与传世文献所篇章之间有何联系，由秦汉律篇建构的体系如何呈现，取得了丰硕的学术成果，但是依然争讼纷繁。有学者认为，汉律以《九章律》的律篇为“正律”，构成汉律的核心结构，其他追加制定的律篇为“旁律”。参见张建国：《叔孙通定〈傍章〉质疑——兼析张家山汉简所载律篇名》，《北京大学学报（哲学社会科学版）》1997 年第 6 期；徐世虹：《说“正律”与“旁章”》，载中国文化遗产研究院编：《出土文献研究》（第 8 辑），上海，上海古籍出版社，2007 年版，第 74—85 页；邵方：《〈晋书·刑法志〉与汉〈九章律〉》，《法学评论》2007 年第 1 期；〔日〕冨谷至：《通往晋泰始律令之路（Ⅱ）：魏晋的律与令》，朱腾译、徐世虹校译，载中国政法大学法律史学研究院编：《日本学者中国法论著选译》，北京，中国政法大学出版社，2012 年版，第 164 页；陈伟：《秦汉简牍所见的律典体系》，《中国社会科学》2021 年第 1 期。代表性观点还有以杨振红为代表的秦汉律令二级分类说，参见杨振红：《秦汉律篇二级分类说——论〈二年律令〉二十七种律均属九章》，《历史研究》2005 年第 6 期；杨振红：《从〈二年律令〉的性质看汉代法典的编纂修订与律令关系》，《中国史研究》2005 年第 4 期；杨振红：《汉代法律体系及其研究方法》，《史学月刊》2008 年第 10 期。持此观点者，另参见于振波：《浅谈出土律令名目与“九章律”的关系》，《湖南大学学报（社会科学版）》2010 年第 4 期；齐继伟：《秦〈发征律〉蠡测——兼论秦汉“律篇二级分类说”》，《中国史研究》2021 年第 1 期。其他学者的观点，参见徐世虹：《九章律再认识》，载“沈家本与中国法律文化国际学术研讨会”组委会编：《沈家本与中国法律文化国际学术研讨会论文集》，北京，中国法制出版社，2005 年版，第 683—698 页；孟彦弘：《秦汉法典

对于如何理解《晋书·刑法志》上述记载与出土文献资料之间的差异，以及以此来探求秦汉刑事法律的嬗变与发展，徐世虹提出了具有启发性的观点：

(秦汉)法律编纂的无预设之名与法经之名的出现，意味着法律在发展过程中具有一定的复杂性，如果单纯以法经等于法典的意识看待早期法律的产生，则有可能在是与非、有与无之间纠结。反之，如果将名实关系有所区分，则有可能对法律的存在获得更真实的认识。譬如，如果将秦汉律的编纂定位于以篇章为外在形式，并在此意义上重新审刑法志中的所谓法经、九章之语，或可获得这样的认识：其主要指代的应是秦汉的刑事法律非全部的秦汉律，秦法经、汉九章同宗六篇，凸显的是刑法意识下的法制变迁。①

(二)“章”

传世文献记载中，秦汉法律存在“篇”与“章”两字混用的情况：“章”有时用以指称“篇”，如称“九章律”即以“章”为“篇”。② 出土秦汉简牍法律文献中也有以“章”指“篇”。如益阳兔子山遗址出土汉律律名木牍载：

1. 告律　盗律已　贼律　囚律　亡律已　捕律已
2. 杂律已　具律　收律已 兴律已 效律已　关市
3. 厩律　复律　钱律　迁律　朝律　狱律十七章
4. 田律　户律　仓律　金布　市贩　司空　徭律

(接上页)体系的演变》，《历史研究》2005 年第 3 期；王伟：《论汉律》，《历史研究》2007 年第 3 期；王伟：《辩汉律》，《史学月刊》2013 年第 6 期；张忠炜、张春龙：《汉律体系新论——以益阳兔子山遗址所出汉律律名木牍为中心》，《历史研究》2020 年第 6 期。

① 徐世虹：《文献解读与秦汉律本体认识》，《“中央研究院”历史语言研究所集刊》2015 年第 86 本第 2 分，第 240 页。

② 邢义田指出秦汉有“律以章分”的习惯，即律与令以“章”为单位。但是，篇章关系也多有混淆，章之下或有篇，如叔孙通作《傍章》十八篇，又或篇下有章，如“汉兴闾里书师合《仓颉》《爰历》《博学》三篇，断六十字以为章，凡五十五章，并为仓颉篇”。邢义田：《秦或西汉初和奸案中所见的亲属伦理关系——江陵张家山二四七号墓〈奏谳书〉简 180—196 考论》，载氏著：《天下一家：皇帝、官僚与社会》，北京，中华书局，2011 年版，第 497 页。任仲爀认为，秦汉律令体系中“章”和“篇”相互混同使用的情况应源自于汉初的三章和九章律。参见〔韩〕任仲爀：《汉、魏晋律的篇章变化——以贼律为中心》，戴卫红译，载卜宪群、杨振红主编：《简帛研究》(二〇一三)，第 300 页。其他学者也指出，秦汉法律中的“篇”与“章”可混用。参见杨振红：《秦汉律篇二级分类说——论〈二年律令〉二十七种律均属九章》，《历史研究》2005 年第 6 期；王伟：《论汉律》，《历史研究》2007 年第 3 期；张忠炜：《秦汉律令的历史考察》，载氏著：《秦汉律令法系研究初编》，第 119 页。

5.史律　腊律　祠律　治水　均输　传食　工作课
6.赍律　外乐　秩律　置吏　置后　爵律已 诸侯秩律

（正）

1.傅律已　尉卒律 奔命律　行书律　葬律　赐律
2.旁律廿七章　·凡卌四章

（背）①

此汉律木牍上“狱律十七章”“旁律廿七章”“凡卌四章”中的“章”用以指称汉律“篇”，为汉律篇数目的小结。再如胡家草场西汉简“令目”载：

令甲　令丁　少府令　卫官令
令乙　令戊　功令　市事令
令丙　壹行令　蛮夷卒令　·凡十一章②

此目录载有“令甲”“令乙”“少府令”等十一种汉令篇名，其数目小结为“凡十一章”，也以“章”指称汉令“篇”。

但是，《晋书·刑法志》记载“集类为篇，结事为章”，其中的汉律“篇”与“章”显然为不同层次的文本结构单位，不应将此处的“篇”与“章”混同理解。汉律中的“章”字还见于张家山汉简《奏谳书》案例二十一秦代和奸案的以下简文中：

当之，妻尊夫，当次父母，而甲夫死，不悲哀，与男子和奸丧旁，致次不孝、勢（敖）悍之律二章。③

邢义田解释认为，“致次不孝、敖悍之律二章”这句话中的“次不孝”和“敖悍”二章应分别出自两条不同的律，并且汉律以“章”分。此两章分别对应《奏谳书》此案例中所引的以下两“章”汉律：④

（1）教人不孝，次不孝之律。不孝者弃市。弃市之次，黥为城旦舂。

① 张忠炜、张春龙：《汉律体系新论——以益阳兔子山遗址所出汉律律名木牍为中心》，《历史研究》2020年第6期。

② 荆州博物馆、武汉大学简帛研究中心编著：《荆州胡家草场西汉简牍选粹》，第197页。

③ 张家山二四七号汉墓竹简整理小组编：《张家山汉墓竹简〔二四七号墓〕》（释文修订本），第108页。

④ 邢义田：《秦或西汉初和奸案中所见的亲属伦理关系——江陵张家山二四七号墓〈奏谳书〉简180—196考论》，载氏著：《天下一家：皇帝、官僚与社会》，北京，中华书局，2011年版，第497页。

(2)勢(敖)悍,完为城旦舂,铁𩞁其足,输巴县盐。

邢义田还指出,案例所引"不孝"和"敖悍"二章律文也并非该二章律的全文,只是摘引了与之相关的部分律文。[①] 其中,"教人不孝,次不孝之律。不孝者弃市。弃市之次,黥为城旦舂"所出的秦律原文虽不见于目前出土秦法律简牍中,因汉承秦律,此引文可与下列《二年律令·贼律》简35—37上的律相比较:

子牧杀父母,殴詈泰父母、父母、叚大母、主母、后母,及父母告子不孝,皆弃市。其子有罪当城旦、舂鬼薪白粲以上,及为人奴婢者,父母告不孝,勿听。年七十以上告子不孝,必三环之。三环之各不同日而尚告,乃听之。教人不孝,黥为城旦舂。[②]

对照以上汉律,《奏谳书》和奸案中"次不孝"也应出自与此条规范"不孝"与"次不孝"汉律类似的一条秦律,[③]则"次不孝"章指称的应为此条秦律。由此来看,秦汉法律中的"章"也可用于指称一条律,且秦汉律以"章"分。

因出土秦汉法律文本书写于简牍之上,考察简牍的物质形制及法律文本的书写模式也有助于分析秦汉法律的体例与结构。[④] 与法律文献相同,秦汉简牍上经典文献的抄写也形成了一定的模式,用以区分不同的文本层次。陈梦家对武威汉简甲、乙两本《服传》和丙本《丧服》中的"章"分析如下:

在缀合业已折断为若干小段片的乙本木简时,我们不得不从许多方面进行判别,始易于正确复合,其中之一就是注意到章节的分设。由

① 邢义田:《秦或西汉初和奸案中所见的亲属伦理关系——江陵张家山二四七号墓〈奏谳书〉简180—196考论》,载氏著:《天下一家:皇帝、官僚与社会》,第497页。

② 张家山二四七号汉墓竹简整理小组编:《张家山汉墓竹简整理小组〔二四七号墓〕》(释文修订本),第13页。

③ 邢义田:《秦或西汉初和奸案中所见的亲属伦理关系——江陵张家山二四七号墓〈奏谳书〉简180—196考论》,载氏著:《天下一家:皇帝、官僚与社会》,第498—499页;张忠炜:《汉代律章句学探源》,《史学月刊》2010年第4期。

④ 冨谷至指出,书写材料与法律的形式与编纂之间存在密切关系。参见〔日〕冨谷至:《木简竹简述说的古代中国——书写材料的文化史》,刘恒武译,中西书局,2021年版,第181页;〔日〕冨谷至:《通往晋泰始律令之路(Ⅱ):魏晋的律与令》,朱腾译、徐世虹校译,载中国政法大学法律史学研究院编:《日本学者中国法论著选译》,第179页。

> 甲、乙两本《服传》和丙本《丧服》的比较对照，才发现它们有着共同的章句的记号。首先是"经"与"记"之间的分割，"记"另起一简，从首简书写，并作一特殊标号。"经"或经传的部分，则新章必另简开始，简首作一圆点或圆圈，其前一简因系是上章之末，故不一定写足一整行，留了或长或短的空白(也有上章恰好写满到底的，为数较少)。在简的中间，又出现了圆点，则是表明小于章的"句"或"节"的开始，它往往在简的中间而不另起一简的。由此知道凡在简首开始而有章节号的(即圆点或圆圈)，又其前简留有空白的，必须是小于篇而大于句或节的段落的开始，即一章之始。①

陈梦家借助武威汉简甲、乙本《服传》和丙本《丧服》的抄写形态与方式，诸如简留白及简上标号等要素，用以确定文本结构单位"章"。文本中的新"章"另简开始书写，其前一简为上章之末，不一定写足一整行，留了或长或短的空白。因此可判断：简首出现章节号，前简留白的，则是一章之开始。陈梦家对武威汉简经典文献中"章"的抄写分析也为探究秦汉法律简牍中"章"的书写模式提供了重要线索。与武威汉简相较，秦汉法律简牍如《秦律十八种》《秦律杂抄》、岳麓简秦律令、张家山汉简《二年律令》及胡家草场西汉简中律令文本的书写形态皆存在相似之处：每条律在简上单行书写，律文未写足一枚简，此简下部留有或长或短的空白，另起新简书写下一条律，此外也有少数律文之末恰好写足一枚简的。② 因此，竹简留白用于分割不同的律条，律条应为独立书写的律令文本结构单位，这正类似于上文所述武威汉简中甲、乙两本《服传》和丙本《丧服》中"章"的书写形态。由秦汉法律文本在简牍上的书写形态来判断，秦汉法律文本结构单位"章"应为独立的律条。③ 这也与前文据秦汉法律文本内容分析所得出的结论相合。

秦汉法律条文的分章断句，或许也受到了当时章句学的影响，并形成了汉律章句学。比如张忠炜指出，"律章句学是以自然章句为基础，确定某些

---

① 陈梦家还指出："由于武威竹、木简《仪礼》的出土，我们在摹录以后，考订其编写、标号及其章节的安排时，使知最早的'章句'，是指分篇与分章定句……章句本身只是经文的编排与分节，无涉于解诂。"甘肃省博物馆、中国科学院考古研究所编：《武威汉简》，北京，文物出版社，1964 年版，第 36 页。

② 需要指出的是，秦汉简牍上律条的抄写也有其他模式，如王家台秦简《效律》律条则每条在简上足行连续书写，各律条之间皆以符号"◢"隔开。王明钦：《王家台秦墓竹简概述》，载〔美〕艾兰、邢文主编：《新出简帛研究》，北京，文物出版社，2004 年版，第 39 页。

③ 徐世虹以睡虎地秦简《效律》为例，也论证得出独立的律条为"章"的结论。参见徐世虹：《秦汉法律的编纂》，(韩国)《中国中古世史研究》2010 年第 24 辑，第 214—215 页。

律条的分合独立，从而构成一个意义相对完整的单位——‘章’”。[①]

此外，由出土简牍来看，秦汉刑事立法中会截取短语以高度概括与简要提炼律“章”（律条）的内容并将其作为“章目”，用以指称该律“章”及其内容，如岳麓秦简 1930 载“以舍匿罪人律论”，[②]简 2060 载“以自出律论之”，[③]《二年律令》简 172 载“以舍亡人律论之”。[④] 出土简牍中也发现了载有秦汉刑律篇“章目”的目录。张家界古人堤遗址出土木牍所载《贼律》目录的条标多可与《二年律令·贼律》的律“章”对应，此目录应为汉初《贼律》的“章目”，直观地凸显地指称“章”（律条），所指内容明确、清晰。[⑤] 此外，前引《奏谳书》案例二十一也反映，秦汉司法官吏包括中央司法机构廷尉断决刑事狱案时，也会援引“章目”来指称律“章”（律条），作为判决依据。“章目”或为秦汉官吏在司法实践中总结得出，又或为中央或地方官府对其官府所用法律进行分类与整理时形成。以“章目”为线索，有利于官吏在处理行政事务或司法实践时查找和援引相应的律“章”（律条），并准确、高效地知悉律“章”（律条）的内容。

第三节　秦汉刑事法律文本的分类标准与编纂原则

《晋书·刑法志》所载“集类为篇，结事为章”，应系指明了秦汉刑事法律文本编纂所遵循的原则，即集合事“类”构建律篇，结合“事”形成律条。下文将结合出土简牍分析秦汉刑事法律中“事”与“类”的含义，以明晰秦汉刑法的分类原则与编纂理念，进而探究秦汉刑法的“篇—章”体例是如何形成的。

（一）“事”

《晋书·刑法志》以下记载详尽记述了曹魏将分篇不合理的汉律条予以

---

① 张忠炜还指出，“律章句的出现与律令文本的特质相关。特殊字例及符号标识，对理律令文本的分章断句及含义有重要意义”。参见张忠炜：《汉代律章句学探源》，《史学月刊》2010 年第 4 期。任仲爀也认为，律条分“章”应与汉代文献中的“分章定句”有一定联系。参见〔韩〕任仲爀：《汉、魏晋律的篇章变化——以贼律为中心》，戴卫红译，卜宪群、杨振红主编：《简帛研究》（二〇一三），第 261—264 页。

② 陈松长主编：《岳麓书院藏秦简（肆）》，上海，上海辞书出版社，2015 年版，第 40 页。

③ 同上书，第 48 页。

④ 张家山二四七号汉墓竹简整理小组编：《张家山汉墓竹简〔二四七号墓〕》（释文修订本），第 31 页。

⑤ 湖南省文物考古研究所、中国文物研究所：《湖南张家界古人堤遗址与出土简牍概述》，《中国历史文物》2003 年第 2 期。另见宋洁：《汉律构成中“篇”“章”“条”“事”之关系》，载杨振红、邬文玲主编：《简帛研究》（二〇一四），第 200 页。

重新分类，以确立《新律》律篇，进而使得魏律体例更为合理、科学。① 其内容也为分析秦汉法律中"事"的含义提供了重要信息：

(汉)《盗律》有劫略、恐猲、和卖买人，科有持质，皆非盗事，故分以为《劫略律》。《贼律》有欺谩、诈伪、逾封、矫制，《囚律》有诈伪生死，《令丙》有诈自复免，事类众多，故分为《诈律》。《贼律》有贼伐树木、杀伤人畜产及诸亡印，《金布律》有毁伤亡失县官财物，故分为《毁亡律》。《囚律》有告劾、传覆，《厩律》有告反逮受，科有登闻道辞，故分为《告劾律》。《囚律》有系囚、鞫狱、断狱之法，《兴律》有上狱之事，科有考事报谳，宜别为篇，故分为《系讯》《断狱律》。《盗律》有受所监受财枉法，《杂律》有假借不廉，《令乙》有呵人受钱，科有使者验赂，其事相类，故分为《请赇律》。《盗律》有勃辱强贼，《兴律》有擅兴徭役，《具律》有出卖呈，科有擅作修舍事，故分为《兴擅律》。《兴律》有乏徭稽留，《贼律》有储峙不办，《厩律》有乏军之兴，及旧典有奉诏不谨、不承用诏书，汉氏施行有小愆之反不如令，辄劾以不承用诏书乏军要斩，又减以《丁酉诏书》，《丁酉诏书》，汉文所下，不宜复以为法，故别为之《留律》。秦世旧有厩置、乘传、副车、食厨，汉初承秦不改，后以费广稍省，故后汉但设骑置而无车马，则律犹著其文，则为虚设，故除《厩律》，取其可用合科者，以为《邮驿令》。其告反逮验，别入《告劾律》。上言变事，以为《变事令》，以惊事告急，与《兴律》烽燧及科令者，以为《惊事律》。《盗律》有还赃畀主，《金布律》有罚赎入责以呈黄金为价，科有平庸坐赃事，以为《偿赃律》。律之初制，无免坐之文，张汤、赵禹始作监临部主、见知故纵之例。其见知而故不举劾，各与同罪，失不举劾，各以赎论，其不见不知，不坐也，是以文约而例通。科之为制，每条有违科，不觉不知，从坐之免，不复分别，而免坐繁多，宜总为免例，以省科文，故更制定其由例，以为《免坐律》。②

以上内容记载了曹魏如何将分类不合理的汉律从其原属律篇中析出、调整，以另行归类分篇。比如，以刑律篇《盗律》为例，其内容提到，曹魏立法

---

① 正如陈锐指出，《晋书·刑法志》此段记载"详尽地介绍了曹魏在制定《新律》时如何对汉律的内容重新进行分类(其中多次用到'分为''别入''别为''分别'等词，即表示'分类'的意思)，最终使得曹魏《新律》不仅在结构上而且在内容上变得更加合理。从这一段落中，既可以看到汉以来日渐完善的分类技术对古代立法产生的积极作用，又可以看到曹魏的律学家对中国古代分类技术发展作出的贡献。并且，由此不难得出结论：立法过程是一个不折不扣的分类过程"。陈锐：《从"类"字的应用看中国古代法律及律学的发展》，《环球法律评论》2015 年第 5 期。

② (唐)房玄龄等撰：《晋书》，第 924—925 页。

者认为以下所列“事”皆非“盗事”，所以将其从《盗律》中分出，分别归入《新律》其他律篇：

> (1)《盗律》有劫略、恐猲、和卖买人，科有持质，皆非盗事，故分以为《劫略律》；
>
> (2)《盗律》有受所监、受财枉法……故分为《请赇律》；
>
> (3)《盗律》有勃辱强贼……故分为《兴擅律》；
>
> (4)《盗律》有还赃畀主……以为《偿赃律》。

除以上(2)中的“有受所监”、(3)中的“勃辱强贼”外，[①]《晋书・刑法志》以上所载汉《盗律》中的“盗事”皆可与张家山汉简《二年律令・盗律》中的律分别对应：

表1　《晋书・刑法志》与《二年律令・盗律》中“盗事”之比较

《晋书・刑法志》	《二年律令・盗律》
劫略	劫人、谋劫人求钱财，虽未得若未劫，皆磔之；完其妻子，以为城旦舂。其妻子当坐者偏(徧)捕，若告吏，捕得之，皆除坐者罪。(简69)②
恐猲	群盗及亡从群盗，殴折人枳(肢)，肤体，及令佊(跛)蹇(蹇)，若缚守、将人而强盗之，及投书、县(悬)人书，恐猲人以求钱财，盗杀伤人，盗发冢(塚)，略卖人若已略未卖，桥(矫)相以为吏，自以为吏以盗，皆磔。(简65—66)③
和卖买人	智(知)人略卖人而与贾，与同罪。不当卖而和为人卖，卖者皆黥为城旦舂；买者智(知)其请(情)，与同罪。(简67)④
受财枉法	受赇以枉法，及行赇者，皆坐其臧(赃)为盗。罪重于盗者，以重者论之。(简60)⑤
还赃畀主	盗盗人。臧(赃)见存者，皆以畀其主。(简59)⑥

以《晋书・刑法志》所载汉《盗律》的“恐猲”事为例，此“事”规定于《二年

① 需指出的是，(1)中的“有持质”应在“科”中而非《盗律》中有所规定。

② 张家山二四七号汉墓竹简整理小组编：《张家山汉墓竹简〔二四七号墓〕(释文修订本)》，第18页。

③ 同上书，第17页。

④ 彭浩、陈伟、〔日〕工藤元男：《二年律令与奏谳书：张家山二四七号汉墓出土法律文献释读》，上海，上海古籍出版社，第117页。

⑤ 张家山二四七号汉墓竹简整理小组编：《张家山汉墓竹简〔二四七号墓〕(释文修订本)》，第16页。

⑥ 同上。

律令·盗律》简 65—66 的律“章”中。此章规定了一系列应处磔刑的严重犯罪行为:“群盗及亡从群盗”“殴折人枳(肢)、肤体令佊(跛)蹇(蹇)”“缚守、将人而强盗之”“投书”“悬人书”“恐猲人以求钱财”“盗杀伤人”“盗发塚”“略卖人若已略未卖”“桥(矫)相以为吏”“自以为吏以盗”。显然,“恐猲”之“事”为此律“章”所规定的一项“事”即犯罪行为。

如上表所示,《晋书·刑法志》中所载汉《盗律》中的其余“盗事”如“劫略”“和卖买人”“受财枉法”“还赃畀主”也分别与《二年律令·盗律》三条律“章”(简 69、67 及 60)中规定的一项犯罪行为相对应。因此,秦汉刑事法律文本中的“事”一般指一律“章”(律条)中规定的一项犯罪行为。

但在非罪刑规范中,“事”对应律所规定的事项行为。如前所述,秦汉刑律篇中也杂糅有事律规范,如《晋书·刑法志》载汉《盗律》中的“还赃畀主”见于《二年律令·盗律》简 59 上的律“章”(律条),此“事”并非对应犯罪行为,而是该律章所规范的事项行为即“臧见存者,皆以畀其主”。又如上引《晋书·刑法志》记载中还提到“《兴律》有上狱之事”,此“事”见于事律篇《二年律令·兴律》简 396 上的律“章”(律条):

县道官所治死罪及过失、戏而杀人,狱已具,勿庸论,上狱属所二千石官。二千石官令毋害都吏复案,问(闻)二千石官,二千石官(396)丞谨录,当论。乃告县道官以从事。彻侯邑上在所郡守。(397)①

《兴律》中的此律“章”(律条)规定了县道官应如何将判死刑、过失及戏杀人的狱案上报其所属二千石官,“上狱之事”即指律章所规范的此事项行为。

由此来看,《晋书·刑法志》所载“结事为章”,其意为秦汉法律集合“事”(犯罪行为或行为事项)形成了律“章”(律条)。又《晋书·刑法志》载汉“一章之中或事过数十,事类虽同,轻重乖异”,系指出了刑事法律中存在的问题,即一律“章”(律条)中或规定了超过数十“事”(犯罪行为),这些“事”(犯罪行为)虽属同类,但是刑法却对其给予其轻重悬殊的刑罚。如以《二年律令·杂律》简 195 上的律为例:

复兄弟、孝〈季〉父、柏〈伯〉父之妻、御婢,皆黥为城旦舂。复男弟兄

① 张家山二四七号汉墓竹简整理小组编:《张家山汉墓竹简〔二四七号墓〕》(释文修订本),第 62 页。

子、孝〈季〉父柏〈伯〉父子之妻、御婢，皆完为城旦舂。(195)[①]

此律“章”(律条)集合十项“事”(犯罪行为)构成，并对“复兄弟之妻”“复兄弟之御婢”“复季父之妻”“复季父之御婢”“复伯父之妻”及“复伯父之御婢”这六项“事”(犯罪行为)处以黥城旦舂，而对“复男兄弟子之妻”“复男兄弟子之御婢”“复季父伯父子之妻”“复季父伯父子之御婢”这四项“事”(犯罪行为)处以完城旦舂。此律中的十项“事”(犯罪行为)均为与男性亲属之妻或御婢发生性关系，即“事虽同类”，但是因犯罪对象不同，律“章”(律条)对其科以轻重不同的两种刑罚。

此外，秦汉刑事法律中也有以一“章”(律条)来规定一项“事”(犯罪行为)的情况。如《二年律令·贼律》简 33 上的律：

妻殴夫，耐为隶妾。(33)[②]

以上律“章”(律条)规定，妻子殴打丈夫的犯罪行为应处以耐为隶妾刑。此条律“章”(律条)即由一项“事”(犯罪行为)构成。

(二)“类”

上文所引《晋书·刑法志》记载中出现的“其事相类”内容也有助于分析秦汉法律中“类”的含义，并理解秦汉刑律篇编纂的原则与标准：

《盗律》有受所监受财枉法，《杂律》有假借不廉，《令乙》有呵人受钱，科有使者验赂，其事相类，故分为《请赇律》。

以上内容提到，汉《盗律》有“受所监”“受财枉法”，《杂律》有“假借不廉”，《令乙》有“呵人受钱”，且科“有使者验赂”，“其事相类”即这些“事”按其性质本应属同类，均与收受钱贿相关，却被归入这些不同的汉律篇中，因此，曹魏制定《新律》将这些“事”分别从以上律篇分出并归入《请赇律》。

由此，据曹魏对汉律内容的梳理来看，汉律本将繁复多样但具有共同性质的“事”(行为)类型化、分类化，以形成“事类”，进而“集类为篇”，即依据

---

① 张家山二四七号汉墓竹简整理小组编:《张家山汉墓竹简〔二四七号墓〕》(释文修订本)，第 34 页。

② 同上书，第 13 页。需要指出的是，由本书第一章结论来看，因《二年律令》并非官方抄录的律令集，此律也有可能本为一条规范多项“事”(犯罪行为)的汉律“章”(律条)的省抄。

“以类相从”的编纂原则集合“事类”构成律“篇”。[①] 但是,因汉律分类中存在不合理之处,以致各律篇混杂有不应归于其律篇之“事”。

具体言之,秦汉刑律篇的编纂原则又可概括为“以罪统刑”,即以其律名所指的核心罪事类构成刑律篇,[②]如《盗律》即集合“盗事”类构成。陈涛与高在敏指出,依照“以罪统刑”的标准,“或者在犯罪的性质上,或者在犯罪的对象上,或者在犯罪的方法上具有同一性的犯罪就被视为同一类的犯罪,并编纂在同一篇章中;同一类而不同程度(轻重或大小)的犯罪规定处以不同的刑罚”。[③] 李勤通归纳认为:“以罪统刑就是根据性质、对象或方法的相似,将不同的犯罪行为类型化并形成概括的罪名体系,法典编纂时则利用类罪名的差异建构篇目差异。”[④]

总而言之,秦汉立法者根据“事”(犯罪行为)的内容或对象或方法的不同,将繁复多样但具有共同性质的“事”类型化、分类化后,概括并建立起独立的罪事“类”体系,进而集合“事类”(罪类)形成刑律篇的核心,并以“集类为篇”作为编纂刑律篇的基本依据。[⑤]

第四节　秦汉刑事法律文本中的“条”与“句”

《晋书·刑法志》对汉律体系的记载中还提到:“通条连句,上下相蒙,虽大体异篇,实相采入。”下文将继续分析秦汉刑事法律文本中“条”与“句”的含义,以进一步厘清秦汉刑法律文的体例与结构。

此处记载中的“句”应系章句之学中所指的“句”,便于以句读来分断句子,学界对此并无争议。[⑥] 汉律中的“条”见于《汉书·刑法志》和《魏书·刑

---

① 陈锐:《从“类”字的应用看中国古代法律及律学的发展》,《环球法律评论》2015 年第 5 期。

② 相较秦汉刑律篇,秦汉事律篇如《户律》《关市律》《行书律》《田律》等则以律其名所指之“事”(行政事项)为中心形成“事类”,进而构建规定“事制”的律篇。徐世虹指出:“睡虎地秦简所见十八种秦律的名称构成,或是机构+律,或是职事+律,体现了鲜明的职事特征。因此所谓‘事律’,也可以理解为‘职事之律’,其涵盖官吏职责本身及其所涉对象的所有范围。”徐世虹:《文献解读与秦汉律本体认识》,《“中央研究院”历史语言研究所集刊》2015 年第 86 本第 2 分。

③ 陈涛、高在敏:《中国法典编纂的历史发展与进步》,《法律科学》2004 年第 3 期。

④ 李勤通:《论中国古代刑法篇目编纂的理念与标准——兼谈秦汉后法典“以罪统刑”说的片面》,《中南大学学报(社会科学版)》2021 年第 2 期。

⑤ 陈涛、高在敏:《中国法典编纂的历史发展与进步》,《法律科学》2004 年第 3 期。

⑥ 参见张忠炜:《汉代律章句学探源》,《史学月刊》2010 年第 4 期;〔韩〕任仲爀:《汉、魏晋律的篇章变化——以贼律为中心》,戴卫红译,载卜宪群、杨振红主编:《简帛研究》(二〇一三),桂林,广西师范大学出版社,2013 年版,第 261 页。

罚志》的相关记载中：

(1)及至孝武即位，外事四夷之功，内盛耳目之好，征发烦数，百姓贫耗，穷民犯法，酷吏击断，奸轨不胜。于是招进张汤、赵禹之属，条定法令，作见知故纵、监临部主之法，缓深故之罪，急纵出之诛。其后奸猾巧法，转相比况，禁罔浸密。律令凡三百五十九章，大辟四百九条，千八百八十二事，死罪决事比万三千四百七十二事。[①]

(2)(宣帝时)于定国为廷尉，集诸法律，凡九百六十卷，大辟四百九十条，千八百八十二事，死罪决比，凡三千四百七十二条，诸断罪当用者，合二万六千二百七十二条。[②]

(3)至成帝河平中，复下诏曰："《甫刑》云'五刑之属三千，大辟之罚其属二百'，今大辟之刑千有余条，律令烦多，百有余万言，奇请它比，日以益滋，自明习者不知所由，欲以晓喻众庶，不亦难乎！"[③]

上引文(1)(2)(3)提到汉律刑罚时，分别为"大辟四百九条""大辟四百九十条""大辟之刑千有余条"。[④] 如文(1)中的"大辟四百九条"应指汉武帝时，汉律有409"条"对犯罪行为处死刑。由这些记载来看，"条"似指汉律中对犯罪行为作出刑罚规定的文本。

我们还可借助《魏书·刑罚志》中关于魏律"条"的记载进一步分析：

廷尉少卿杨钧议曰："谨详盗律'掠人、掠卖人为奴婢者，皆死'，别条'卖子孙者，一岁刑'。卖良是一，而刑死悬殊者，由缘情制罚，则致罪有差。"[⑤]

北魏宣武帝时，廷尉少卿杨钧讨论卖女葬母案时提到，盗律规定"掠人、掠卖人为奴婢者，皆死"，其"别条"为"卖子孙者，一岁刑"，则此"别条"为该盗律中对"卖子孙为奴婢"之犯罪行为处以"一岁刑"的规定。这也为例证，"条"为法律中对犯罪行为处以刑罚规定的文本。

---

① (汉)班固撰：《汉书》，第1101页。

② (北齐)魏收撰：《魏书》，北京，中华书局，1974年版，第2872页。

③ (汉)班固撰：《汉书》，第1103页。

④ 需指出的是，文(2)"死罪决比，凡三千四百七十二条，诸断罪当用者，合二万六千二百七十二条"中还出现了两次"条"，但皆非指称汉律文本中的"条"，而是用以合计"死罪决事比"和"断罪当用者"的数目。

⑤ (北齐)魏收撰：《魏书》，第2881页。

此外,《魏书·刑罚志》与《通典》对北魏太武帝时游雅与中书侍郎胡方回等改定律制的记述中,也有关于“条”的内容:

(太武帝时)于是游雅与中书侍郎胡方回等改定律制,盗律复旧,加故纵、通情、止舍之法及他罪,凡三百九十一条。门诛四,大辟一百四十五,刑二百二十一条。有司虽增损条章,犹未能阐明刑典。①

正平初又令胡方回、游雅更定律制。凡三百七十条,门房诛四,大辟百四十五,刑二百二十一。②

据以上内容,北魏太武帝时游雅与胡方回等改定律,在魏律中增设了“故纵”“通情”“止舍之法”及“他罪”,并对这些犯罪行为所设立的相应刑罚为“门诛四,大辟一百四十五,刑二百二十一条”,《通典》中“凡三百七十条”为对这些刑罚数目的小结。以上两条记载也可印证“条”为对犯罪行为予以刑罚规定的法律文本,因此“条”应为只存于罪刑规范中的文本层次。

依据以上分析,还可结合出土简牍来具体分析秦汉刑事法律中“条”的文本形态及内容。《二年律令·贼律》简 21、22 上的两律“章”(律条)分别规定:

贼杀人、斗而杀人,弃市。其过失及戏而杀人,赎死;伤人,除。(21)
谋贼杀、伤人,未杀,黥为城旦舂。(22)③

简 21 上律“章”(律条)规定的“贼杀”“斗杀”“过失杀人”“戏杀人”“过失伤人”“戏伤人”皆为杀、伤人之“事”(犯罪行为),律章区分杀伤行为实施的主观心理、方式与后果之不同,对这些行为处以轻重不同的两种刑罚或免于刑罚。则此律“章”(律条)由以下三“条”(刑罚规定)构成:

(1)弃市“条”:贼杀人,斗而杀人,弃市。
(2)赎死“条”:过失及戏而杀人,赎死。
(3)免刑“条”:过失及戏而伤人,除。

简 22 上的律“章”(律条)规定,“谋贼杀人”“谋伤人”若未有杀害人的结

---

① (北齐)魏收撰:《魏书》,第 2875 页。

② (唐)杜佑撰:《通典》,北京,中华书局,1988 年版,第 4226 页。

③ 张家山二四七号汉墓竹简整理小组编:《张家山汉墓竹简整理小组〔二四七号墓〕》(释文修订本),第 11 页。

果，对此两"事"（犯罪行为）皆处以黥为城旦舂，则此律"章"（律条）为一"条"（刑罚规定）构成。

第五节　秦汉刑事法律文本的结构形态及其历史影响

由上文研究来看，秦汉刑事法律文本形成了"篇—章"的体例，其中刑律"篇"（律篇）系集合"事类"（罪类）构建，律"章"（条）为结合"事"（犯罪行为）形成。下文将以刑事律篇中的《贼律》为例，依据秦汉刑事法律文本的体例结构分析其律条，来探讨秦汉刑法文本的结构形态与层次，揭示蕴含在刑法文本之中的分析性与综合性，以助于我们深入了解刑法文本的内在逻辑结构与功能，并揭示刑法文本中各个构成部分之间的互动关系。①

本节以《贼律》为例分析秦汉刑法文本体例与结构形态的原因在于：其一，虽然传世文献如《晋书·刑法志》记载中，秦汉法律以《盗律》为首，但张家山汉简《二年律令》则以《贼律》为篇首，且其内容多与稳定国家安全与社会秩序的政治犯罪以及家庭内的人伦性质犯罪相关，可见《贼律》的重要性。② 其二，《二年律令·贼律》抄写于 53 枚简上，共有 42 条律"章"（律条），其数目居《二年律令》各律篇之首，其《贼律》应为汉初《贼律》较为完整

---

① 刘风景分析现代法律条文时指出："一个法律文本的调整对象，通过编、章、节、条、款、项等结构单位，不断地加以拆分和细化，并成为更加具体的法律对象。可以说，各种结构单位相对于整个法律文本，下位的结构单位相对于上位的结构单位，主要体现为分析性。反之，法律文本相对于它的各结构单位，上位的结构单位相对于下位结构单位，则主要体现为综合性。就条而言，它相对于整个立法文本及编、章、节这些层次更高的结构单位，主要体现为分析性。"刘风景：《法条的功用与设置》，《法学》2018 年第 5 期。刘风景对现代法条的结构分析，在一定程度上也可借鉴用于秦汉法律的分析。

② 依据竹简出土示意图来看，《贼律》简占据了《二年律令》卷册的最外层，应为《二年律令》的首篇。示意图见张家山二四七号汉墓整理小组编：《张家山汉墓竹简〔二四七号墓〕》附录二，北京，文物出版社，2001 年版。陈松长和李婧嵘分析认为，汉初法律将《贼律》置于《二年律令》篇首符合汉初时期的法律、政治以及社会情况。此外，从法律源流来看，后来《北齐律》《隋律》《唐律》将"盗贼律"改为"贼盗律"，应与汉初以《贼律》为篇首有源流关系。参见陈松长、李婧嵘：《〈二年律令〉将〈贼律〉置于篇首原因初探》，载中国文化遗产研究院编：《出土文献研究》（第九辑），北京，中华书局，2010 年版，第 218—225 页。初世宾指出，古代治罪注重犯罪行为的性质，"贼"多为逆乱反叛、毁仁坏法、贼杀伪欺之类，"盗"偏重不正当劫窃物质利益。前者属于政治、人伦性质的大罪，在诸律中应当居首位，这表明汉律与九章律皆以《贼律》为首。参见初世宾：《〈二年律令·贼律〉整理刍议》，载卜宪群、杨振红主编：《简帛研究》（二〇〇四），桂林，广西师范大学出版社，2006 年版，第 184 页。如本书第一章所论，因张家山汉简《二年律令》并非为官府律令集，亦不能排除秦汉中央朝廷或官府整理汇编的法律集中也有以《盗律》篇为首的。如张家界古人堤木牍所存汉律目录残文中，"一、二栏为《盗律》目录，大部漫漶不可识，其它为《贼律》目录，存目较多"。湖南省文物考古研究所、中国文物研究所：《湖南张家界古人堤简牍释文与简注》，《中国历史文物》2003 年第 2 期。

的抄录。①

为清晰呈现秦汉刑律“集类为篇，结事为章”的体例，表2—8将分条列明《贼律》篇各律“章”（律条）中所规范的“事”（犯罪行为）及“条”（刑罚规定），②并将具有共同性质的“事”（犯罪行为）类型化后归入不同“事类”，进而展现这些事类如何构成《贼律》。

表2 《贼律》篇危害君权事类

章（律条）	事（犯罪行为）	条（刑罚规定）
1.“谋反、降诸侯”章（简1—2）	（1）以城邑亭鄣反 （2）降诸侯 （3）守乘城亭鄣，诸侯人来攻盗，不坚守而弃去之 （4）若降之 （5）及谋反	①腰斩
	（6）其父母、妻子、同产，无少长	②弃市
	（7）其坐谋反者，能偏捕 （8）若先告吏	③除坐者罪
2.“来诱及为间”章（简3）③	（1）从诸侯来诱 （2）为间者	①磔
	（3）亡之诸侯	②□

表3 《贼律》篇未可归于一个事类

章（律条）	事（犯罪行为）	条（刑罚规定）
1.“贼燔城、官府及县官积聚”章（简4—5）	（1）贼燔城、官府、县官积冣（聚）	①弃市
	（2）贼燔寺舍、民室屋庐舍、积冣（聚）	②黥为城旦舂
	（3）失火延燔	③罚金四两，责所燔
	（4）乡部、官啬夫、吏主者弗得	④罚金二两
2.“船人渡人流杀伤人”章（简6—8）④	（1）船人渡人而流杀人	①耐
	（2）船人渡人而流杀人，船啬夫、吏主者 （3）其杀马牛及伤人，船人	②赎耐
	（4）其杀马牛及伤人，船啬夫、吏	③赎迁
	（5）可纽繫而亡粟米它物，船啬夫、吏	④罚金四两

---

① 任仲爀对比分析了张家山汉简《二年律令》、张家界古人堤贼律目录、唐律《贼盗律》中的贼律条款，发现三者的贼律数目并无较大差别。参见〔韩〕任仲爀：《汉、魏晋律的篇章变化——以贼律为中心》，戴卫红译，载卜宪群、杨振红主编：《简帛研究》（二〇一三），桂林，广西师范大学出版社，2014年版，第277—288页。

② 如上文所论，秦汉《贼律》篇中也少数规范“事”（事项行为）的非罪刑规定，但下表只讨论罪刑规定中的“事”（犯罪行为）与“条”（刑罚规定）。张家山汉简《二年律令·贼律》释文，见张家山二四七号汉墓竹简整理小组编：《张家山汉墓竹简整理小组〔二四七号墓〕》（释文修订本），第7—15页。

③ 此简残缺部分据《二年律令》简150、《奏谳书》简22、24补，参见彭浩、陈伟、〔日〕工藤元男：《二年律令与奏谳书：张家山二四七号汉墓出土法律文献释读》，上海，上海古籍出版社，2007年版，第90页。

④ 此章（律条）中的民事赔偿处罚并未列入“条”（刑罚规定）中。

表 4　《贼律》篇诈伪、误写文书事类

章(律条)	事(犯罪行为)	条(刑罚规定)
1."伪写信玺、行玺"章(简 9)	(1)伪写皇帝信玺 (2)伪写皇帝行玺	①要(腰)斩,以匀(徇)
2."伪写彻侯印、小官印"章(简 10)	(1)伪写彻侯印	①弃市
	(2)小官印	②完为城旦舂
3."矫制"章(简 11)	(1)挢(矫)制害者	①弃市
	(2)不害	②罚金四两
4."上书及有言"章(简 12)	(1)上书及有言也而谩 (2)其误不审	①完为城旦舂 ②罚金四两
5."为伪书"章(简 13)	(1)为伪书	①黥为城旦舂
6."诈增减券书、为书故诈弗副"章(简 14—15)	(1)诸诈增减券书,其以避负偿,若受赏赐财物 (2)为书故诈弗副,以避负偿,若受赏赐财物	①坐臧为盗
	(3)其以避论 (4)及所不当[得为]	②以所避罪罪之
	(5)所避毋罪名 (6)所避罪名不盈四两 (7)毋避也	③罚金四两
7."毁封"章(简 16)	(1)毁封,以它完封印印之	①耐为隶臣妾
8."为券书误少多其实"章(简 17)	(1)为券书①而误多少其实 (2)误脱字	①罚金一两
	(3)其事可行者	②勿论

表 5　《贼律》篇毒物处置事类

章(律条)	事(犯罪行为)	条(刑罚规定)
1."挟毒制毒"章(简 18)	(1)有挟毒矢若谨(堇)毒、糇 (2)和为谨(堇)毒	①弃市
2."毒矢谨藏"章(简 19)	(1)匿毒矢 (2)弗归,盈五日	①弃市(以律论)
3."燔毒脯肉"章(简 20)	(1)诸食脯肉,脯肉毒杀、伤、病人者,当燔弗燔 (2)吏主者	①坐脯肉赃,与盗同法)

表 6　《贼律》篇贼事类

章(律条)	事(犯罪行为)	条(刑罚规定)
1."贼杀、斗杀、过失及戏杀伤"章(简 21)	(1)贼杀人 (2)斗而杀人	①弃市
	(3)过失杀人 (4)戏而杀人	②赎死
	(5)过失伤人 (6)戏而伤人	③除

① 据岳麓秦简 1244、1246+1395"为券书,少多其实,人户、马、牛〈一〉以上,羊、犬、彘二以上及诸误而可直(值)者过六百六十钱,皆为大误",补"为券书"三字。陈松长主编:《岳麓书院藏秦简(肆)》,上海,上海辞书出版社,2015 年版,第 142—143 页。

（续表）

章（律条）	事（犯罪行为）	条（刑罚规定）
2.“谋贼杀伤”章（简22）	（1）谋贼杀伤人，未杀	①黥为城旦舂
3.“贼杀人与谋”章（简23）	（1）贼杀人 （2）与谋者	①弃市
	（3）未杀	②黥为城旦舂
4.“斗伤人”章（简24）	（1）斗伤人，而以伤辜二旬中死，为杀人	①弃市
5.“贼伤人及自贼伤”章（简25）	（1）贼伤人 （2）自贼伤以避事者	①黥为城旦舂
6.“谋贼杀伤人”章（简26）	（1）谋贼杀伤人	①弃市（与贼同法）
7.“斗而以釰（刃）及金铁锐、锤、椎伤人”章（简27—28）	（1）斗而以釰（刃）及金铁锐、锤、椎伤人	①完为城旦舂
	（2）非用此物而[illegible]人，折枳（肢）、齿、指，胅体，断肤（决）鼻、耳者	②耐
	（3）其毋伤也，下爵殴上爵， （4）殴同列以下，其有疻痏及□	③罚金四两
	（5）殴同死〈列〉以下	④罚金二两
8.“鬼薪白粲、城旦舂殴庶人以上”章（简29）	（1）鬼薪白粲殴庶人以上	①黥为城旦舂
	（2）城旦舂殴庶人以上	②黥
9.“奴婢殴庶人”章（简30）	（1）奴婢殴庶人以上	①黥頯，畀主
10.“斗殴变人”章（简31）	（1）斗殴变人	①耐为隶臣妾
	（2）怀子而敢与人争斗，人虽殴变之，为人变者	②罚金四两
11.“夫殴笞妻”章（简32）	（1）妻悍而夫殴笞之，非以兵刃也，虽伤之	①毋罪
12.“妻殴夫”章（简33）	（1）妻殴夫	①耐为隶妾
13.“子贼杀伤父母、奴婢贼杀伤主”章（简34）	（1）子贼杀伤父母 （2）奴婢贼杀伤主、主父母妻子	①枭其首市
14.“子牧杀、殴詈父母等”章（简35—37）	（1）子牧杀父母 （2）子殴詈泰父母、叚大母、主母、后母 （3）父母告子不孝	①弃市
	（4）教人不孝	②黥为城旦舂
15.“贼杀伤、牧杀、殴詈父母，父母告子不孝”章（简38）	（1）贼杀伤父母，其妻子为收者 （2）牧杀父母，其妻子为收者 （3）欧〈殴〉詈父母，其妻子为收者 （4）父母告子不孝，其妻子为收者	①皆锢，令毋得以爵偿免除及赎

（续表）

章（律条）	事（犯罪行为）	条（刑罚规定）
16."父母殴笞子、奴婢"章（简39）	（1）父母殴笞子及奴婢，子及奴婢以殴笞辜死	①赎死
17."妇贼伤、殴詈夫之泰父母等"章（简40）	（1）妇贼伤夫之泰父母、父母、主母、后母 （2）妇殴詈夫之泰父母、父母、主母、后母	①弃市
18."殴、奊訽詈兄姊、同产"章（简41）	（1）殴兄姊及亲父母之同产	①耐为隶臣妾
	（2）奊訽詈兄姊及亲父母之同产	②赎黥
19."殴、奊訽詈父偏妻父母等"章（简42—43）	（1）殴父偏妻父母、男子同产之妻、泰父母之同产，及夫父母同产、夫之同产 （2）殴妻之父母	①赎耐
	（3）其奊訽詈之	②罚金四两
20."悍主谒杀"章（简44）	（1）☐母妻子者 （2）悍主而谒杀之	①弃市
	（3）谒斩止若刑	②斩、刑之
	（4）奊訽詈主、主父母妻	③（所接不明）
21."以县官事殴若詈吏"章（简46）	（1）以县官事殴若詈吏	①耐
	（2）所殴詈有秩以上 （3）吏以县官事殴詈五大夫以上	②黥为城旦舂
	（4）长吏以县官事詈少吏	③（所接不明）
22."吏以县官事笞城旦等"章（简48）	（1）诸吏以县官事笞城旦舂、鬼薪白粲，以辜死	①赎死

表7　《贼律》篇杀伤畜产事类

章（律条）	事（犯罪行为）	条（刑罚规定）
1."贼杀伤人畜产"章（简49）	（1）贼杀伤人畜产	①与盗同法
	（2）畜产为人牧而杀伤	②☐
2."犬杀伤人畜产"章（简50）	（1）犬杀伤人畜产	①犬主偿之，它☐

表8　《贼律》篇亡书符券事类

章（律条）	事（犯罪行为）	条（刑罚规定）
1."亡印"章（简51）	（1）亡印	①罚金四两
2."亡书、符券、入门木久等"章（简52）	（1）亡书、符券、入门衛〈卫〉木久，搴（塞）门、城门之蘥（钥）	①罚金二两
3."盗书、弃书官印"章（简53）	（1）盗书 （2）弃书官印以上	①耐

由表2—8对《二年律令·贼律》文本的结构分析来看，按《贼律》所规范"事"的内容与性质分类，《贼律》至少可分为六大"事类"（罪类）。《二年律令·贼律》中，性质相同但处罚轻重不同之"事"（犯罪行为）一般规定于一

“章”(律条)之内,且同一“事类”(罪类)下的“章”(律条)并非孤立、分散的,通常排列于一起,尤其是内容上紧密相关的“章”(律条)多前后接续,体现了相同“事类”(罪类)下各刑法条文之间的内在联系。由此来看,张家山汉简《二年律令》刑律篇的内部结构清晰并凸显了一定的逻辑顺序,应并非随意抄写与编序的结果,其母本应为经朝廷或官府整理及编纂后的律令集,在一定程度上可以反映官府律令集的体例与结构形态。

由《二年律令·贼律》来看,在秦汉刑事法律中,“章”(律条)为最为重要的文本结构单位,律章是刑法规则的表述形式,刑法规则为律章的内容。①律“章”(律条)具独立性和完整性,一般由犯罪行为和刑罚后果构成。因而无论是从实质内容还是律在简牍上的书写形态来看,秦汉刑事法律文本中的“章”与“章”之间皆明确区分。此外,秦汉刑事法律“结事为章”,因律“章”(律条)规定的“事”(犯罪行为)数目与复杂程度不同,其内部结构也有繁有简:一律“章”(律条)或只规定一项“事”(犯罪行为),一律“章”(律条)又或由数项甚至超过十项“事”(犯罪行为)构成。

但由《二年律令·贼律》来看,秦汉刑事法律的分类与编纂也存在诸多问题。《贼律》的“贼”本义指攻击与残伤人,应以“贼”为其核心“事类”(罪类)。② 但是,与“贼事”无关的其他事类如危害君权事类、文书符印事类、毒物处置事类、杀伤畜产事类、亡书符券事类却也归于汉《贼律》中。③ 秦汉刑律篇中所规范的“事”(犯罪行为)并非限于其篇名所指“事类”(罪类),篇题无法涵盖其内容。这正如《晋书·刑法志》在评价汉律时指出:“《盗律》有贼伤之例,《贼律》有盗章之文,《兴律》有上狱之法,《厩律》有逮捕之事,若此之比,错糅无常。”④

---

① 刘风景讨论了中国现代法律文本内的表层结构与层次,其讨论方法也为本书所参考借鉴。参见刘风景:《法条的功用与设置》,《法学》2018 年第 5 期。

② 从先秦文献来看,“贼”为杀人、毁坏规则之意。《尚书·舜典》载:“寇贼奸宄。”孔颖达疏曰:“群行攻劫曰寇,杀人曰贼。”李学勤主编:《十三经注疏·尚书正义》,北京,北京大学出版社,1999 年版,第 75 页。《左传》“文公十八年”周公作《誓命》曰:“毁则为贼。”又“昭公十四年”叔向曰:“杀人不忌为贼。”杨伯峻:《春秋左传注》,北京,中华书局,1990 年版,第 634、1367 页。《说文》:“贼,败也。从戈、则声。”(汉)许慎撰:《说文解字》,(宋)徐铉校定,北京,中华书局,2013 年版,第 266 页。许慎认为,“贼”字为形声字,具有毁坏、败坏的意思。此外,《晋书·刑法志》引张斐注律“无变斩击谓之贼”,其意指“贼”为攻击、毁坏人命的犯罪行为。(唐)房玄龄等撰:《晋书》,北京,中华书局,1974 年版,第 928 页。

③ 前引《晋书·刑法志》也提到:“《贼律》有欺谩、诈伪、逾封、矫制……《贼律》有贼伐树木、杀伤人畜产及诸亡印。”(唐)房玄龄等:《晋书》,第 924 页。连宏将《二年律令·贼律》的内容分为危害国家安全、危害政权罪、渎职罪、破坏经济秩序罪、危害人身安全罪以及侵犯伦常关系罪这五类。参见连宏:《〈二年律令·贼律〉中的罪名及其法律问题研究》,《社会科学战线》2010 年第 11 期。

④ (唐)房玄龄等撰:《晋书》,第 923 页。

秦汉刑事法律体例中存在的以上问题，究其原因，应在于秦汉立法模式的特殊性。如前文所述，秦汉立法不同于后世大规模、集中性的系统立法，系统立法有利于减少、避免法律内容之间的交叉与抵牾，并形成体系化的闭合法典。秦汉立法则是动态、开放的，抄于卷册上的秦汉律集并非稳固的闭合编纂物，新律可被制定、再造、续编于简牍上，律条汇集并达到一定数量即可设立一个律篇。如孟彦弘所言："篇章时有删增减，具有'开放性'，而不是像《魏律》以后各朝的律那样，是一个大致固定的结构。"①

因此，在秦汉此种动态立法的模式下，立法者并非先依据精确的分类方法将复杂多样的"事"（犯罪行为）归入其相应的律篇中，在确定刑律篇篇数后，依总则分论、程序实体等逻辑顺序确定刑律篇先后排序。秦汉随法律实践产生了法条再造与法篇再续的立法方式，法条逐渐积累达到一定数量后设立一个刑律篇，进而形成了刑事法律文本的"篇—章"立法体例。② 由此，秦汉刑律的内容不断孳乳、由简至繁，但刑律续编的标准不一且分类混乱，以致不同"事类"（罪类）在逻辑上存在交叉或从属关系。③ 此外，这还导致秦汉刑律篇中杂糅有与其核心"事类"（罪类）无关之"事"（犯罪行为），性质相同之"事"（犯罪行为）又分散于不同的刑律篇内。但是，也正是律条与律篇逐渐汇编于法律集后，才有可能逐渐凸显出秦汉律体系中律篇混淆、分类模糊、律条抵牾、内容繁复等问题。④

此外，又如曹魏《新律序》中指出汉律的问题在于：

> 旧律所难知者，由于六篇篇少故也。篇少则文荒，文荒则事寡，事

---

① 孟彦弘：《秦汉法典体系的演变》，《历史研究》2005 年第 3 期。

② 前文提到，秦汉律的分章断句应受到了章句学的影响，秦汉律"篇—章"的形成模式也应与同时期其他文献"篇—章"的形成相联系。李零提到："关于古书的章句之学，经过对甘肃武威县出土《仪礼》简册的研究，已经弄清楚它的最初含义只是指书的编排与分节，无涉于解诂。但那还只是篇次划定后，为了便于讲读，在一篇之内人为地根据书的内容层次进一步分章定句。实际上，古书在未经编次成篇之前，本来就存在着许多意义相对独立的片断，也就是自然的章句。古书的编次成篇就是对这种自然章句加以归并和整理的结果，书的篇题最初也只是在篇次划定后，拈取书中的现成词语加上去的。篇与章的区别乃是片断的大小，篇题的作用乃是为了区别。因此，往往会有篇题不能概括内容，一篇之内层次不相衔接以及篇与篇之间内容重复出入等问题。"李零所提到的古书篇与章的形成方式，也与秦汉刑事法律中的篇与章的形成模式相似。李零：《银雀山简本〈孙子〉校读举例》，载氏著：《〈孙子〉十三篇综合研究》，北京，中华书局，2006 年版，第 364 页。

③ 参见王伟：《辩汉律》，《史学月刊》2013 年第 6 期。李勤通认为，"秦汉律并非以单纯的以罪统刑为续造标准，而是将某一特定行政事项的完成作为续造标准"。但是，"这种法篇续造模式存在问题。以'完成行政事项'为标准，意味着如果出现事项交叉，法条的篇目归属就容易存在不确定性"。李勤通：《论中国古代刑法篇目编纂的理念与标准——兼谈秦汉后法典"以罪统刑"说的片面》，《中南大学学报（社会科学版）》2021 年第 2 期。

④ 参见张忠炜：《秦汉律令的历史考察》，载氏著：《秦汉律令法系研究初编》，第 97—98 页。

寡则罪漏。是以后人稍增,更与本体相离。①

由以上内容来看,汉代立法者还机械地增设律条以解决"罪漏"等问题,又致汉代律条内容烦琐及律条膨胀的问题,乃至"典者不能遍睹"。② 对此,虽然汉代立法者后期曾多次尝试改革法律,但是他们并"无意寻求律令的内在联系而作合乎理性的分类,只是在'宽猛''繁简'等道德伦理观念的驱动下,在数量上做机械式的增减。这种整理厘改,不可能从根本上改变汉律令体系交叉、分类不明的缺陷。"③

综上来看,探索秦汉刑事法律文本的体例与结构形态,必须考虑其文本载体的形制与特性,并结合当时的立法技术、水平以及立法意图分析,以考察秦汉律自身产生、变化与发展的轨迹。书写于简牍之上的秦汉刑事法律结合"事"(犯罪行为)形成"章"(律条),集合"类"(罪类)构成"篇"(律篇),形成了"篇—章"的立法体例,使得复杂的刑法文本具有了一定的体系性、逻辑性与层次性。但是,秦汉动态与开放的立法模式下,秦汉刑事法律编纂中存在着诸多问题,尤其秦汉刑法在律条性质提炼、篇章结构以及编纂增量等方面存在既有缺陷,是后来曹魏律修改的直接动因。④ 魏晋立法者正是意识到律条合理分类、归篇对立法的重要作用,在继承秦汉法律"法篇—法条"体系的基础上,依据"都总事类"的原则,对与所属律篇不符的汉律重新分类并归入相应的新律篇,以避免法律内容之间重复、混乱,再依据总则分则等逻辑关系来确定律篇的前后排序,以使得法律体例分明、秩序井然,进而制定了呈体系化且独立的刑法典。由此,魏晋时期完成了法律由"繁杂"到"清约"的蜕变,并确立了中国古代法律"法典—法篇—法条"的基本体系。⑤

---

① (唐)房玄龄等撰:《晋书》,第 924 页。

② 韩树峰指出,汉律中存在的最主要问题是律令分类的混乱无序即"杂"。此外,由于汉缺少规定"罪名之制"的类似篇章,为防止"罪漏",只可以通过增加条文,于是又导致汉律字数的膨胀,即所谓"繁"的问题。因此,汉律"繁"的问题由汉律"杂"的问题导致,如果"杂"的问题无法得以解决,"繁"的问题也无法从根本上得以解决。韩树峰:《汉晋法律的清约化之路》,《"中央研究院"历史语言研究所集刊》,2015 年第 86 本第 2 分。

③ 徐世虹:《汉代法律载体考述》,载杨一凡总主编,高旭晨主编:《中国法制史考证》甲编第 3 卷《历代法制考・两汉魏晋南北朝法制考》,北京,社会科学文献出版社,2013 年,第 167 页。

④ 徐世虹:《文献解读与秦汉律本体认识》,《"中央研究院"历史语言研究所集刊》2015 年第 86 本第 2 分。

⑤ 韩树峰:《汉晋法律的清约化之路》,《"中央研究院"历史语言研究所集刊》2015 年第 86 本第 2 分。祝总斌也指出:"曹魏改革重点仅在整理、归类,旨在解决内容之重复与混乱,至于条文数目、惩罚轻重,似乎变动有限,和汉代律、令没有明显出入。"祝总斌:《略论晋律的"宽简"与"周备"》,《北京大学学报》1983 年第 2 期。

第三章　秦汉刑事法律文本中的刑法原则

——以罪数及其处罚原则为例

在刑事立法中，为了解决犯罪和刑罚的相关问题，必须确立相应的刑法原则，这些原则贯穿刑法规范内容，是具有全局性、根本性的原则，并且也是在刑事司法审判中必须遵循的准则。刑法基本原则集中体现了刑事法制的理论逻辑和基本理念，是古往今来刑事立法和刑事司法中的根本性问题。

自20世纪70年代，随着秦汉法律简牍的陆续发现与公布，秦汉刑法原则一直为学界研究秦汉法律史所关注与讨论的重点问题。学者们以出土简牍为材料，梳理与总结了秦汉刑法的基本原则，并围绕秦刑法的具体原则展开细致、深入的研究，如罪刑法定原则、适用刑法不平等原则、罪责刑相适应原则、连坐责任制度、刑罚加减原则、刑罚比附定罪原则、犯罪的特殊形态、共同犯罪等内容，已有学界研究成果宏富，也填补了秦汉刑法史研究的诸多空白。①

本章以出土简牍为主要资料，拟对学界讨论较少且具有争议的秦汉刑法原则——罪数及其处罚原则展开具体的细化研究。研究秦汉刑法中的罪数形态及刑罚原则，将有利于了解秦汉刑事立法与司法实践中如何对犯罪行为准确定罪，并且适用正确的刑罚。又因中国古代刑法原则有着延续的传承与发展，通过罪数形态问题的专题研究，也有利于窥探罪数理论在古代刑法史中的嬗变与发展。②

---

① 对秦汉刑法原则研究成果的学术梳理，参见徐世虹、支强：《秦汉法律研究百年（三）——1970年代中期至今：研究的繁荣期》，载中国政法大学法律古籍整理研究所编：《中国古代法律文献研究》（第六辑），北京，社会科学文献出版社，2012年版，第108—111页；李均明、刘国忠、刘光胜、邬文玲：《当代中国简帛学研究》，北京，中国社会科学出版社，2019年版，第538—545页。

② 堀毅以睡虎地秦简《法律答问》为主要材料，追溯唐律"二罪从重"的源流。他指出："在唐律中，存在着'二罪从重'的通则，细致地研究一下秦简就会知道，早在秦律中就已经确立了与此相通的原则。"〔日〕堀毅：《秦汉法制史论考》，萧红燕等译，北京，法律出版社，1988年版，第368—369页。桂齐逊认为，中国古代关于"数罪并罚"的具体法律规范在唐代近乎完备，然则追本溯源，在唐代之前，先秦、秦汉以及魏晋南北朝时期也已经体现了类似的法理思想。桂齐逊：《唐律关于"二罪以上俱发"等相关规范试析》，《华冈文科学报》2002年总第25期。另见南玉泉：《汉唐律的罪

第一节　秦汉刑法中的罪数问题

罪数，在现代刑法理论上指的是犯罪行为的单复或者个数，即是一罪还是数罪的问题。表现为一罪或者数罪的各种类型化的犯罪形态即为罪数形态。[①] 在古今的司法实践中，对犯罪人准确定罪，都需要讨论行为人的犯罪行为构成一罪还是数罪，并根据其罪数形态来处以刑罚。中国刑法历史中，关于罪数及其处罚原则的法律理念源远流长，如《尚书・吕刑》："上刑适轻，下服。下刑适重，上服。轻重诸罚有权。"[②]孔颖达疏曰：

> "上刑适轻"者，谓一人虽犯一罪，状当轻重两条，据重条之上有可以亏减者，则之轻条，服下罪也。"下刑适重"者，谓一人之身轻重二罪俱发，则以重罪而从上服，令之服上罪。或轻或重，诸所罪罚，皆有权宜，当临时斟酌其状，不得雷同加罪。刑罚有世轻世重，当视世所宜，权而行之。[③]

由以上记载可知，西周中后期，若是行为人犯有一罪，触犯两条刑法，适用处罚较重的刑法会导致刑罚过重，则对行为人处以较轻的刑罚；若是行为人犯有两罪，司法实践中以吸收原则并罚数罪，对行为人处以较重罪的刑罚。另外，君主也可根据具体情况斟酌，对行为人定罪量刑。

发展至秦汉时期，有关罪数形态及其刑罚的法律规定应该更为丰富与完备，然而传世文献中只存寥寥数条秦汉法律的引文及其注释，关于罪数形态的汉律引文也仅见于《春秋公羊传》中汉代何休的注文。《春秋公羊传》"庄公十年"："战不言伐，围不言战，入不言围，灭不言入，书其重者也。"[④]何休解诂："明当以重者罪之。犹律一人有数罪，以重者论之。"[⑤]据此，汉律中行为人若犯有数罪，当采取吸收原则，以数罪中较重罪的刑罚论处。可惜此

(接上页)数与处罚》，载张中秋编：《理性与智慧——中国法律传统再讨论》(中国法律史学会2007年国际学术研讨会文集)，北京，中国政法大学出版社，2008年版，第234—244页。

① 参见高铭暄、马克昌主编：《刑法学》(第八版)，北京，北京大学出版社、高等教育出版社，2017年版，第180页。

② 李学勤主编：《十三经注疏・尚书正义》，第550页。

③ 同上。

④ 李学勤主编：《十三经注疏・春秋公羊传注疏》，北京，北京大学出版社，1999年版，第142页。

⑤ 同上。

条注疏语焉不详，无法通过其内容了解秦汉法律中是否区分了不同的罪数形态，又是否对其皆“以其重者坐之”的方式处罚。

1970年代中期以来，秦汉出土简牍资料的涌现为讨论秦汉法律的罪数问题提供了更为丰富的研究材料。其中如张家山汉简《二年律令》简99上的律文“一人有数▨罪殹（也），以其重罪罪之”，[①]因与何休所引汉律相应，被学者论及以证明汉代法律中实施了数罪并罚的刑罚处罚方式。[②] 此汉律收于《二年律令·具律》中，《具律》类似于现代的刑法总则，其中的律多关于刑法实施原则。该条律应该是总结了对一人犯有数罪的并罚方式，即对犯罪人科以数罪中较重罪的刑罚，这相当于现代刑法数罪并罚中的吸收原则。只是因这条律文甚为简略，并不能确定这种并罚方式具体是针对何种罪数形态。

除《二年律令》简99上的律以外，其他秦汉简牍资料如睡虎地秦简、岳麓秦简也有关于罪数问题的研究材料。然而，目前尚未有专门的研究梳理与归纳反映秦汉罪数问题的出土简牍材料，并以此分析与总结秦汉的罪数形态及其处罚原则，学者们多是在研究秦汉刑事法律制度时，论及了秦汉法律中的罪数形态。[③] 关于秦汉罪数问题的专题研究集中于对岳麓秦简《为狱等状四种》案例六“暨过误失坐官案”的分析，但这个案例中对“暨”行政过误“累论”应与刑事犯罪的罪数问题有所区分。[④]

下文将以出土简牍为材料来研究秦汉刑法中的罪数形态及其处罚原则，即秦汉法律如何认定犯罪人的行为构成一罪还是数罪，又如何区分不同

---

① 张家山二四七号汉墓竹简整理小组编：《张家山汉墓竹简〔二四七号墓〕》（释文修订本），第22页。

② 参见南玉泉：《汉唐律的罪数与处罚》，载张中秋编：《理性与智慧——中国法律传统再讨论》（中国法律史学会2007年国际学术研讨会文集），北京，中国政法大学出版社，2008年版，第234页；张伯元：《“累论”与数罪并罚》，载中国政法大学法律古籍整理研究所编：《中国古代法律文献研究》（第八辑），北京，社会科学文献出版社，2014年版，第53页；陈松长、温俊萍：《论秦律的罪数处罚——以“岳麓书院藏秦简”为中心》，载杨振红、邬文玲主编：《简帛研究》（二〇一六秋冬卷），桂林，广西师范大学出版社，2017年版，第80页；乔志鑫：《汉律罪数问题研究》，载姚远主编：《出土文献与法律史研究》（第七辑），北京，法律出版社，第180—183页；南玉泉：《试论秦汉律罪数的相关规定》，载氏著：《从封建到帝国的礼法嬗变：先秦两汉法律史论集》，北京，中国政法大学出版社，2020年版，第225—243页。

③ 相关研究，参见栗劲：《秦律通论》，济南，山东人民出版社，1985年版，第221页；〔日〕堀毅：《秦汉法制史论考》，萧红燕等译，北京，法律出版社，1988年版，第368—381页；孔庆明：《秦汉法律史》，西安，陕西人民出版社，1992年版，第106页；彭浩：《秦〈户律〉和〈具律〉考》，载李学勤主编：《简帛研究》（第一辑），北京，法律出版社，1993年版，第53页。

④ 参见张伯元：《“累论”与数罪并罚》，载中国政法大学法律古籍整理研究所编：《中国古代法律文献研究》（第八辑），第49—54页；陈松长、温俊萍：《论秦律的罪数处罚——以“岳麓书院藏秦简”为中心》，载杨振红、邬文玲主编：《简帛研究》（二〇一六秋冬卷），第80—85页；南玉泉：《试论秦汉律罪数的相关规定》，载氏著：《从封建到帝国的礼法嬗变：先秦两汉法律史论集》，第226—228页。

的罪数形态来决定适用的刑罚。因古代与现代刑事法制中处理"罪数"问题的相似性在于,需要探讨确定罪数的标准,以划分一罪与数罪,[①]进而明确构成数罪的犯罪行为特征,以对不同罪数形态施加相应的刑罚。[②] 对此,现代刑法学理论提供了一套逻辑较为缜密的概念工具来分析罪数形态问题。本章将借用现代刑法学理论与概念来讨论秦汉法律中的罪数问题。但是,在研究中也将注重把握秦汉刑事法律文本中罪数问题的特殊性,以避免机械套用现代刑法学说作为分析工具,以致出现"削足适履"的情况。

第二节　简牍所见秦汉刑法中的数罪形态及其处罚原则

在秦汉刑法中,如果行为人实施了数个行为,各个行为均构成犯罪,被认为是实质数罪。根据行为人的数个犯罪行为是否同时被官府发觉可以分为:一、同时发觉的并发实质数罪;二、先后发觉的实质数罪,即前罪已被官府发觉但未判决之前发现或者发生后罪。下文将分别讨论这两类实质数罪的形态及其处罚原则。

(一)并发"实质数罪"

材料一　睡虎地秦简《法律答问》简167上的答问载:

女子甲去夫亡,男子乙亦阑亡,相夫妻,甲弗告请(情),居二岁,生子,乃告请(情),乙即弗弃,而得,论可(何)殹(也)? 当黥城旦舂。[③]

首先分析这则案例中女子甲的犯罪行为。日本学者堀毅认为女子甲

① 区分一罪还是数罪的标准不同,现代刑法中有行为标准说、法益标准说、犯意标准说以及构成要件说。高铭暄、马克昌将罪数的类型分为一罪与数罪:一罪又可细分为实质的一罪(包括了继续犯、想象竞合犯和结果加重犯)、法定的一罪(包括集合犯及结合犯)以及处断的一罪(连续犯、牵连犯和吸收犯);数罪即行为人实施了数个行为,并且构成数个犯罪行为。参见高铭暄、马克昌:《刑法学》(第八版),第181—199页。

② 在解决行为构成一罪还是数罪之后,刑法则需要决定对数罪如何科刑,这是对犯罪行为进行处罚的问题。现代刑法对数罪施行并罚处罚,采取的并罚原则主要有吸收原则、并科原则、限制加重原则以及混合原则。吸收原则为将数罪分别定罪量刑之后,对犯罪人处以较重罪的刑罚,其余轻罪的刑罚被较重的刑罚吸收。并科原则为将数罪分别定罪量刑之后,将各罪所处的刑罚累加执行。限制加重原则以数罪中的最高刑罚为基础,再加重一定的刑罚予以执行。混合原则,是根据刑种不同分别采取不同的原则处罚。参见马克昌、高铭暄:《刑法学》(第八版),第181—199页。

③ 睡虎地秦墓竹简整理小组编:《睡虎地秦墓竹简》,第132页。

“去夫”与“亡”是“一个行为，触犯两个罪名”的关系，类似于现代刑法的“想象竞合犯”。[①] 但据《法律答问》简 166 的答问：“女子甲为人妻，去亡，得及自出，小未盈六尺，当论不当？已官，当论；未官，不当论。”[②]由此来看，身高未满六尺的未成年女子甲离开丈夫逃亡，如果甲与丈夫的婚姻关系已被官府认可，[③]甲离开丈夫的行为构成“亡”罪，否则其行为不为“亡”罪也不应论处。可知，女子甲离开丈夫逃亡的行为只是触犯了秦代法律的“亡”罪名，并非为“想象竞合犯”触犯了两个罪名。《法律答问》简 167 的案例中女子甲离开丈夫逃亡时长为两年，按律应该科以耐刑。[④]

除亡罪之外，这则案例中的女子甲还犯有为亡人妻的罪行。据《二年律令》简 169—170 的律文，即使是不知丈夫为亡人的情况下，“为亡人妻”也应该处以黥城旦舂：“取（娶）人妻及亡人以为妻，及为亡人妻，取（娶）及所取（娶），为谋（媒）者，智（知）其请（情），皆黥以为城旦舂。其真罪重，以匿罪人律论。弗智（知）者不减。”[⑤]

由上分析可知，《法律答问》简 167 的案例中，女子甲犯有处以耐刑的“亡罪”与处以黥为舂的“为亡人妻”，但最后对女子甲处以“黥为城旦舂”，应该是依据吸收原则以较重的刑罚吸收较轻的刑罚并罚两罪的结果。同样，这则案例中的男子乙也犯有实质两罪并且俱发，即“阑亡”和“娶亡人及他人妻为妻”。其中，“阑亡”为秦时无符传私自越关逃亡罪，据秦律逃亡一年及以上科以耐刑；[⑥]“娶亡人及他人妻为妻”的犯罪行为应处以黥为城旦。最后秦律也应以吸收原则并罚两罪后论处男子乙“黥为城旦”。

材料二　《法律答问》简 5 上的答问载：

---

① 堀毅围绕《法律答问》简 166 上的这则答问论述了秦律“一人有数罪”的问题。参见〔日〕堀毅：《秦汉法制史论考》，萧红燕等译，第 376 页。

② 睡虎地秦墓竹简整理小组编：《睡虎地秦墓竹简》，第 132 页。

③ 岳麓秦简 188/1099、189/1087 上的秦令载：“十三年三月辛丑以来，取（娶）妇嫁女必参辨券。不券而讼，乃勿听，如廷律。前此令不券讼者，治之如内史律。谨布令，令黔首明智（知）。廷卒□。”据此可知，秦代婚姻关系需以“三辨券”为凭证，方可被官府认可。陈松长主编：《岳麓书院藏秦简（伍）》，上海，上海辞书出版社，2017 年版，第 130—131 页。

④ 据张家山汉简《二年律令》简 157 上的律文“吏民亡，盈卒岁，耐；不盈卒岁，系城旦舂”，吏民逃亡一年以上处以耐刑。张家山二四七号汉墓竹简整理小组编：《张家山汉墓竹简〔二四七号墓〕》（释文修订本），第 30 页。

⑤ 因简 169 残断，整理小组释读简文为“弗知者不☐”。据张家山汉简《奏谳书》案例四的内容及简 30—31 上所引的汉律律文：“律：取（娶）亡人为妻，黥为城旦，弗智（知），非有减也”，将此处释文补为“弗知者不减”。张家山二四七号汉墓竹简整理小组编：《张家山汉墓竹简〔二四七号墓〕》（释文修订本），第 31、94 页。

⑥ 据岳麓秦简 091/0185 上的秦律“阑亡盈十二月而得，耐。不盈十二月为将阳，系城旦舂”，秦时“阑亡”一年以上处以耐刑。陈松长主编：《岳麓书院藏秦简（肆）》，上海，上海辞书出版社，2015 年版，第 69 页。

人臣甲谋遣人妾乙盗主牛，买（卖），把钱偕邦亡，出徼，得，论各可（何）殹（也）？当城旦黥之，各畀主。①

以上这则案例中，奴隶甲谋划并派遣奴婢乙盗窃主人的牛，在盗窃牛并卖掉之后，他们一同携卖牛的赃款逃出秦国边境，在出关时被捕。据简文记载，甲与乙均被处以黥城旦刑，并被分别交还其主人，但是简文并未明指甲与乙经司法裁判犯有何罪。

从案例来看，奴隶甲与奴婢乙均犯有两罪且皆为俱发，其中甲犯有“谋遣乙盗牛”罪与“邦亡”罪，乙犯有“盗牛”罪与“邦亡”罪。据秦汉法律，甲“谋遣盗牛”与乙“盗牛”的犯罪行为皆为依据盗牛赃值论处，②又因一牛的价值在六百六十钱以上，③甲与乙应分别处以黥城旦舂。④ 他们所犯“邦亡”罪如何论处，可参见《法律答问》简 48：“告人曰邦亡，未出徼阑亡，告不审，论可（何）殹（也）？为告黥城旦不审。”⑤据这则答问，告人邦亡不审为告黥城旦不审，可知邦亡罪也应处以黥城旦刑。综上，奴隶甲并发两罪“谋遣乙盗牛”与“邦亡”应分别处以黥城旦，奴婢乙并发两罪“盗牛”与“邦亡”也应分别处以黥城旦，秦律应该是以吸收原则并罚甲与乙的两罪，因其所犯两罪处刑相等均为黥城旦，吸收并罚之后仍然科以黥城旦。又因他们身为奴隶、奴婢的身份，最后被分别归还于其主人。

材料三 《法律答问》简 131 上的答问载：

把其叚（假）以亡，得及自出，当为盗不当？自出，以亡论。其得，坐臧（赃）为盗；盗罪轻于亡，以亡论。⑥

---

① 睡虎地秦墓竹简整理小组编：《睡虎地秦墓竹简》，第 94 页。

② 根据张家山汉简《二年律令》竹简 57 上的律文：“谋遣人盗，若教人可（何）盗所，人即以其言□□□□□及智（知）人盗与分，皆与盗同法”，奴隶甲谋遣奴婢乙盗牛的行为应该按照“盗牛”罪的处罚方式论处。张家山二四七号汉墓竹简整理小组编：《张家山汉墓竹简〔二四七号墓〕》（释文修订本），第 16 页。

③ 据岳麓秦简 225/1244、226/1246＋1395 上的秦律：“贼律曰：为券书，少多其实，人户、马、牛〈一〉以上，羊、犬、彘二以上及诸误而可直（值）者过六百六十钱，皆为大误；误羊、犬、彘及直（值）不盈六百六十以下及为书而误、脱字为小误”，可知一头牛的价值大于六百六十钱。陈松长主编：《岳麓书院藏秦简（肆）》，第 142—143 页。

④ 据《二年律令》简 55—56 上的律文：“盗臧（赃）直（值）过六百六十钱，黥为城旦舂。六百六十到二百廿钱，完为城旦舂。不盈二百廿到百一十钱，耐为隶臣妾。不盈百一十钱到廿二钱，罚金四两。不盈廿二钱到一钱，罚金一两。”张家山二四七号汉墓竹简整理小组编：《张家山汉墓竹简〔二四七号墓〕》（释文修订本），第 16 页。

⑤ 睡虎地秦墓竹简整理小组编：《睡虎地秦墓竹简》，第 104 页。

⑥ 同上书，第 124 页。

这则案例中，行为人携带其借用的官府器物逃亡，司法裁判分为两种情况论处：一、若行为人向官府自首，则按照"亡"罪论处他的行为，不为"盗罪"；二、若行为人被官府逮捕，则其犯有"盗"罪与"亡"罪，若"盗"罪轻于"亡"罪，则以"亡"罪论处行为人。在第二种情况中，行为人携带借用的官府器物逃亡被捕，实际上实施了"盗罪"和"亡罪"这两个犯罪行为，并被官府同时发觉，按照吸收原则并罚两罪，以两罪中较重的罪论处刑罚。[①]

综上，睡虎地秦简《法律答问》的这些案例中，均为案件进入司法审理阶段之前，行为人的数罪同时被官府发觉，为并发数罪，司法判决依据吸收原则并罚数罪，以较重的罪刑论处行为人。

（二）前后发觉"实质数罪"

睡虎地秦简《法律答问》中也有案例，行为人的数罪并非为俱发，而是司法官吏对行为人的前发之罪已开始审理但尚未判决即"狱未断"时，行为人的其他罪行才发生或被官府发觉，即其数罪为前后发觉。[②] 下文将以这些简牍材料来分析秦汉刑法中前后发觉的"实质数罪"及其处罚原则。

1. 以吸收原则并罚的前后发觉"实质数罪"

材料一　《法律答问》简 109、108 以及简 111—112 上的两则答问中，为葆子犯前罪接受调查未判决前，再发后罪：

> "葆子狱未断而诬告人，其罪当刑为隶臣，勿刑，行其耐，有（又）毄（系）城旦六岁。"可（何）谓"当刑为隶臣"？（109）有收当耐未断，以当刑隶臣罪诬告人，是谓"当刑隶臣"。（108）[③]
>
> "葆子狱未断而诬[告人，其罪]当刑鬼薪，勿刑，行其耐，有（又）毄

---

① 参见〔日〕堀毅：《秦汉法制史论考》，萧红燕等译，第 368—391 页。

② 张传玺专题讨论了睡虎地秦简《法律答问》"狱未断"诸简的理解，他指出"狱未断"诸简均与"诬告反坐"有关，"狱未断"体现的法律逻辑为先行追究未决之罪并确定刑徒身份之后，再行诬告反坐的刑罚。详见张传玺：《睡虎地秦简〈法律答问〉"狱未断"诸条再释——兼论秦及汉初刑罚体系构造》，载中国政法大学法律古籍整理研究所编：《中国古代法律文献研究》（第十二辑），北京，社会科学文献出版社，2018 年版，第 120—172 页。秦汉法律文献中的"狱未断"为常用法律术语，表示犯罪行为被官府发现后已进入司法程序，但是尚未经判决论处罪刑的司法阶段。因此，法律用语"狱未断"与"狱已断"相对，如《法律答问》简 115："以乞鞫及为人乞鞫者，狱已断乃听，且未断犹听殹（也）？狱断乃听之。失鋈足，论可（何）殹（也）？如失刑罪。"睡虎地秦墓竹简整理小组编：《睡虎地秦墓竹简》，第 120 页。《法律答问》中有多个数罪案例，前发之罪"狱未断"时，后发之罪为诬告。由于犯罪人已因前罪被官府收押审理，在此刑事司法审判阶段，犯罪人也难以犯下其他罪行，诬告为常犯后罪也符合客观实际情况。

③ 睡虎地秦墓竹简整理小组编：《睡虎地秦墓竹简》，第 119 页。

(系)城旦六岁。"可(何)谓"当刑为鬼薪"?当耐为鬼薪未断,以当刑隶臣及(111)完城旦诬告人,是谓"当刑鬼薪"。(112)①

简108—109上的以上答问解释了何为葆子"当刑为隶臣":葆子犯前罪应当科以耐刑,在此罪尚未判决之前,葆子又以刑隶臣之罪诬告他人,依据秦汉律诬告反坐的刑法原则,对葆子诬告的后罪应处刑隶臣。② 葆子所犯两罪独立,分别应处以"耐"与"刑隶臣",因刑罚"刑隶臣"重于"耐",秦律应该是以吸收原则并罚两罪对葆子处以"刑为隶臣"的刑罚。③ 又因葆子身份特殊受法律优待,④据答问"勿刑,行其耐,有(又)系城旦六岁",并不对葆子执行"刑隶臣"的肉刑刑罚,实际执行耐隶臣加城旦劳作六岁的刑罚。

简111—112上的这则答问解释了何为葆子"当刑鬼薪":葆子犯前罪应该处以耐为鬼薪,此罪尚未判决之前,又以刑隶臣或完城旦之罪诬告他人,依据秦律诬告反坐的原则,对葆子的诬告后罪应处以刑隶臣或完城旦。⑤最后,对葆子处以"刑鬼薪",应该是并罚"耐为鬼薪"与"刑隶臣"的结果。⑥这个案例中的两罪并罚与上文所举的例子有所不同,因肉刑中"刑"重于"耐",劳役刑中"鬼薪"重于"隶臣",无法以一罪的刑罚完全吸收另一罪的刑罚,分别取两罪中肉刑和劳役刑中的重刑对葆子并罚科以"刑鬼薪"。因葆子的身份特殊,据答问"刑勿刑,行其耐,有(又)系城旦六岁",并不对葆子执行"刑鬼薪"的肉刑刑罚,实际上执行耐鬼薪加系城旦六岁的刑罚。

材料二 《法律答问》简50的答问载:

上造甲盗一羊,狱未断,诬人曰盗一猪,论可(何)殴(也)?当完城旦。⑦

① 睡虎地秦墓竹简整理小组编:《睡虎地秦墓竹简》,第120页。

② 《二年律令》简126上的律规定:"诬告人以死罪,黥为城旦舂;它各反其罪。"诬告反坐,即对诬告者反坐施加诬告的罪。张家山二四七号汉墓竹简整理小组编:《张家山汉墓竹简〔二四七号墓〕》(释文修订本),第26页。

③ 宫宅洁以这两则问答为材料,分析认为"刑鬼薪"和"刑隶臣"这两个刑罚在秦汉时实际上并不执行,它们并非当时法律中正规的刑名。参见〔日〕宫宅洁:《中国古代刑制史研究》,杨振红、单印飞、王安宇、魏永康译,桂林,广西师范大学出版社,2016年版,第102—103页。

④ 关于葆子身份地位的研究,参见张兆凯:《任子制新探》,《中国史研究》1996年第1期;张政烺:《秦律"葆子"释义》,载杨一凡总主编、马小红主编:《中国法制史考证》甲编第二卷《历代法制考·战国秦法制考》,北京,中国社会科学出版社,2003年版,第99—105页。

⑤ 此处对"以当刑隶臣及完城旦诬告人"简文的理解,参见〔日〕宫宅洁:《中国古代刑制史研究》,杨振红、单印飞、王安宇、魏永康译,第103页。

⑥ 因这则案例中两罪并罚后的刑罚为"刑鬼薪",可以推知这并非是前罪"耐为鬼薪"与诬告后罪"完城旦"并罚的结果,"城旦"是秦汉法律中最重的劳役刑,无论是以吸收原则或是以并科原则并罚,"城旦"劳役刑在数罪并罚之后都应该仍需要判定。

⑦ 睡虎地秦墓竹简整理小组编:《睡虎地秦墓竹简》,第105页。

上造甲盗一羊，按律应处以完城旦，[①]此罪尚未审断，甲又诬告人盗一猪，对其诬告后罪，应依反坐盗猪罪对其处以完城旦。据此则答问，秦律以完城旦论处甲，这应该也是以吸收原则来并罚两罪的结果，因甲所犯两罪刑罚均为"完城旦"，并罚后刑罚仍然为完城旦。

2. 以并科原则并罚的前后发觉"实质数罪"

材料一　《法律答问》简49上的答问：

> 诬人盗直(值)廿，未断，有(又)有它盗，直(值)百，乃后觉，当并臧(赃)以论，且行真罪、有(又)以诬人论？当赀二甲一盾。[②]

在这则案例中，行为人诬告他人盗窃赃值二十钱，据秦律诬告反坐原则，应对其诬告行为处以赀一盾。此案件尚未判决，行为人的盗窃行为又经发觉，赃值为一百钱，据秦律应处以赀二甲的罚金刑，最后法律对其两罪并罚科以二甲一盾。由此来看，这并非以提问中的并赃方式论处行为人的，因诬告他人盗窃的赃值二十钱和犯罪人本人盗窃的赃值一百钱合计为一百二十钱，若依秦律应对行为人处以耐为隶臣妾。

秦律应该是将其诬告与盗窃两罪分别科以赀一盾与赀二甲，以并科原则累加两罪赃值的结果。值得注意的是，这与上文提及的依吸收原则并罚数罪的方式有所不同，或许是因为案例中行为人所犯两罪的刑罚均为财产刑，财产刑的性质与劳役刑、肉刑有所不同，于是以并科的方式并罚两罪。

通过以上分析可知，如行为人并发以及前后发觉的实质数罪刑罚为肉刑或者劳役刑，秦汉法律均以吸收原则并罚数罪并执行刑罚。也就是说，行为人的前后两罪是否并发并不影响其数罪的科刑。[③] 前引《春秋公羊传》

---

① 一羊与一猪的价值可参考前引岳麓秦简225/1244、226/1246＋1395上的秦律。根据律文，两头羊或两头猪的价值超过六百六十钱，且一头羊或者一头猪的价值在六百六十钱以下。可知，一头羊或者一头猪的价格超过三百三十钱且在六百六十钱以内，根据其赃值，对盗窃一头羊或一头猪的行为应处以完城旦刑。陈松长主编：《岳麓书院藏秦简(肆)》，第142—143页。

② 睡虎地秦墓竹简整理小组编：《睡虎地秦墓竹简》，第105页。

③ 《唐律·名例律》第45条"二罪以上俱发"规定："诸二罪以上俱发，以重者论；若一罪先发，已经论决，余罪后发，其轻若等，勿论；重者更论之，通计前罪，以充后数。"(唐)长孙无忌等撰：《唐律疏议》，刘俊文点校，北京，中华书局，1983年版，第123—124页。戴炎辉认为，唐律中的"二罪以上俱发"乃是针对以下两种情况：一为非应累断之甲乙二罪同时发觉；二为甲罪先发觉，乙罪虽为后发，但其行为时在甲罪发觉以前。参见戴炎辉：《唐律通论》，台北，元照出版公司，2010年版，第400页。

“庄公十年”何休解诂以及张家山汉简《二年律令》简 99 上的律文“一人有数罪也,以其重罪罪之”,应该是概括了秦汉法律以吸收原则对这两种形态的实质数罪进行数罪并罚的情况。

第三节　简牍所见秦汉刑法中的一罪形态及其处罚原则

在秦汉刑法中,如果行为人实施一个犯罪行为,且只触犯一条刑法条文,被认定为一罪,按照罪名科以刑罚。秦汉刑法中也存在有以下犯罪形态,即行为人虽然只实施了一个犯罪行为,却触犯了数条刑法条文。下文拟对秦汉法律中触犯数个刑法条文的一罪及其处罚原则进行归纳与分析。

(一)“牵连犯”及处罚原则

材料一　《法律答问》简 29 上的答问:

> 士五(伍)甲盗一羊,羊颈有索,索直(值)一钱,问可(何)论?甲意所盗羊殹(也),而索系羊,甲即牵羊去,议不为过羊。[①]

在这则问答中,士伍甲意图盗羊,因羊颈部系有绳索,甲牵羊而去的盗羊行为也就附带了盗窃绳索的行为,秦律处理方式为“议不为过羊”,即以盗窃羊的行为来对士伍甲议罪。

桂齐逊认为,这则答问中的甲犯有盗羊罪和盗窃绳索罪,采取了数罪并罚中的“吸收原则”论处甲盗羊罪。[②] 但是,从答问来看,秦律实则根据“甲意所盗羊”的犯罪意图只论处了甲的盗羊罪,并不追究甲盗窃绳索的行为。如栗劲所言,案例中甲盗羊的行为类似于现代刑法中的“牵连犯”,指行为人以实施某一犯罪为目的,但是其犯罪方法行为或者结果行为又触犯了其他的罪名,对此秦律认定为一罪,依照其意图犯罪的行为论处。[③]

(二)“想象竞合犯”及处罚原则

材料一　岳麓秦简 1750 和 1695,简 1717 和 0833 以及简 1732 和 1723

---

① 睡虎地秦墓竹简整理小组编:《睡虎地秦墓竹简》,第 100 页。

② 桂齐逊:《唐律关于“二罪以上俱发”等相关规范试析》,《华冈文科学报》2002 年总第 25 期。

③ 栗劲:《秦律通论》,第 221 页。

上的三条秦律内容分别如下：

▨以所受财及其贵钱〈贱〉贾（价），与盗同（237/1750）法。为请，治者为枉事，得，皆耐，其罪重于耐者，以重者论。（238/1695）①

治狱者亲及所智（知）弗与同居，以狱事故受人酒肉食，弗为请而谩（244/1717）[谓]已为请，以盗律论，为请治者，治者为枉事，得，皆耐，其罪重于耐者，以重者论。（245/0833）②

治狱受人财酒肉食，叚（假）貣人钱金它物及有卖（246/1732）买焉而故少及多其贾（价），以其故论狱不直，不直罪重，以不直律论之，不直罪轻，以赃论之。（247/1723）③

上述三条秦律皆为规范刑事案件审理过程中治狱官吏因狱事缘故接受犯罪人亲友酒肉、食物及财产而致枉法裁判的犯罪行为。由以上第一条秦律可知，官吏治狱中受财的行为可依据“与盗同法”论处，即按照盗罪的处罚方式根据收受财物的赃值对犯罪人科刑。④ 律文接下来规定，治狱者因犯罪人亲友请求的缘故枉法行事，被捕后处以耐刑。因此，司法官吏受赃为枉事的犯罪行为据律可以分别判处“与盗同法”罪与“耐”罪，又据“其罪重于耐者，以重者论”，以两者中的重罪论处。第二条秦律措辞稍有不同，但其内容与第一条秦律规定相似。由第三条律可知，治狱官吏收受赃物故意枉法裁判案件的行为，除可依上文提到的“与盗同法”论处之外，也可依此条律文规定的“故论狱不直罪”论处，又据“不直罪轻，以赃论之”，即以两罪中的重罪论处。

综上可见，秦代司法官吏在治狱过程中“受赃枉法（事）”的行为类似于现代刑法中的“想象竞合犯”，为犯罪人的一个犯罪行为触犯了数个罪名的犯罪形态，秦代刑法对想象竞合犯依照行为所触犯的数个罪名中法定刑较重的犯罪行为定罪量刑，并不施行数罪并罚。

材料二　张家山汉简《二年律令》竹简 60 的律：

受赇以枉法，及行赇者，皆坐其臧（赃）为盗。罪重于盗者，以重者

---

① 陈松长主编：《岳麓书院藏秦简（伍）》，上海，上海辞书出版社，2017 年版，第 147 页。

② 同上书，第 149—150 页。

③ 同上书，第 150 页。

④ 支强指出，“与盗同法”的意思为某犯罪行为的论处方式与“盗”罪的论处方式相同。参见支强：《秦律用语与律义内涵》，载徐世虹等：《秦律研究》，武汉，武汉大学出版社，2017 年版，第 207—216 页。

论之。[①]

类似于上揭秦律，此条汉律规定受贿枉法裁判之官吏以及行贿之人可依据“坐赃为盗”论处。[②] 并且，法律规定如果其行为还触犯重于盗罪的其他罪，则以重罪论处。司法官吏受贿枉法裁判的行为还违反了《二年律令》简 93—95 上的法律规定：

> 鞫狱故纵、不直，及诊、报、辟故弗穷审者，死罪，斩左止（趾）为城旦，它各以其罪论之。其当系城旦舂，作官府偿日者，(93)罚岁金八两；不盈岁者，罚金四两。(94)□□□□两，购、没入、负偿，各以其直（值）数负之。其受赇者，驾（加）其罪二等。所予臧（赃）罪重，以重者论之，亦驾（加）二等。(95)[③]

此条汉律规定，司法官吏在审理案件时故意放纵罪犯的罪刑或加重其罪刑，以及官吏在司法调查取证、案件审理、案件结果报告过程中故意不尽责审理，将按照反坐的原则对官吏处以刑罚。如果官吏在枉法裁判法行为中还收受贿赂，还需在原应处刑的基础上再加两等判处刑罚。因据简 60 上的律文规定，受贿枉法裁判的行为也可以“与盗同法”论处，这条律接下来规定，如果受贿枉法裁判的行为依据受赃数额定罪更重，则以赃罪论处，并且在此基础上加刑两等。

南玉泉将汉代“受赃枉法”的犯罪行为归于牵连犯的犯罪形态。[④] 但根据上引两条法律，汉代司法官吏的“受贿枉法”行为分别违犯了简 60 和简 93—95 的两条法律，类似现代刑法理论中的“想象竞合犯”，即一个犯罪行为触犯数个刑法条文，汉律以行为所触犯较重犯罪的法定刑论处行为人。将汉律中对“受贿枉法”行为的处罚与前引秦律中的“受赃枉法（事）”进行比较，汉律对想象竞合犯的认定与处罚方式与秦律相同，应是承袭于秦律。

---

① 张家山二四七号汉墓竹简整理小组编：《张家山汉墓竹简〔二四七号墓〕》（释文修订本），第 16 页。

② 支强解释认为，“坐赃为盗”意为某种犯罪行为的处罚以其涉案的财物价值为连接点，将此种犯罪行为归为“盗”罪，适用盗罪的法律论处。参见支强：《秦律用语与律义内涵》，载徐世虹等：《秦律研究》，第 217—224 页。

③ 张家山二四七号汉墓竹简整理小组编：《张家山汉墓竹简〔二四七号墓〕》（释文修订本），第 22 页。

④ 参见南玉泉：《汉唐律的罪数与处罚》，载张中秋编：《理性与智慧——中国法律传统再讨论》（中国法律史学会 2007 年国际学术研讨会文集），第 242—243 页。

第四节　简牍所见秦汉刑法中应排除为数罪的行为及其处罚原则

上文根据秦汉出土简牍所见材料，分析了秦汉刑法中的各种罪数形态及其处罚原则。然而在秦汉法律中，也有某些犯罪形态因为涉及犯罪人的数个犯罪行为或是行政违法行为，容易与数罪产生混淆，甚至被误认为是数罪进行并罚论处。下文拟分析秦汉刑法中应排除为数罪的犯罪形态及其处罚原则，通过此类分析也可以更为清晰、准确地理解秦汉刑法认定数罪的标准与处罚的方式。

（一）再犯及处罚原则

在秦汉法律中，若行为人犯有一罪并经判决之后，又犯有其他罪行，这种犯罪形态相当于现代刑法中的“再犯”，而非数罪。秦汉法律对“再犯”如何论处并执行刑罚也已经有详尽、具体的规定。张家山汉简《二年律令》简88以及简90—91上的两条律分别规定了对前罪已经判决的行为人再犯黥罪与耐罪如何加重刑罚来论处：

有罪当黥，故黥者劓之，故劓者斩左止（趾），斩左止（趾）者斩右止（趾），斩右止（趾）者府（腐）之。(88)①

有罪当耐，其法不名耐者，庶人以上耐为司寇，司寇耐为隶臣妾。隶臣妾及收人有耐罪，系城旦舂六岁；系日未备而复有耐罪，完(90)为城旦舂。城旦舂有罪耐以上，黥之。(91)②

根据简88上的汉律，犯罪者的犯罪行为经刑事司法判决应处以黥刑，对之前因犯罪已经处以黥刑的犯罪人加刑，科以劓刑；对已经处以劓刑的犯罪人加刑，科以斩左趾；对已经处以斩左趾刑的犯罪人加刑，科以斩右趾，对已经处以斩右趾的犯罪人加刑，科以腐刑。③

---

① 张家山二四七号汉墓竹简整理小组编：《张家山汉墓竹简〔二四七号墓〕》（释文修订本），第21页。

② 同上。

③ 关于秦汉时期肉刑和劳役刑的各类刑罚及其排序，参见〔日〕冨谷至：《秦汉刑罚制度研究》，柴生芳、朱恒晔译，桂林，广西师范大学出版社，2006年版，第8—31页。

根据简90—91上的律文，犯罪者的犯罪行为经司法判决后应处以耐刑，如法律未明言如何执行耐刑，对之前未有犯罪行为的庶人及以上者科以耐为司寇；而对之前因犯罪已经处以司寇的犯罪人加刑，科以耐为隶臣妾；对已经处以隶臣妾的犯罪人在保持其隶臣妾身份的基础上加刑，科以系城旦舂六年；对已经处以系城旦舂六年的犯罪人拘禁期满内再犯耐罪加刑，科以完为城旦舂；对已经处以完城旦舂的犯罪人加刑，科以黥城旦舂。①

《法律答问》简117、简118、简119以及简120上所以下四则问答分别记载了关于再犯的案例：

> 当耐司寇而以耐隶臣诬人，可(何)论？当耐为隶臣。当耐为侯(候)罪诬人，可(何)论？当耐为司寇。(117)②
>
> 当耐为隶臣，以司寇诬人，可(何)论？当耐为隶臣，有(又)系城旦舂六岁。(118)③
>
> 完城旦以黥城旦诬人。可(何)论？当黥。(119)④
>
> 当黥城旦而以完城旦诬人，可(何)论？当黥劓。(120)⑤

学者们对这几则《法律答问》所案例中的犯罪行为及处罚原则有所讨论，但结论并不一致。栗劲认为简118的问答中，犯罪者已处以耐为隶臣的刑罚，又犯以“耐为司寇”或“完为司寇”诬告人，秦律是采取数罪并罚的“限制加重”原则来判决犯罪者，即“耐为隶臣，又系城旦舂六岁”。⑥ 桂齐逊认为简119上的案例中，犯罪者已处完为城旦，再以黥城旦之罪诬告人，对犯罪者处以“黥城旦”，乃数罪并罚的“吸收原则”。⑦ 南玉泉指出，简117和118的答问讨论了数罪问题，秦律对新罪的处罚有时采用吸收，有时采用加

---

① 关于《二年律令》简90—91的理解，参见〔日〕宫宅洁：《中国古代刑制史研究》，杨振红、单印飞、王安宇、魏永康译，第71—72页；另见杨颉慧：《张家山汉简中“隶臣妾”身份探讨》，《中原文物》2004年第1期。

② 本文将不讨论简117上的后部分简文“当耐为侯(候)罪诬人，可(何)论？当耐为司寇”。因《法律答问》简118、简119和简120的简文表述行为人犯诬告罪所用的句式均为“(当)……以……诬人”，简117上的“当耐为候罪诬人”或存在脱文，据文义或为“当耐为候罪以耐为司寇诬人”。睡虎地秦墓竹简整理小组编：《睡虎地秦墓竹简》，第121页。

③ 同上。

④ 同上。

⑤ 同上书，第122页。

⑥ 参见栗劲：《秦律通论》，第221页。

⑦ 参见桂齐逊：《唐律关于“二罪以上俱发”等相关规范试析》，《华冈文科学报》2002年总第25期。

重原则。与秦律相比,汉律对新罪则完全采用加重原则。① 虽然各位学者所持观点有所不同,但是他们普遍认为以上四则答问所载案例中的行为人都犯有数罪,秦律是依据数罪并罚的原则对他们处刑。

宫宅洁的观点有所不同,他认为《法律答问》简 117 是针对耐为司寇刑徒再犯应该处耐为隶臣妾罪的情况,简 118 是针对耐为隶臣妾再犯应该处耐为司寇的情况。② 就案例内容分析,如宫宅洁所言,上述案例中的犯罪行为在秦律中并非是以数罪来论处的。这些案例与上揭张家山汉简《二年律令》简 88 的律文中均出现了"当"这一法律术语,在秦汉法律中"当"意指司法官吏在经过案件审理后判决犯罪者犯有何罪并应当处以何种刑罚。③ 如简 117 上的"当耐司寇而以耐隶臣诬人"即为犯罪人前罪已经审理判决处以耐为司寇,而后再犯以耐隶臣之罪诬告他人。相较之下,前文讨论的《法律答问》简 109 和 108、简 111—112、简 50 以及简 49 上的简文所载前后发觉数罪案例中均出现了"未断"的法律术语,即前罪未经判决即发生后罪。

如上举《二年律令》简 88 以及简 90—91 上的两条汉律所示,对于前罪已经司法判决之后发生后罪,秦汉刑法并不将其认定为数罪类型,而是认定为"再犯"以加刑论处。《法律答问》这几则案例中,均为犯罪人的前罪已经司法审理论处之后,而后再犯其他罪,这样的犯罪形态也应认定为再犯。

《法律答问》简 117 上的这则案例中,犯罪人前罪处以耐为司寇,又以耐隶臣之罪诬告他人,秦律对已处耐为司寇的犯罪人加刑科以耐为隶臣。简 118 的案例中,犯罪人前罪处以为耐为隶臣,又以司寇之罪即耐为司寇之罪诬告人,秦律对已处耐为隶臣的犯罪人加刑科以耐为隶臣加系城旦舂六岁。简 119 的案例中,犯罪人前罪处以完城旦,再以黥城旦之罪诬告人,对已处完城旦的犯罪人加刑科以黥城旦。简 120 的案例中,犯罪人前罪处以黥城旦,再以完城旦之罪诬告人,秦律对已处黥城旦的犯罪人加刑处以黥劓城旦。

由以上分析可见,秦汉刑法中的再犯虽然也涉及行为人的数个犯罪行为,但是与上文讨论的数罪形态有所区别,两者的区别即在于前罪与后罪的发生期间有所不同:行为人的前罪经过判决后,才发生后罪,法律认定为再

---

① 参见南玉泉:《汉唐律的罪数与处罚》,载张中秋编:《理性与智慧——中国法律传统再讨论》(中国法律史学会 2007 年国际学术研讨会文集),第 240—241 页。

② 〔日〕宫宅洁:《中国古代刑制史研究》,杨振红、单印飞、王安宇、魏永康译,第 70—71 页。

③ 关"当"的解释,参见〔日〕冨谷至:《秦汉刑罚制度研究》,柴生芳、朱恒晔译,第 18 页;万荣:《秦与汉初刑事诉讼程序中的判决:"论"、"当"、"报"》,载武汉大学简帛研究中心主编:《简帛》(第十一辑),上海,上海古籍出版社,2015 年版,第 144—150 页。

犯的犯罪形态；前罪判决之前，后罪已经被发现或者已经发生，法律认定为数罪的犯罪形态。因“再犯”与“数罪”的犯罪性质不同，两者的处罚原则也有所不同。秦汉法律对再犯加刑论处，这相较以吸收原则并罚数罪的处罚方式更为严苛，其原因在于相较初犯或者是犯有数罪的行为人，再犯行为人是在犯下前罪并经判决定罪量刑之后，并未有所悔改又犯下他罪，其人身危险性和社会危害性显然更大，法律规定对再犯的行为从严处罚，有利于实现刑法犯罪惩罚与犯罪预防的功能。①

（二）行政过误行为的“累论”及处罚原则

岳麓秦简《为狱等状四种》中的案例六“暨过误失坐官案”涉及“过误失坐官是否累论”的问题。整理小组注释：“累论，与后文‘相遝’相对，二者所指为现代法学所谓‘罪数问题’，即同一行为人所实施的（多种）行为应以一罪处理还是作为数罪处理。相遝，罪状相及、相关，罪状相关的‘过误失’都合并为一罪，仅判一刑；累论，积累论罪，即每一行为算一罪并判一刑，也就是将多种‘过误失’作为数罪处理。”②另外，其他学者也以此案例为材料来讨论秦代刑法中的数罪问题。③

《岳麓书院藏秦简（叁）》案例六“暨过误失坐官案”释文如下：

> 敢谳之：□暨自言曰：邦尉下(?)□更(?)戍令(?)，□误(?)弗传邦侯；女子蓄马一匹，买(卖)卿(乡)遣以羸(累)论暨。此过误失及坐官毄

---

① 唐律中对“再犯”的犯罪形态及其处罚也有详尽的规定，唐律中称为“更犯”。《唐律·名例》第二十九条“更犯”条规定：“诸犯罪已发及已配而更为罪者，各重其事。”（唐）长孙无忌等撰：《唐律疏议》，刘俊文点校，第 79 页。戴炎辉认为，唐律更犯针对的是前罪之刑已经开始执行的情况，若前罪之刑已经执行完毕则不为更犯。唐律对更犯以并科原则处刑，但是对于具有特殊性质的再犯，则采取加刑主义的方式加重本罪。参见戴炎辉：《唐律通论》，第 292—296 页。

② 朱汉民、陈松长主编：《岳麓书院藏秦简（叁）》，上海，上海辞书出版社，2013 年版，第 149—150 页。

③ 张伯元指出，“暨过误失坐官案”中体现了“累论”与数罪并罚的问题，具有代表性。并且，从这则案例来看，虽然秦律中尚未形成“数罪并罚”的制度，但秦的罪数理论影响了汉律及后代法律的适用。参见张伯元：《“累论”与数罪并罚》，载中国政法大学法律古籍整理研究所编：《中国古代法律文献研究》（第八辑），北京，社会科学文献出版社，2014 年版，第 49—54 页。陈松长、温俊萍以“暨过误失坐官案”讨论了秦律中关于罪数处罚所运用的“累论”与“相遝”两种方式。陈松长、温俊萍：《论秦律的罪数处罚——以“岳麓书院藏秦简”为中心》，载杨振红、邬文玲主编：《简帛研究》（二〇一六秋冬卷），桂林：广西师范大学出版社，2017 年版，第 80—85 页。苏俊林也认为，此案件中，“暨”犯了秦吏员的职务罪。他指出，“无论是‘累论’还是‘相遝’，都将面临诸多司法和政治困境。严刑主义的秦政府，更倾向于对职务罪进行‘累论’。对职务罪‘累论’的长期执行，必将对基层吏治带来重大冲击”。参见苏俊林：《岳麓秦简〈暨过误失坐官案〉的议罪与量刑》，《史学月刊》2019 年第 8 期。

(也)。相沓,羸(纍)论重,谒灋(谳)。[……]权;□谿卿(乡)仓天窻(窗)容鸟;公士豕田橘,将阳,未㡿(斥)自出,当复田橘,官令戍,录弗得;走偃未当傅,官傅未得;除销史丹为江陵史,□未定(?);与从事廿一库计,劾缪(谬)弩百。凡八劾。

[……]视□狱:□□年□月己未劾不传(?)戍(?)令;其七月丁亥劾干;其八月癸丑劾非毄(系);其辛未劾窻(窗);其丁丑劾偃;廼十月己酉暨坐丹论一甲;其乙亥劾弩。言夬(决),相沓,不羸(累)。它如暨言。

却曰:不当相沓。

暨言如前。

诘暨:羸(累)论有令,可(何)故曰羸(累)重? 可(何)解?

暨曰:不幸过误失,坐官弗得,非敢端犯法令,赴隧以成私殹(也)。此以曰羸(累)重。毋(无)它解。它如前。

问如辞。

鞫之:暨坐八劾:小犯令二,大误一,坐官、小误五。巳(已)论一甲,余未论,皆相沓。审。

疑暨不当羸(纍)论。它县论。敢谳之。

吏议:赀暨一甲,勿羸(累)。①

根据这个案例内容来看,"暨"应为江陵县丞,②他共计被八次举劾:一、邦尉发出戍令后未传送邦侯;二、女子养马一匹,违法卖(?);三、谷乡粮仓的天窗大可容鸟;四、公士豕种橘将阳而亡,自首复出后应令其戍,官府未予记录;五、走偃不应傅籍而傅籍,未被官府发觉;六、任命销县史丹为江陵县史,尚未录于官籍即开始任事;七、官府库计,弩少一百;八、官府库计,箭不对数。最初县廷认定应对暨的八次举劾"累论",即累加并论。

暨认为这些行为并非故意违犯法令以成私利,属于执行公务过程中所犯下的过误且这些过误皆"相遝",即相互关联,因此不应被"累论"。于是暨向郡级司法机构申请审理此案,此案后经郡廷讨论,郡吏认为暨的八次举劾

① 陈松长主编:《岳麓书院藏秦简(壹—叁)释文修订本》,上海,上海辞书出版社,2018 年版,第 148—151 页。

② 德国学者劳武利(Ulrich Lau)和史达(Thies Staack)认为"暨"很可能是《为狱等状四种》案例三秦简 60 的简文中所提到的"江陵丞暨",参见 Ulrich Lau and Thies Staack:*Legal Practice in the Formative Stages of the Chinese Empire*:*An Annotated Translation of the Exemplary Qin Criminal Cases from the Yuelu Academy Collection*,Leiden:Brill,2016,pp. 174 - 187。

中，犯有两次小犯令、一次大误以及五次坐官小误，这些过误彼此“相遝”不应“累论”，改为对暨赀罚一甲。

与岳麓秦简《为狱等状四种》及张家山汉简《奏谳书》中收录的其他秦汉案例相较，“暨过误失坐官案”的性质有所不同。① 《奏谳书》与《为狱等状四种》中的其他案例虽各有特点，编撰目的也有不同，但是这些案例均为刑事意义上的犯罪案件。② 不同于这些刑事犯罪案例，“暨过误失坐官案”中的“暨”并未犯下刑事意义的“罪”，而是在为官治事过程中犯有“小犯令、大误以及坐官小误”，其性质是官吏处理行政事务时犯下的过误行为。如《法律答问》简 144 上的答问与“小犯令”相关：

> 郡县除佐，事它郡县而不视其事者，可(何)论？以小犯令论。③

根据以上答问，秦郡县任命官佐，官佐处理其他郡县事务而没有视察本郡县的事务，秦律将以“小犯令”论处。显然，此律中的“小犯令”行为也指官吏在处理行政事务时犯下的过误。

此外，秦律视官吏“犯令”的具体情况来决定是否对其犯下的行政过误进行累论处罚。如睡虎地秦简《效律》简 1 上的律规定：

> 为都官及县效律：其有赢、不备，物直(值)之，以其贾(价)多者罪之，勿赢(纍)。④

---

① 关于张家山汉简《奏谳书》以及岳麓秦简《为狱等状四种》案例的分类分析，参见 Ulrich Lau and Michael Lüdke: *Exemplarische Rechtsfälle vom Beginn der Han-Dynastie: Eine Kommentierte Übersetzung des Zouyanshu aus Zhangjiashan/Provinz Hubei*, Tokyo: Research Institute for Languages and Cultures of Asia and Africa (ILCAA), Tokyo University of Foreign Studies, 2012, pp. 39-55；以及 Ulrich Lau and Thies Staack, *Legal Practice in the Formative Stages of the Chinese Empire: An Annotated Translation of the Exemplary Qin Criminal Cases from the Yuelu Academy Collection*, pp. 45-67。

② 首先，分析岳麓秦简《为狱等状四种》中的案例：案例一、案例二、案例五及案例七的文中有“疑某罪”、案例三的文中有“猩、敞知盗分赃罪”，案例四的文中有“罪芮”，案例八的文中有“譊、妘刑杀人罪”、案例九的文中有为“同、显盗杀人罪”，案例十的文中有“罪，毋解”，案例十一的文中有“得之乞鞫不审，罪也”，案例十二的文中有为“田乞鞫不审”，案例十三简文残缺不易判断，案例十四的内容为“学为伪书罪”，案例十五的内容为“绾等畏耎还走罪”。另外，张家山汉简《奏谳书》中的案例一至案例十三的文中均出现了“疑(某)罪”，案例十四的文中有“罪，以此当平”，案例十五的文中出现“罪，它如书”，案例十六的文中有“罪，毋解”，案例十七为“讲盗牛”乞鞫案，案例十八的文中有“毋以解之，罪”，案例十九的文中有“为君、夫人治食不谨，罪死”，案例二十的文中有“有白徒罪二，此以完为倡”，案例二十一的文中“欺生夫，谁与欺死夫罪重”，案例二十二的文中“前匿弗言，罪”。

③ 睡虎地秦墓竹简整理小组编：《睡虎地秦墓竹简》，第 127 页。

④ 同上书，第 69 页。

由此律可知，秦律中核查官府物资出现多余与不足的结果，应对各类物资估值，按照其中价值最高的物资对官吏予以处罚，而不是累计各类物资的价值来进行处罚。

据岳麓秦简《为狱等状四种》中的案例六“暨过误失坐官案”及上举秦律，秦汉法律中官吏执行公务过程中的过误行为与行为人的刑事犯罪行为性质有所不同，因此两者的处罚原则也有所不同。由睡虎地秦简与张家山汉简可知，秦汉法律对官吏的行政过误行为主要以赀罚与罚金的方式论处。① “暨过误失坐官案”中的司法官吏也正是以赀罚的方式来论处“暨”的八项行政过误。并且，秦汉法律根据官吏的各项行政过误行为是否“相遝”即行为之间是否互相联系来决定处罚的方式：如果行政过误行为之间相互联系，则以处罚相对较轻的并罚方式论处；如果行政过误行为之间没有联系，则以处罚较重的“累论”即累计叠加的方式论处。

第五节　秦汉刑法中的罪数形态理论

在中国刑法史的研究中，古代刑法的基本原则是一个重要的研究命题，富有研究意义。上文以秦汉罪数形态及其处罚原则为例研究了秦汉刑事法制文本中的重要原则。通过对秦汉出土简牍材料的分析可知，秦汉刑事立法与司法实践中已经根据犯罪行为的性质来确定犯罪行为的罪数形态，并且决定如何处刑：

第一，秦汉刑法中的“实质数罪”即行为人实施了数个犯罪行为，并且触犯数条刑法条文。按数罪发现时间，又可分为并发数罪与前后发觉数罪。秦汉刑法对此数罪并罚，由较重刑吸收较轻刑。但由于财产刑与劳役刑、肉刑的性质有所不同，犯罪人所犯下的数罪刑罚均为财产刑的情况下，秦汉法律并不以吸收原则来论处行为人，而是以并科原则来处罚行为人。

第二，在秦汉刑法中，“牵连犯”以及“想象竞合犯”均被视为“一罪”。“牵连犯”即行为人意图实施一个犯罪行为，但其犯罪的方法行为或者结果行为又触犯了其他罪名，秦汉法律据行为人意图实施的犯罪行为来对其定罪科刑。“想象竞合犯”即行为人实际上只施行了一个犯罪行为，却违反数个刑法条文，触犯数个罪名，秦汉法律采取从一重处罚的方式，只对行为人

---

① 参见徐世虹：《文献解读与秦汉律本体认识》，《“中央研究院”历史语言研究所集刊》2015年第86本第2分。

科以数个罪名中较重罪的刑罚。

第三，秦汉刑法中的“再犯”应与“数罪”有所区分，再犯为前罪已经判决，后罪才发生。因再犯行为人的人身危险性和社会危害性较大，秦汉刑法对再犯予以加刑处罚。

第四，因秦汉官吏在为官治事过程中非出于私利犯下的行政过误行为相较行为人犯下的犯罪行为，其性质不同，秦汉刑法对两者的处罚原则与方式相应也有所不同：刑法一般以赀罚或罚金的方式处罚官吏犯下的行政过误；并且对官吏犯下的多项行政过误行为，秦汉法律依据这些过误行为之间是否“相遝”即相互联系决定处罚的方式。

依据汉代传世文献记，秦代刑事法律多给人以暴虐与残酷之印象，并且刑罚的残虐及民心叛离正是导致秦帝国在统一天下十五年后迅速崩溃与灭亡的重要原因。如《汉书·刑法志》曰：

> 至于秦始皇，兼吞战国，遂毁先王之法，灭礼谊之官，专任刑罚，躬操文墨，昼断狱，自程决事，日县石之一。而奸邪并生，赭衣塞路，囹圄成市，天下愁怨，溃而叛之。①

再如沈家本在其辑佚汉律遗文完成的法史名著《汉律摭遗》序言中也指出：“始皇并天下，专任刑法，以刻削毋仁恩和义为宗旨。”②

但由本章依据出土简牍材料，对秦汉刑法文本中体现的罪数及处罚原则的研究来看，秦汉刑事立法与司法实践中对各种犯罪形态的认定与处罚都形成了相对固定的规则，并体现出较强的法律逻辑。尤其值得注意的是，秦汉法律以吸收原则进行数罪并罚，并且以从一重的方式处罚“想象竞合犯”，③这在一定程度上减轻了犯罪行为的刑罚，也体现了刑法在惩罚犯罪行为时的恤刑。这客观反映出中华帝国早期的法律尤其是秦代刑法与刑罚制度并非如汉代传世文献所展现的那样只有严苛暴虐的一面。从一定程度

① （汉）班固撰：《汉书》，第1096页。

② （清）沈家本撰：《历代刑法考》，邓经元、骈宇骞点校，第1365页。

③ 唐律中对一个犯罪行为触犯数个刑法条文的规定见于《唐律·名例律》第45条：“其一事分为二罪，罪法若等，则累论；罪法不等者，则以重法并满轻法。”（唐）长孙无忌等撰：《唐律疏议》，刘俊文点校，第127—128页。桂齐逊认为，唐律中“一事分为二罪”的犯罪形态类似于现代刑法中的“想象竞合犯”，唐律对主刑采取“累并”，即高度加重主义，对从刑或者其他特殊处分，则各遵本法。参见桂齐逊：《唐律关于“二罪以上俱发”等相关规范试析》，《华冈文科学报》2002年总第25期。与唐律相比，秦汉律对类似“想象竞合犯”的犯罪形态处罚有所不同，处罚方式更为轻缓，以吸收原则从一重罪论处。

上来说，秦帝国的构建与发展，在很大程度上应该可以归因于其较为完备、合理的律令体系及法律的有效实施，而后汉初又正是继承并发展了秦代的法律与行政制度。①

但是需要指出的是，由于文史资料缺乏，目前出土的秦汉法律简牍也只是冰山一角，绝非当时刑事法律的全貌，因此本章依据现有出土简牍资料开展的罪数问题研究，显然无法涵盖秦汉刑事法律中关于数罪形态分类及处罚方式的全部内容。地不爱宝，随着新简牍史料的不断发现与公布，期待未来可以有更多的资料来继续扩展并深化秦汉罪数形态理论方面的研究。

---

① 参见 A. F. P. Hulsewé:"Law as one of the Foundations of State Power in Early Imperial China,"in *Foundations and Limits of State Power in China*, edited by Stuart R. Scharm, London-Hong Kong: SOAS-Chinese University Press, 1987, pp. 11－32。

第四章　简牍所见秦汉刑事法制实施中的刑法传播

秦汉刑法的重要功能在于规范、引导与控制吏民的行为，以预防犯罪行为的发生，并且对犯罪行为处以刑罚。因吏民遵法守法需以知法为前提，刑法的公布与传播对刑法制度的有效实施具有重要意义。秦汉以刑法作为治国理政的工具，也就必须探求向吏民传布刑法的有效方式，将吏民纳入其刑事法律制度运行体系之内，以保障刑法的有效实施。本章将首先讨论先秦时期成文刑法的公布，以此了解春秋战国之际刑法功能的转变及其对秦汉刑法传播的影响。其次，本章将结合秦汉不同刑法规范的功能分析刑法的适用对象，并探究地域范围广阔的秦汉帝国如何向官吏与普通百姓分别传布刑法，以让刑法为吏民所周知。

第一节　先秦时期成文刑法的公布与传播

中国古代各朝历来重视法律的传播活动，一般由中央朝廷或者地方各级官府发布法律，法律的发布是历代统治者传播治国政策及官府政令的主要方式。[①] 回溯刑法的传播史，春秋战国成文刑法公布的历史对之后秦汉

① 参见徐燕斌：《中国古代法律传播史稿》，北京，中国社会科学出版社，2019 年版，第 4 页。许光县认为："中国古代法律的传播经历了从秘密到公开、由口头至文字的演进历程，并逐渐形成了国家传播、学者传播、民间传播等三条路径。国家传播以多样的形式、权威的内容在传统法律的传播中居于中心地位；而专制社会中的国家传播，其核心载体则是体现皇权至上、优先普通法律的君主诏书。"许光县：《中国古代法律传播模式研究——以国家传播为中心的考察》，《政法论坛》2011 年第 4 期。徐忠明讨论了明清国家如何进行法律宣传，实践中明清法律宣传的主要途径为：宣传国家的基本法令，张贴法律摘要、特别条例及各类告示，公布案件裁决以及宣传圣谕等方式。参见徐忠明：《明清国家的法律宣传：路径与意图》，《法制与社会发展》2010 年第 1 期。范忠信讨论了中国古代法律宣传教育制度，指出法律宣传的特点在于法的宣教与道德教化不分，表现出对人们道德教化和日常行为威慑约束的属性。参见范忠信：《中国古代法律宣教制度及其主要特征》，《河南省政法管理干部学院学报》2007 年第 4 期。

刑法传布的理念、方式等形成了重要的影响。下文将首先讨论先秦成文刑法的公布与传播。

西周文献中已有古代政府发布法律的记载。如《周礼·官天·大宰》载：

> 正月之吉，始和布治于邦国都鄙，乃县治象之法于象魏，使万民观治象。挟日而敛之。①

孙怡让正义曰：

> 正月，周之正月。吉谓朔日。大宰以正月朔日，布王治之事于天下，至正岁，又书而县于象魏，振木铎以徇之，使万民观焉。②

此外，《周礼》还有类似"悬法象魏"的多处记载。《周礼·地官·大司徒》载："正月之吉，始和布教于邦国都鄙，乃县教象之法于象魏，使万民观教象，挟日而敛之，乃施教法于邦国都鄙，使之各以教其所治民。"③又《周礼·夏官·大司马》载："正月之吉，始和布政于邦国都鄙，乃县政象之法于象魏，使万民观政象，挟日而敛之。"④另《周礼·秋官·大司寇》载："正月之吉，始和布刑于邦国都鄙，乃县刑象之法于象魏，使万民观刑象，挟日而敛之。"⑤

《周礼》的以上记载，即每年正月之吉日，万物始和，政府将国家的政治、教育、刑法等重要事项公布于邦国和都鄙，并且悬挂在宫阙大门之上，以使万民观读，十日后收起来。

因西周时仍为"非成文法"时代，学者对《周礼》中"悬法象魏"记载的真实性或年代问题提出了质疑。梁启超指出："《周官》称'悬法象魏'之文甚多，盖战国以后理想的制度耳。"⑥钱穆认为，"其实此所谓'布宪之义'，亦绝不甚古"，并指出："至于《周官》之'悬法象魏赋，使万民观'，此正近似吴起、商鞅城门置令之办法，而特重加以学者间之一番理想化。此岂周公之所制，又岂春秋前之所有乎？"⑦

---

① (清)孙诒让撰：《周礼正义》，王文锦、陈玉霞点校，北京，中华书局，1987年版，第117页。
② 同上。
③ 同上书，第751页。
④ 同上书，第2292页。
⑤ 同上书，第2755页。
⑥ 梁启超：《先秦政治思想史》，北京，东方出版社，1996年版，第62页。
⑦ 钱穆：《周官著作时代考》，载氏著：《两汉经学今古文平议》，北京，商务印书馆，2001年版，第374—376页。

而后至春秋战国时期，社会剧变，周天子式微，西周的封建分封制度逐步瓦解，各诸侯国开始制定并公布成文刑法，其目的即在于打破贵族阶层对法律知识的垄断，以让普通百姓了解刑法规定，知晓犯罪行为的相应惩罚。

《左传》载，公元前536年，"郑人铸刑鼎"，晋国大夫叔向致书郑国执政子产，反对"铸刑书"，其言曰"昔先王议事以制，不为刑辟，惧民之有争心也"，"铸刑书"则使得"民知有辟，则不忌于上。并有争心，以征于书，而儌幸以成之，弗可为矣"。① 从叔向的议论可知，刑法知识原为贵族阶层垄断，不向普通百姓公布，他们无从知晓法律的内容。尽管当时也有刑法规定，但是罪所对应的刑罚并不固定，贵族统治阶层在刑事司法裁判中享有很大的自由裁量权。

因此，春秋末期诸侯国通过"铸刑书""铸刑鼎"颁布刑法，"使刑书的内容流布，一般百姓于是得悉条文"，②打破了贵族阶层"临事议制"的刑事司法裁判方式，并以明文公布的刑法治民理政。正是从以上意义上来看，春秋末期公布刑法具有重要作用，这也标志着中国由习惯法时代迈入了成文法时代。③

至战国时期，各诸侯国陆续施行变法以富国强兵，向庶民公布刑法。④其典型者尤为秦昭王任用法家代表商鞅变法，以实施富国强兵的治国策略。商鞅看来，法律乃由君主制定，应向百姓公布、传播：

> 故圣人为法，必使之明白易知，名正，愚知遍能知之。⑤

为此，商鞅提出，应设置知晓法令的"主法令之吏"，并强调法律的权威性：

---

① 杨伯峻：《春秋左传注》，第1274—1275页。

② 邢义田：《秦汉的律令学》，载氏著：《治国安邦：法制、行政与军事》，北京，中华书局，2011年版，第11页。

③ 关于春秋末期"铸刑书""铸刑鼎"的法律史意义，参见郝铁川：《从多元立法权和司法权到一元立法权和司法权的转折——春秋时期"铸刑书"、"铸刑鼎"辨析》，《华东政法大学学报》2005年第5期；黄东海、范忠信：《春秋铸刑书刑鼎究竟昭示了什么巨变》，《法学杂志》2008年第2期。王沛则认为："春秋晚期铸造刑鼎争论的真正价值在于，它显示出宗族治理社会的模式行将崩溃，立法者的身份亟需重新界定，法令适用群体亟需超越宗族范围，此时宗族礼器及其铭文无法承更多的社会功能。这是法律治理模式的转变，而不是成文法律首次制定或公布的问题。宗族法令时代将结束，集权律令时代将到来，这才是铸刑鼎争议产生的原因，而铸刑鼎事件本身与法律公开问题并无关联。"王沛：《刑鼎、宗族法令与成文法公布——以两周铭文为基础的研究》，《中国社会科学》2019年第3期。

④ 关于战国前期各诸侯国的变法改革，参见杨宽：《战国史》，上海，上海人民出版社，2016年版，第203—229页。

⑤ 高亨注译：《商君书注译》，北京，中华书局，1974年版，第548页。

> 为法令置官吏，朴足以知法令之谓者，以为天下正，则奏天子。天子则各主法令之，皆降受命，发官。各主法令之民，敢忘行主法令之所谓之名，各以其所忘之法令名罪之。主法令之吏有迁徙物故，辄使学读法令所谓，为之程式，使日数而知法令之所谓；不中程，为法令以罪之。有敢剟定法令、损益一字以上，罪死不赦。①

秦国设置"法官"与"主法令之吏"，目的即在于"以吏为师"，以官吏教导普通百姓掌握法律规定，即所谓"行法令，明白易知，为置法官吏为之师，以道之知"。② 如此，则可使百姓通过法律来约束、规范他们的行为并避免犯罪，以达到"万民皆知所避就，避祸就福，而皆以自治也。故明主因治而终治之，故天下大治也"。③

战国时期的法家代表韩非子也强调向普通百姓公布法律，以法律来规范并引导庶民的行为。《韩非子》载："法者，编著之图籍，设之于官府，而布之于百姓者也"，因此，"法莫如显，而术不欲见。是以明主言法，则境内卑贱莫不闻知也，不独满于堂"。④ 由韩非子看来，法律应编纂为图籍存放于官府，法律由国家政府掌控、存放，并向百姓宣布。

春秋战国时期以来成文刑事法律的变革与公布，与当时的政治、社会历史背景关系密切，对君主治国理民的方式及社会政治秩序的改变产生了深远影响，对后来秦汉法律的发展也有重要历史意义。如邢义田指出：

> 先秦法家与律令之学都是春秋战国之际，社会、经济变动和集权官僚政治形成过程中的产物。集权官僚制是继封建制崩溃而起的新的政治形式，其目的在建立新的政治、社会和经济秩序。秩序的维系不再依赖封建宗法传统，而是公开明文的法律。法律的对象不再是封建领民，而是国君与官僚治下的编户齐民。先秦法家是新秩序的建构和辩护者。他们从经验中归纳出治国理民的原则，指导集权官僚政治进一步的发展。⑤

---

① 高亨注译：《商君书注译》，第 527 页。
② 同上书，第 548 页。
③ 同上。
④ （清）王先慎撰：《韩非子集解》，钟哲点校，北京，中华书局，1998 年版，第 380 页。
⑤ 邢义田：《秦汉的律令学》，载氏著：《治国安邦：法制、行政与军事》，第 22—23 页。

第二节　秦汉刑事法律的适用对象

汉代传世文献如《盐铁论》指出，秦汉法律烦冗、混杂，即便是当时的官吏也难以熟知遍晓，何况于普通百姓：

> 昔秦法繁于秋荼，而网密于凝脂。然而上下相遁，奸伪萌生，有司治之，若救烂扑焦，而不能禁；非网疏而罪漏，礼义废而刑罚任也。方今律令百有余篇，文章繁，罪名重，郡国用之疑惑，或浅或深，自吏明习者，不知所处，而况愚民！律令尘蠹于栈阁，吏不能遍睹，而况于愚民乎！此断狱所以滋众，而民犯禁滋多也。①

再如《汉书·刑法志》也对汉律冗杂繁多的现象有所记载，汉律令条文不断增多，以致典藏法律也颇为不便，官吏都无法遍读，甚至为官吏所滥用：

> 及至孝武即位，外事四夷之功、内盛耳目之好，征发烦数，百姓贫耗，穷民犯法，酷吏击断，奸轨不胜。于是招进张汤、赵禹之属，条定法令，作见知故纵、监临部主之法，缓深故之罪，急纵出之诛。其后奸猾巧法，转相比况，禁罔浸密。律令凡三百五十九章，大辟四百九条，千八百八十二事，死罪决事比万三千四百七十二事。文书盈于几阁，典者不能遍睹。是以郡国承用者驳，或罪同而论异。奸吏因缘为市，所欲活则傅生议，所欲陷则予死比，议者咸冤伤之。②

由出土法律简牍来看，如汉代传世文献反映，秦汉法律内容具体、完备，对国家行政以及社会生活的方方面面都有所规范。③ 秦汉法律繁复且艰涩

---

① 王利器校注：《盐铁论校注》，北京，中华书局，1992年版，第565—566页。

② （汉）班固撰：《汉书》，第1101页。

③ Anthony Hulsewé："Law as one of the Foundations of State Power in Early Imperial China," *in Foundations and Limits of State Power in China*, edited by S. R. Schram, London: SOAS-Chinese University Press, 1987, pp. 11 - 32.

难懂，那么是否所有的秦汉刑法规范都需为吏民所周知，并向他们传播呢？[①] 下文将首先分析秦汉刑法规范的语言特点与逻辑结构，进而在此基础上讨论刑法条文的适用对象及传播对象。

（一）秦汉刑法规范的语言特点与逻辑结构

李安敦与叶山分析了张家山汉简《二年律令》中汉律条文的语言特点与逻辑结构，以此来分析其适用对象。他们认为，秦汉法律供司法官吏阅读与使用，不需为普通百姓所周知。其原因在于：首先，汉律条文中不包含明显的条件从句，即"……则……"的句式结构未出现于律文中。这既异于秦汉时的书面用语，也异于英国成文法，法律中应由假设句规定假设情况（"如果"部分），再由归结句规定结果（"那么"部分）。其次，汉律中出现了大量的"命令"式用语，如"毋""勿"等词语，运用此种语法和修辞结构的汉律条文显然是适用于官吏而非庶民。[②] 综合分析，李安敦与叶山认为，汉律的功能为命令官吏在司法裁判中应如何对案件作出裁决或指导官吏如何履行职事。

借鉴以上论证方法，下文研究秦汉刑法的适用对象，将首先分析刑法条文的语言特点及逻辑结构。因刑法条文中包含了特定的法律术语、语言结构与法律评价要素，解析其文本结构将有助于理解刑法的逻辑与功能，以探讨其适用对象。

规范犯罪行为及其刑罚的秦汉刑法条文一般具有固定的逻辑结构，由犯罪描述及刑罚后果两个部分构成。如张家山汉简《二年律令·贼律》简34上的律规定如下：

> 子贼杀伤父母，奴婢贼杀伤主、主父母妻子，皆枭其首市。（34）[③]

以上律条并没有"……则……"的句式结构，但其中隐含了"如果……那

---

① 除了刑法规范外，规范行政、经济、民事事项的"事律"规范也为秦汉法律的重要组成部分。因大多数事律规范用以引导和规范官吏的行政职事行为，其适用对象为官吏而非普通百姓，这些事律规范无需向庶民传播与公布。此外，也有少部分事律规范规定了代表公权力的官吏与普通百姓之间的行政行为，如庶民向官府申报户口、租税，百姓间婚姻嫁娶、日常债务的行为，这些事律规范既需为处理行政事务的官吏知晓，用以规范和指导他们的行政职事；也需为普通百姓所周知，否则他们将无法依据法律要求来规范其行为。

② Anthony J. Barbieri-Low and Robin D. S. Yates: *Law, State and Society in Early Imperial China: A Study with Critical Edition and Translation of the Legal Texts from Zhangjiashan Tomb no. 247*, pp. 34 - 37.

③ 张家山二四七号汉墓竹简整理小组编：《张家山汉墓竹简〔二四七号墓〕》（释文修订本），第13页。

么……"的条件句式,也就是英文法律中的"if A,then B",其意为"如果儿女故意杀害或伤害父母,奴婢故意杀害或者伤害主人、主人的父亲、母亲、妻子或儿女,那么对他们处以枭首刑"。此刑法律文规范了对"子贼杀伤父母,奴婢贼杀伤主、主父母妻子"这类犯罪行为如何处刑,体现了犯罪行为的假定条件与刑罚结果之间的直接联系。①

此外,部分秦汉刑法规范描述的是对某类犯罪者处以刑罚。这些刑律条文主要使用"……者,皆……"或者"诸……(者),皆……"的句式结构。如《二年律令·贼律》简18上的律文载:

有挟毒矢若谨(堇)毒、糇,及和为谨(堇)毒者,皆弃市。(18)②

以上律条中,"者"字作为助词,与一系列描述罪犯行为的词语构成了以"者"字结尾的短语,表示"……的人"。此条刑律条文规范的犯罪者为"持有毒箭或者堇毒、糇的人及参与制作堇毒的人",并规定其处以弃市之刑。再如《二年律令·杂律》简187上的律载:

诸有责(债)而敢强质者,罚金四两。(187)③

以上律文中,"诸……者"与描述犯罪行为的词组构成短语,意为"那些……的人"。此刑律条文规范的犯罪者是"强以人或物为质的债权人",并规定对其科以罚金四两。

(二)秦汉刑法的适用对象

由上文分析来看,类似于现代刑法中的实体法,规范犯罪及其刑罚的秦汉刑法既为适用于普通百姓的"行为规范",也为适用于司法官吏的"裁判规范"。④ 一方面,秦汉刑法作为"行为规范",用于规范、约束与控制普通百姓的行为,并对他们的犯罪行为规定刑罚处罚。但另一方面,对犯罪者的定罪量

---

① 现代刑法条文中也无"如果……那么……"的句式,其中也隐含了条件句式结构,如《中华人民共和国刑法》第二百三十二条"故意杀人罪"规定:"故意杀人的,处死刑、无期徒刑或者十年以上有期徒刑;情节较轻的,处三年以上十年以下有期徒刑。"

② 张家山二四七号汉墓竹简整理小组编:《张家山汉墓竹简〔二四七号墓〕》(释文修订本),第10页。

③ 同上书,第33页。

④ "行为规范"与"裁判规范"为现代刑法学的概念。参见张明楷:《刑法学》,北京,法律出版社,2016年版,第26页。

刑须由司法官吏依据刑法作出裁判。秦汉刑法也作为"裁判规范",用以指示或命令司法官吏如何裁定案件,判断某项行为是否构成犯罪,又对该犯罪行为处以何种刑罚。在此种意义上,秦汉刑法规范具有二重性。[①] 由此,这类秦汉刑法的适用对象包括了官吏与庶民,应向他们传播,并为他们所周知。

此外,因秦汉刑法并未如现代刑法般区分实体法和程序法即刑法和刑事诉讼法,刑法中也有部分条文用以规范刑事诉讼程序。这些刑法条文主要见于刑律篇《告律》《收律》及《具律》各篇中。下文也将分析此类刑法条文的适用对象与传播对象。

因秦汉刑事司法诉讼中的诸多程序也需普通百姓的配合及参与,规范这些刑事程序的秦汉刑法条文既可用于指导官吏的司法审判活动,也可用以指引庶民的司法诉讼活动。如《二年律令·具律》简 101 上的律载:

> 诸欲告罪人,及有罪先自告而远其县廷者,皆得告所在乡,乡官谨听,书其告,上县道官。廷士吏亦得听告。(101)[②]

以上律文规定,百姓若欲告发罪人及有罪自告,其居住所在地远离县廷,可以在其所在乡告发,由乡官谨慎听取、受理控告,并将其口头告发以书面形式记载后上报县道官吏。即使是派驻在乡里的县廷士吏也须听取百姓的控告。此条刑律既用于指引住所地远离县廷的庶民如何向官府告发,也用以指导此种情形下,县乡官吏应该如何听取庶民的控告。显然,此条律文的适用对象既包括了官吏也包括了普通百姓,应为吏民所周知。

此外,因秦汉刑事司法诉讼阶段中也有部分程序为官吏所负责,无须由庶民参与。规定这些刑事诉讼程序的律条应适用于司法官吏,无须为庶民所知晓。如《二年律令·收律》简 179 上的律载:

> 当收者,令狱史与官啬夫、吏杂封之,上其物数县廷,以临计。(179)[③]

---

① 刘志远指出:"刑法规范的二重性,是指刑法规范既是面向裁判者的裁判规范,又是面向一般人的行为规范,即刑法规范同时兼具裁判规范和行为规范两重属性。作为裁判规范,刑法规范为裁判者的裁判活动提供行为模式;作为行为规范,刑法规范又为社会大众的活动提供行为模式。"刘志远:《二重性视角下的刑法规范》,北京,中国方正出版社,2003 年版,第 111 页。

② 张家山二四七号汉墓竹简整理小组编:《张家山汉墓竹简〔二四七号墓〕》(释文修订本),第 22—23 页。

③ 同上书,第 32 页。李安敦和叶山指出《二年律令》中部分律条的适用对象为特定官吏,如以《二年律令》简 179 上的这条律为例,此律供县令及县丞阅读。参见 Anthony J. Barbieri-Low and Robin D. S. Yates:*Law, State and Society in Early Imperial China: A Study with Critical Edition and Translation of the Legal Texts from Zhangjiashan Tomb no. 247*, pp. 34 - 37 and 65。

此律规定，县廷查封收取犯罪者的财物时，应由狱史、官啬夫及负责官吏一起查封，并将其财物数目上报县廷，以供核计。因此条刑律所规范的为县廷官吏查封物品时的程序，并未规范庶民的行为，应该无须为庶民所知。

综上来看，秦汉刑事法律的内容与功能应在一定程度上决定了其适用对象与传播对象。秦汉刑法规范按其性质可分为两类，一为规定犯罪与刑罚的罪刑规范，用于指引、约束与控制吏民的行为，惩罚并预防犯罪，以维护社会秩序。就如秦令末常见用语“谨布令，令黔首、吏、官徒隶、奴婢名智(知)之，毋巨(距)罪”[①]所言，此类刑法规范应为吏民周知，否则他们将无从依据其内容来引导他们的行为，并避免犯罪。二为规范刑事程序的刑法规范，若法律规范的刑事程序须由百姓参与，则这些刑法条文应为吏民周知，并向他们传播；若法律规范的刑事程序只由官吏参与，则这些刑法条文的适用对象为官吏，无须向百姓传播。

第三节　秦汉刑法向官吏传播的方式及其实效

秦汉时期，政府向官吏与普通百姓传播刑法的方式在一定程度上取决于其行政模式。在谈到秦汉帝国的行政时，冨谷至指出：

> 就今天的行政体系而言，正如国家与市民、市府与市民这种对应关系所显示的那样，普通大众是行政的对象。而秦汉帝制时代中国的行政，却并非如此。古代中国的行政，实质上是向官僚及吏役发号施令，并督责他们恪尽职守，或许这种诠释不够严谨，但状况大抵如此。如果各级官吏尽职尽责，那么就会出现政治清明、国家安定、国力充实的局面。古代帝制行政的目的在于：明确官吏职分，并且督促他们各司其责、各尽其职。……想了解行政事务，就向官吏询问，即所谓“以吏为师”。[②]

如冨谷至以上所论，秦汉行政主要指向各级官吏而，用以明确官吏职

① 简028/1112、029/1038，陈松长主编：《岳麓书院藏秦简(伍)》，上海，上海辞书出版社，2017年版，第48页。

② 参见〔日〕冨谷至：《文书行政的汉帝国》，刘恒武、孔李波译，南京，江苏人民出版社，2013年版，第341—342页。

责，以使其恪尽职守。在秦汉郡县制的行政体制下，再由县乡官吏代表政府来直接管理并控制处于社会末端的普通百姓。

与吏民有别的行政管理模式相应，秦汉法律向吏民传播的方式亦有所区别。包括法律在内的官文书在行政官僚体系内下发与传布，并为各级官府官吏所知晓。新制定的法律到达县乡官署后，再由其官吏负责向百姓传布与教授刑法。如睡虎地秦简《语书》载：

故腾为是而修法律令、田令及为间私方而下之，令吏明布，令吏民皆明智（知）之，毋巨（歫）于罪。①

《语书》为秦始皇二十年（公元前 227 年）四月丁亥日（初二日）由南郡郡守腾向郡内各县下达的一份文告。以上内容明确提到，郡守腾下令，由辖内官吏明布法律，以让吏民皆知悉，以法律指引其行为并避免犯罪。下文将首先分析秦汉刑法向官吏传播的途径。

借助于现代通讯信息技术手段，现代刑法自立法机关颁布之时即可同时在全国范围内公布。但秦汉帝国所辖范围广阔、交通不便，并无发达的信息传递技术，皇帝颁布新法律之后，则需由中央向地方逐级下传法律。因此，秦汉法律为君主所颁布之日与其到达各地各级官署之日并不相同。那么，可以追问的问题即在于：当新刑法制定与颁布之后，秦汉帝国如何向各地各级官署传播刑法，又通过何种途径培训他们的法律知识及法律实践能力，以运用于日常行政、司法事务中。此外，秦汉帝国强调“法令由一统”，②但因各地官府距朝廷距离不同，新刑法被颁布后显然无法同时下传至各地官府，新刑法是自朝廷颁布之日起开始生效，还是以到达各地官府之日起生效，又或是自颁布之后的某日起在全国范围内统一生效。厘清这些问题，将有助于我们还原秦汉法律的传播模式与途径，由此了解秦汉刑事法制实施和国家行政权力动态运行的过程，并窥探秦汉中央政府对地方的影响力和控制力。

（一）秦汉刑事法律由中央朝廷下传至地方官署

在文书行政的秦汉帝国，皇帝颁布的秦汉法律包括刑法规范与事律规范在内皆由官文书传递的方式由中央向地方逐级下传，以让各地各级官府

① 睡虎地秦墓竹简整理小组编：《睡虎地秦墓竹简》，第 13 页。

② （汉）司马迁撰：《史记》，第 236 页。

及其官吏知晓法律。①

1.新法律在朝廷的颁布与下发

出土简牍资料反映,汉律大部分承袭于秦律,由秦律发展而来。此外,秦汉时期的单条律与令也皆可由皇帝以诏令的形式颁布。② 如《汉书·刑法志》记载了因齐太仓令淳于公之女缇萦上述请奏,汉文帝制定废除肉刑法律的过程:

> 丞相张苍、御史大夫冯敬奏言:"肉刑所以禁奸,所由来者久矣。陛下下明诏,怜万民之一有过被刑者终身不息,及罪人欲改行为善而道亡繇至,于盛德,臣等所不及也。臣谨议请定律曰:诸当完者,完为城旦舂;当黥者,髡钳为城旦舂;当劓者,笞三百;当斩左止者,笞五百;当斩右止,及杀人先自告,及吏坐受赇枉法,守县官财物而即盗之,已论命复有笞罪者,皆弃市。罪人狱已决,完为城旦舂,满三岁为鬼薪白粲。鬼薪白粲一岁,为隶臣妾。隶臣妾一岁,免为庶人。隶臣妾满二岁,为司寇。司寇一岁,及作如司寇二岁,皆免为庶人。其亡逃及有罪耐以上,不用此令。前令之刑城旦舂岁而非禁锢者,如完为城旦舂岁数以免。

① 因官吏官阶高低和职责的不同,秦汉官吏所需知晓和使用的事律规范应有所差异。如睡虎地秦简《秦律十八种》简186上的律就规定:"县各告都官在其县者,写其官之用律。"徐世虹指出,秦汉的行政机构职能与律篇有一定的对应关系,律名一般以"机构+律"或"职事+律"构成,体现了鲜明的职事特色。律篇内的法律涵盖了官吏职责以及其所涉对象的范围,这样有利于官吏明确职责、依法履行其职事。比如,金布律的规定主要涉及"财政收入与支出、货币管理、交易物价、公物管理、损害赔偿等方面",这些法律直接规范了金布曹的职责。徐世虹:《文献解读与秦汉律本体认识》,《"中央研究院"历史语言研究所集刊》2015年第86本第2分。

② 诏、令、律为秦汉法律的三种呈现形式,关于这三者的形成过程、性质与关系,学界有不同观点。广濑薰雄提出,秦汉律、令的发展过程并行,律、令皆由皇帝以诏的形式一条一条颁布。参见〔日〕广濑薰雄:《秦汉时代律令辨》,载氏著:《简帛研究论集》,上海,上海古籍出版社,2019年,第407页。孟彦宏指出,诏书演变为法律条文有两种方式:第一种是将诏书直接著为律与令,即传世文献所谓"定著为令""定为令"及"著为令";第二种是将处理具体某项事例或某个案件的诏书转变为令。参见孟彦宏:《秦汉法典体系的演变》,《历史研究》2005年第3期。南玉泉认为,律是秦汉更为稳定的法律形式,令、诏的稳定性不如律。参见南玉泉:《秦令的性质及其与律的关系》,载徐世虹等:《秦律研究》,武汉,武汉大学出版社,2017年,第93—103页。也有学者提出,诏、令、律处于秦汉法律的不同转化阶段。参见于洪涛:《论敦煌悬泉汉简中的"厩令"——兼谈汉代"诏"、"令"、"律"的转化》,《华东政法大学学报》2015年第4期;Thies Staack:"From Copies of Individual Decrees to Compilations of Written Law:On Paratextual Framing in Early Chinese Legal Manuscripts,"in edited by Antonella Brita,Giovanni Ciotti,Florinda De Simini,Amneris Roselli,*Copying Manuscripts:Textual and Material Craftsmanship*,Università degli studi di Napoli"L'Orientale",Dipartimento Asia,Africa,e Mediterraneo;University of Hamburg,Centre for the Study of Manuscript Cultures,2020,pp. 183 - 240。

臣昧死请。”制曰：“可。”[①]

以上记载中，丞相张苍与御史大夫冯敬“请定律”废除肉刑，由汉文帝以诏令的方式许可后制定律。再如，《汉书·刑法志》还记载了汉景帝元年以制诏的方式制定了新律，以继续改革肉刑：

景帝元年，下诏曰：“加笞与重罪无异，幸而不死，不可为人。其定律：笞五百曰三百，笞三百曰二百。”[②]

如广濑薰雄指出，除了传世文献中的记载以外，张家山汉简《二年律令》简219—220上的律也反映，秦汉时期单条律与令的制定方式并无区别：[③]

县道官有请而当为律令者，各请属所二千石官，二千石官上相国、御史，相国、御史案致，当请，请之，毋得径请。径请者，(219)罚金四两。(220)[④]

由以上来看，因单条律、令皆可由皇帝下诏的方式颁布，下文将主要讨论诏由皇帝在中央朝廷颁布、下发后，如何由朝廷向下传递。岳麓秦简1907上的“卒令乙廿七”为讨论此问题提供了重要信息：

令曰：诸所上而为令，诏曰可，皆以书下日定其奏日下之；其当以时下，各以下时定之。　卒令乙廿七(106/1907)[⑤]

这条令规定，由官吏请奏制定令，皇帝“诏曰可”，以皇帝诏书颁布下发日确定其上奏之日，并于当日下传诏书。如诏书颁布下发时应当即刻下传，则以诏书颁布下发之时确定其上奏之时。因在秦汉的实际立法过程中，官

---

① (汉)班固撰：《汉书》，第1099页。

② 同上书，第1100页。

③ 〔日〕广濑薰雄：《秦汉时代律令辩》，载氏著：《简帛研究论集》，第396—401页。

④ 张家山二四七号汉墓竹简整理小组编：《张家山汉墓竹简〔二四七号墓〕》(释文修订本)，第38页。

⑤ 整理者将此令释读为“令曰：诸所上而为令，诏曰可，皆以书下日定，其奏日下之，其当以时下，各以下时定之”。陈松长主编：《岳麓书院藏秦简(伍)》，第103页。此条令文的释读与断句，参照陈伟：《岳麓书院藏秦简〔伍〕校读(续)》，简帛网2018年3月10日(http://www.bsm.org.cn/?qinjian/7741.html)，最后访问日期2022年9月11日。

吏就某事请奏制定令，其上奏之日一般会早于皇帝颁布下发诏令之日，① “卒令乙廿七”也就是从法律意义上将诏令的上奏之日、颁布下发之日、下传之日确定为同一日。由此令来看，无须由官吏请奏而由皇帝据其意志单方面制定的诏令也应于颁布下发当日下传，不得稽留。② 可见，秦汉重视及时下传皇帝颁布的新诏令，诏令的颁布下发日即为其下行传播的起始日。

岳麓秦简“卒令乙廿七”也有助于理解荆州松柏一号汉墓出土的“令丙第九”文末文书用语“孝文皇帝十年六月甲申下”：

> 令丙第九　丞相言：请令西成、成固、南郑献枇杷各十，至不足，令相补(?)不足，尽所得。先告过所县用人数，以邮、亭次传。人少者财助献。起所为檄，及界，邮吏皆各署起过日时，日夜走，诣行在所司马门。司马门更诣大(太)官，大(太)官上檄御史。御史课县留穉(迟)者。御史奏请许。制曰：可。孝文皇帝十年六月甲申下。③

“令丙第九”为经丞相请奏后由汉文帝许可制定的献枇杷令。根据岳麓秦简“卒令乙廿七”的规定可知，文末文书用语“孝文皇帝十年六月甲申下”记录了汉文帝颁布下发“令丙第九”的日期，此条诏令也于当日开始由朝廷下行传递，④其中出现的谥号“孝文皇帝”则表明松柏汉墓出土的“令丙第九”为汉文帝去世后制作的诏抄本。⑤

因诏令文书末所附文书用语“某年某月某日下”提供了诏令被皇帝颁布以及由朝廷下行传递的重要日期信息，此用语应附于皇帝下发的诏令末。在从中央向地方下传诏令的过程中，各级官府收到诏令再制作诏抄本时，也

---

① 据上文所引《二年律令》简 219—220，地方官吏就某事请奏皇帝制定律令，须逐级向上请奏，不得直接向皇帝请奏。因此，皇帝收到官吏的请奏显然需一段时日，皇帝诏令的“书下日”晚于官吏的“奏日”。即使是皇帝在殿中召见群臣，由大臣直接向皇帝请奏，皇帝一般也不会即刻批复，皇帝诏令的“书下日”也晚于官吏的“奏日”。参见汪桂海：《汉代官文书制度》，南宁，广西教育出版社，1999 年版，第 161—183 页；Enno Giele, *Imperial Decision-Making and Communication in Early China: A Study of Cai Yong's Duduan*, Wiesbaden: Harrassowitz, 2006, pp. 115 - 122。

② 关于秦汉时期制诏的三种形式，参见〔日〕大庭脩：《秦汉法制史研究》，徐世虹译，上海，中西书局，2017 年版，第 160 页。

③ 胡平生：《荆州新出简牍释解》，载氏著：《胡平生简牍文物论稿》，上海，中西书局，2012 年版，第 268 页。

④ 彭浩认为，诏令文末“孝文皇帝十年六月甲申下”指明了“令丙第九”的颁行日为汉文帝十年(公元前 170 年)六月甲申。参见彭浩：《读松柏出土的西汉木牍(一)》，简帛网 2009 年 3 月 31 日(http://www.bsm.org.cn/?hanjian/5211.html)，最后访问日期 2022 年 9 月 11 日。

⑤ 参见汪桂海：《汉代官文书制度》，第 209—201 页。

应将此日期信息附于诏文末。[①] 如居延汉简、敦煌悬泉汉简所见诏令残文文末常附有“某年某月某日下”：

符令。制曰：“可”。孝文皇帝三年七月庚辰下。凡六十六字。(179·5,332·9)[②]

☑十一月壬寅下。凡卌八字。(117·43,255·25)[③]

前三年十二月辛巳下。凡九十一字。(126·29)[④]

马以节，若使用传信，及将兵吏边言变□以惊闻、献□写驾者匹将以……以除侯，其以教令及……孝武皇帝元鼎六年九月辛巳下，凡六百一十一字。厩令。(87—89C:9)[⑤]

2. 新法律在地方官府的逐级下发与传播

由上文讨论可知，秦汉法律一旦由皇帝颁布下发后，即于当日或当刻由朝廷下发，新法律的颁布之日也就是法律向官府下发的起始日。下文将以居延汉简“元康五年诏书册”为例，具体分析秦汉法律由中央向地方下行传递的具体过程：[⑥]

御史大夫吉昧死言，丞相相上大常昌书言：“大史丞定言：‘元康五年五月二日壬子日夏至，宜寝兵。大官抒井，更水火，进鸡鸣。谒以闻，布当用者。’臣谨案：比原泉御者，水衡抒大官御井，中二千石、二千石令官各抒，别火。(10·27)[⑦]

官先夏至一日，以除隧取火。授中二千石、二千石官在长安、云阳者，其民皆受，以日至易故火，庚戌寝兵，不听事尽甲寅五月。臣请布。臣昧死以闻。(5·10)[⑧]

---

① 需要指出的是，汪桂海则认为：“汉代诏书末的‘某年某月某日下’不是诏书原式，它应是官文书工作人员在整理这些施行文书，为之归卷立档时，因其在原来的文字结构中没有具文时间，而附注的文字。”汪桂海：《汉代官文书制度研究》，第209—210页。

② 谢桂华、李均明、朱国炤：《居延汉简释文合校》，北京，文物出版社社，1987年版，第521页。

③ 同上书，第191页。

④ 同上书，第207页。

⑤ 胡平生、张德芳：《敦煌悬泉汉简粹释》，上海，上海古籍出版社，2001年版，第4页。

⑥ “元康五年诏书册”的简序排列，参见〔日〕大庭脩：《居延出土的诏书册》，载氏著：《秦汉法制史研究》，徐世虹等译，第170页。

⑦ 谢桂华、李均明、朱国炤：《居延汉简释文合校》，第16页。

⑧ 同上书，第8页。

制曰:"可"。(332·36)[①]

元康五年二月癸丑朔癸亥,御史大夫吉下丞相。承书从事,下当用者,如诏书。(10·33)[②]

二月丁卯,丞相相下车骑将军、将军、中二千石、二千石、郡太守、诸侯相。承书从事,下当用者,如诏书。少史庆、令史宜王、始长(10·30)[③]

三月丙午,张掖长史延行太守事,肩水仓长汤兼行丞事,下属国、农、部都尉、小府、县官。承书从事,下当用者,如诏书。/守属宗助、府佐定(10·32)[④]

闰月丁巳,张掖肩水城尉谊以近次兼行都尉事,下候、城尉。承书从事,下当用者,如诏书。/守卒史义(10·29)[⑤]

闰月庚申,肩水士吏横以私印行候事,下尉、候长。承书从事,下当用者,如诏书。/令史得(10·31)[⑥]

因"元康五年诏书册"规定了元康五年(公元前61年)夏至日的寝兵、改水火等仪式,如诏令文"布当用者"要求,被下传至需使用的西北边境官署。诏书文末所附行下之辞反映了秦汉诏令由中央向地方以领属关系逐级接续传递的系统。[⑦] 在中央朝廷内,皇帝颁布下发诏令后,首先将其下传至御史大夫,[⑧]再由御史大夫下传至丞相。[⑨] 如大庭脩指出:"御史大夫以秘书官的身分侍于君侧,奏上文书,颁下诏书的,所以其官位虽低于丞相,是丞相的副职,但他所传达的,是皇帝的制诏,从而他对丞相也用'下'这个词。"[⑩]

此份诏令再由中央朝廷的丞相向下传至郡级二千石官吏"下车骑将军、将军、中二千石、二千石、郡太守、诸侯相"。张掖郡级官吏"代行太守事的张

① 谢桂华、李均明、朱国炤:《居延汉简释文合校》,第522页。

② 同上书,第17页。

③ 同上书,第16页。

④ 同上书,第17页。

⑤ 同上书,第16页。

⑥ 同上书,第17页。

⑦ 参见〔日〕大庭脩:《居延出土的诏书册》,载氏著:《秦汉法制史研究》,徐世虹等译,第171页。

⑧ 《汉书·百官公卿表》:"御史大夫,秦官,位上卿,银印青绶,掌副丞相。"(汉)班固:《汉书》,第725页。关于秦汉时期御史的职能,参见代国玺:《说"制诏御史"》,《史学月刊》2017年第7期。

⑨ 《汉书·百官公卿表》:"相国、丞相,皆秦官,金印紫绶,掌丞天子助理万机。"(汉)班固:《汉书》,第724页。

⑩ 〔日〕大庭脩:《论肩水金关出土的〈永始三年诏书〉简册》,姜镇庆译,《敦煌学集刊》1984年第2期。

掖长史延及兼行丞事的肩水仓长汤”收到此份诏书后，又将其下传至县级“国农部都尉、小府、县官”，并继续逐级由其下传诏令至其属下各官署。因“元康五年诏书册”出土于肩水候所在地地湾，此份诏书最后到达目的地为肩水候官。但由“肩水士吏横以私印行候事，下尉、候长”可知，元康五年诏书应该还需下传至肩水候的尉、候长。居延出土的此份“元康五年诏书册”应为肩水候制作用于存档的诏抄本。

在诏书由上至下的下传过程中，行下之辞“承书从事下当用者如诏书”附于诏书文末，其辞要求：官府自接到此份诏令后即应据其规定履行职事，并将诏书下传至应当使用这份诏令的下级官署，这也反映秦汉各官府所须了解与知悉的法律有所不同。但如前所述，因秦刑法规范犯罪与刑罚，一般须为官吏所周知，因此须向各地各级官吏传递。

为讨论秦汉法律由中央朝廷下传地方官署的实际情况，表 9 列举了各级官吏在收到“元康五年诏书”后将其下传属下各官署的日期：

表 9　“元康五年诏书”下传过程

日期	诏书下传过程
元康五年二月癸亥（公元前 61 年 2 月 11 日）	御史大夫吉下丞相
元康五年二月丁卯（公元前 61 年 2 月 15 日）	丞相相下车骑将军、将军、中二千石、二千石、郡太守、诸侯相
元康五年三月丙午（公元前 61 年 3 月 24 日）	张掖长史延行太守事，肩水仓长汤兼行丞事，下属国农部都尉、小府、县官
元康五年闰月丁巳（公元前 61 年闰 3 月 6 日）	张掖肩水城尉谊以近次兼行都尉事，下候、城尉
元康五年闰月庚申（公元前 61 年闰 3 月 9 日）	肩水士吏横以私印行候事，下尉、候长

由表 9 可知，“元康五年诏书册”由皇帝颁布并下发至御史大夫后，由御史大夫于当日下发至丞相，4 日后诏书由丞相下发张掖郡，到达张掖郡共历时 39 日，而后诏书由张掖郡逐级下传到达肩水候官历时 15 日。

我们还可以通过敦煌悬泉汉简“里程书”来推算“元康五年诏书册”的实际传播速度。敦煌悬泉“里程书”以悬泉为中心，记录了始建国二年时八个重要地点与悬泉之间的距离里程，经测算与现代的里程也基本吻合：[1]

张掖千二百七十五一，冥安二百一七，武威千七百二，安定高平三

① 胡平生、张德芳：《敦煌悬泉汉简粹释》，第 60 页。

千一百五十一里……金城允吾二千八百八十里，东南。天水平襄二千八百卅，东南。东南去刺史□三□……一八十里……长安四千八十。(V1611③:39)①

马怡根据此里程简，将悬泉至长安的距离减去悬泉至张掖的距离，即测算得出张掖至长安的距离为4080－1275＝2805汉里。②

居延汉简"元康五年诏书册"由长安下发至张掖郡耗费39天，以长安至张掖的距离2805汉里除以39天，可算出此份诏书以每天约71.92汉里的行书速度由长安发往张掖。我们可以将此速度与秦汉法律规定的制书、诏书行书速度相比较：

令邮人行制书、急(265)书，复，勿令为它事。(266)③

邮人行书，一日一夜行二百里。行不中程半日，笞五十；过半日至盈一日，笞百；过一日，罚金二两。邮吏居界过书，(273)弗过而留之，半日以上，罚金一两。书不当以邮行者，为送告县道，以次传行之。诸行书而毁封者，皆罚金(274)一两。书以县次传，及以邮行，而封毁，过县□劾印，更封而署其送徼(檄)曰：封毁，更以某县令若丞印封。(275)④

以上律规定，秦汉传递制书应以邮行的方式传递，并且邮人传递制书时还可因此免去其他劳役，并且传递制书时不许从事其他事务。邮人行书的法定速度为一日一夜行书二百里，⑤如若邮人未按照法定速度传递文书，或者邮吏稽留文书，都将依据文书稽留的日数予以处罚。

胡家草场西汉简1247上的"行书律"也规定，官吏不得稽留应当下发的制书或者不及时行书传递制书，否则稽留制书超过一日罚金四两：

① 胡平生、张德芳：《敦煌悬泉汉简粹释》，第59页。

② 参见马怡：《"始建国二年诏书"册所见诏书之下行》，《历史研究》2006年第5期。

③ 张家山二四七号汉墓竹简整理小组编：《张家山汉墓竹简〔二四七号墓〕》(释文修订本)，第45页。

④ 同上书，第46—47页。

⑤ 此外，居延新简E.P.S4.T2:8A载："官去府七十里，书一日一夜当行百六十里"。甘肃省文物考古研究所、甘肃省博物馆、文化部古文献研究室、中国社会科学院历史研究所：《居延新简》，北京，文物出版社，1990年版，第554页。据德国学者纪安诺研究，《二年律令》时的汉初"二百里"与居延汉简时汉的"百六十里"皆为六十七公里，因此两者规定的邮人行书速度实际上相同。参见ギーレ，エノ(纪安诺)：《「邮」制攷——秦汉时代を中心に》，冨谷至译，《东洋史研究》2004年第63卷，第217—218页。

> 制书有期会而失期，若当下留弗下，下而留不行，行留盈一日，皆罚金四两。(1247)①

由上来看，居延汉简“元康五年诏书册”由长安以邮书形式下传至张掖的行书速度为一日一夜71.92里，这比秦汉法律规定的一日一夜200里速度迟缓许多。居延汉简“永始三年诏书册”也附有记载诏令下传过程的行下之辞，此份诏书再次由长安传至张掖用时61日，邮书传递的速度更是缓慢许多。② 此外，据里耶秦简材料来看，秦时的行书传递并不如法律规定的那样有效率。③ 由这些出土简牍来看，秦汉虽对法律传递的速度有严格要求，并注重核查各官署的邮书送达情况，④但现实中诏令被延迟传至偏远官署的情况仍有存在。

在新法律由中央朝廷逐级下发至地方官府的传播过程中，秦汉政府同时也注重收集、核查新法律到达地方官署的信息，并了解地方官署对新律令的反馈情况。如岳麓秦简1679＋1673及1667上的“卒令乙五”规定如下：

> 令曰：制书下及受制有问议者，皆为薄(簿)，署初到初受所及上年日月、官别留日数、传留状，与对皆(偕)上。不(100/1679＋1673)从令，赀一甲。　卒令乙五(101/1667)⑤

以上秦令规定，在制书下达过程中，地方官府收到制书并对此有所询问、议论，皆需制作簿书，记录好制书到达地方官府、官府收到制书及簿书上报的年月日、官府留存制书的日数及制书传递与稽留的情况，皆与官府回复

① 荆州博物馆、武汉大学简帛研究中心编著：《荆州胡家草场西汉简牍选粹》，北京，文物出版社，2021年版，第195页。

② “永始三年诏书册”释文，参见甘肃简牍博物馆、甘肃省文物考古研究所、甘肃省博物馆、中国文化遗产研究院古文献研究室、中国社会科学研究院简帛研究中心主编：《肩水金关汉简(肆)》，上海，中西书局，2015年版，第140—141页；姚磊：《肩水金关汉简〈永始三年诏书〉校读》，《中国文字研究》(第二十四辑)，上海，上海书店出版社，2016年版，第89—99页。

③ 参见唐俊峰：《秦代迁陵县行政信息传递效率初探》，载武汉大学简帛研究中心编：《简帛》(第十六辑)，上海，上海古籍出版社，2018年版，第229页；刘自稳：《里耶秦简中的追书现象——从睡虎地秦简一则行书律说起》，载中国文化遗产研究院编：《出土文献研究》(第十六辑)，上海，中西书局，2017年版，第161页。

④ 出土简牍中既有记载邮书过程的“邮书课”，也有记录邮书件数、传递时间和送达状况的“邮书刺”，这些邮递文书经整理后将报送上级机关，用以考课各官署以邮书送达的文书是否“中程”，即是否按照法定速度与时间送达。参见〔日〕冨谷至：《木简竹简述说的古代中国——书写材料的文化史》，刘恒武译，上海，中西书局，2021年版，第132—134页。

⑤ 陈松长主编：《岳麓书院藏秦简(伍)》，第101页。

一并上报，并对不从令的官吏将处以赀罚一甲。通过地方官府制作的簿书，中央朝廷既可核查新法律从中央向地方下行传播的情况，也可就地方官署对新法律提出的问题作出权威解释，以向其解释新法律的立法目的、法律逻辑及具体含义，进而推进新法律在各地的准确实施与执行。由秦“卒令乙五”来看，秦汉新法律的传播也可以说是双向的，新律令由中央向地方的逐级下传也伴随着对地方官府关于新法律信息的收集与逐级上报。

秦汉新律令的传播过程中，秦汉政府还注重地方官府抄录法律的校雠，以查核官府所抄写的新颁布或修订的法律是否正确无误。首先，如下列睡虎地秦简《秦律十八种》简 199 上的“尉杂”律规定，地方官署每年应定期前往郡监御史处校雠法律：①

岁雠辟律于御史。尉杂(199)②

此外，里耶秦简 6—4 和 9—173 上的两封行政文书反映，秦地方官府也有校雠法律的相应制度措施：

□年四月□□朔己卯，迁陵守丞敦狐告船官□：令史扈雠律令沅陵，其假船二樓，勿留。(6—4)③

卅一年六月壬午朔庚戌，库武敢言之：廷书曰令史操律令诣廷雠，署书到、吏起时。有追。今以庚戌遣佐处雠。敢言之。

七月壬子日中，佐处以来。/端发。处手。(8—173)④

陈中龙指出，秦简材料反映秦地方官府校雠律令的时机分为两种情况：一为地方官府收到新颁布或修订律令之时，此种情况下的律令校雠并无时间限制，随时都可以发生；第二种情况则是在固定的时期或者期限内，规定由地方官府前往上级机构校雠法律，此为一种行政制度，必须在限定期内完成。⑤

① 此处律文的解释，参照朱腾：《秦汉时代律令的传播》，《法学评论》2017 年第 4 期。

② 睡虎地秦墓竹简整理小组编：《睡虎地秦墓竹简》，第 64 页。

③ 陈伟主编：《里耶秦简牍校释（第一卷）》，武汉，武汉大学出版社，2012 年版，第 19 页。

④ 同上书，第 104 页。

⑤ 参见陈中龙：《试论〈二年律令〉中的“二年”——从秦代官府年度律令校雠的制度出发》，中国法制史学会、“中央研究院”历史语言研究所主编：《法制史研究》（第二十七期），台北，中国法制史学会、“中央研究院”历史语言研究所，2015 年版，第 210 页。

3.新刑法在地方官府的生效与溯及力

关于秦汉刑事法律传播的一个重要问题即在于:新法律自传播过程中的哪个节点开始生效,并且新法律是否具有溯及既往效力。岳麓秦简1888上的“卒令乙卅二”对讨论这个问题提供了重要信息:

> 新律令下,皆以至其县、都官廷日决。故有禁,律令后为罪名及减益罪者,以奏日决。卒令乙卅二(107/1888)[①]

据以上秦令规定,规定犯罪与刑罚的新律令由皇帝颁布后由上至下传至各地,其在地方的生效日分为以下两种情况:一为到达生效。全新制定的新律令以其到达各地县廷或都官廷的当日起生效,用以作为判决案件的依据。在此种情况之下,因各地官府距离中央朝廷的距离远近不同,新法律以邮书下传至各地,到达各地官府的日期也会有所不同,新刑事法律的生效日也就相应有所不同。因此,在新律令由中央向地方下传的这段时间,则会出现各地县廷或都官廷对新律令所规范的某项行为作出相异刑事裁判的情况:已收悉新法律的地方官府将据其审判案件,而仍未收知新法律的地方官府则无法援引相应的法律对此行为定罪量刑。

二为颁布生效。如秦对某项犯罪行为已有相应的律令规定,相较已有旧律令,新律令修改了该行为的罪名或对该行为的刑罚予以加重或减轻,则新律令以其“奏日”生效,各地的县廷与都官廷应自“奏日”起以新律令审判案件。依据本章前文所引岳麓秦简“卒令乙廿七”的规定,秦以诏令“书下日”定其“奏日”,即以皇帝颁布下发诏令的当日为“奏日”。[②] 可知,修改后的新律令应于颁布当日起即在全国范围内生效。

第二种情况下,新修改的刑事律令自颁布日生效的原因可能在于:因旧有律令对某犯罪行为的规定已不合适,于是需由皇帝颁布新律令变更罪名或增减刑罚,新律令颁布之时旧律令也应自行废止,不得再予使用。但是,在新修改刑事律令的传布过程中,新法律由皇帝颁发并逐级下传至各地官府需一段时间,实际上地方官府无法在新法律颁布当日即知晓其内容,从而依据条文规定审断案件,仍然会以旧律令对行为定罪量刑。但若按照秦“卒令乙卅二”的规定,在各地县廷或都官廷收到新刑事律令之后,则须由司法

① 陈松长主编:《岳麓书院藏秦简(伍)》,第103页。

② 岳麓秦简106/1907载,“令曰:诸所上而为令,诏曰可,皆以书下日定其奏日下之;其当以时下,各以下时定之。卒令乙廿七”。陈松长主编:《岳麓书院藏秦简(伍)》,第103页。

官吏改判其自新刑法颁布生效日起至到达官府日这段期间内依据相应的旧法律审判的案件,并改以新法律定罪量刑。因目前所见出土简牍中并无此类案件的相关资料,难以知晓秦县廷或都官廷具体如何处理新修改律令传布期间内断决的这些案件。

综上来看,取决于对某犯罪行为是否有旧法律规定,秦汉新刑法或自颁布之日起生效,或自到达县廷或都官廷之日起生效。在这两种情况下,秦汉刑法皆不以犯罪行为发生之时所施行的有效法律作为审判的依据,而是以地方官府审判时施行的有效法律作为判决依据。从此种意义上来看,秦汉刑事法律在一定程度上具有溯及既往效力,即刑法对其生效以前未经判决或判决尚未确定的犯罪行为也可予以适用。

(二)秦汉刑法知识与技能向官吏的传播方式

秦汉官吏在为官治事过程中,须将刑法运用到行政及司法实践中,这就要求他们除了知悉刑法内容外,还须掌握刑法知识与技能。对此,秦汉政府除了将法律下传至各地各级官府以为官吏所知悉,还以各种方式培训官吏的法律技能。

1. 知悉法律为官吏评价与升迁的重要标准

在秦汉的官僚考核制度之下,是否明晓法律为评判官吏良莠的重要标准。如睡虎地秦简《语书》载:

> 凡良吏明法律令,事无不能殹(也);有(又)廉絜(洁)敦悫而好佐上;以一曹事不足独治殹(也),故有公心;有(又)能自端殹(也),而恶与人辨治,是以不争书。恶吏不明法律令,不智(知)事,不廉絜(洁),毋(无)以佐上,緰(偷)随(惰)疾事,易口舌,不羞辱,轻恶言而易病人,毋(无)公端之心,而有冒柢(抵)之治,是以善斥(诉)事,喜争书。①

《语书》在提到良吏与恶吏的区别时,首先提到的即是良吏明悉法律令,

---

① 睡虎地秦墓竹简整理小组编:《睡虎地秦墓竹简》,第15页。陈侃理从契口和编绳的位置、秦简出土位置关系以及容字和书体三个方面来论证,《语书》后六枚简上区分"良吏"与"恶吏"的内容与《南郡守腾文书》内容并非为一篇,应将这六枚简编联于《为吏之道》简后。《语书》末简简背的书题"语书"包括了"为吏之道"的内容,《为吏之道》应原为《语书》内容的一部分。参见陈侃理:《睡虎地秦简"为吏之道"应更名"语书"——兼谈"语书"名义及秦简中类似文献的性质》,载李学勤主编:《出土文献》(第六辑),上海,中西书局,2015年版,第246—257页。

通晓政事，廉洁敦厚，具有公允之心；反之，恶吏则不熟知法律令，不知晓政事，不廉洁，亦无公允之心。从此处内容来看，是否明晓法律令为秦判断良吏或恶吏的首要条件。

居延汉简以下材料也反映，汉政府将“治官民颇知法律”计入官吏的功劳之中，重视考核官吏是否习晓法律以治政理民：

肩水候官并山遂长公乘司马成中劳二岁八月十四日，能书、会计、治官民颇知律令。武，年卅二岁，长七尺五寸，觻得成汉里，家去官六百里。（13·7）[①]

张掖居延甲塞有秩士吏公乘段尊中劳一岁八月廿日，能书、会计、治官民颇知律令文。（57·6）[②]

☑候官穷虏遂长簪鸟单立中功五劳三月，能书、会计、治官民颇知法律。文，年卅岁，长七尺五寸，应令居延中宿里，家去官七十五里，属居延部。（89·24）[③]

肩水候官执胡遂长公大夫奚路人中劳三岁一月，能书、会计、治官民颇知律令文，年卌七岁，长七尺五寸，氐池宜药里，家去官六百五十里。（179·4）[④]

☑和候长公乘蓬士长当中劳三岁六月五日，能书、会计、治官民颇知律令。武，年卌七，长七尺六寸☑（562·2）[⑤]

以上居延汉简记述了当时官吏的功劳，由此来看，汉政府即使对作为边塞武吏的隧长、候长考核，也包括了治理吏民应熟晓法律的内容。[⑥]

此外，由墓葬出土简牍来看，比如睡虎地十一号秦墓和张家山二四七号汉墓出土了大批秦汉法律简。睡虎地十一号秦墓墓主为“喜”，生前曾承担与司法相关的职务如安陆县和鄢县令史，负责治狱。[⑦] 张家山二四七号汉墓墓主生前应为南郡地方低级官吏，也曾负责处理司法事务。[⑧] 秦汉官吏

① 谢桂华、李均明、朱国炤：《居延汉简释文合校》，北京，文物出版社，1987年版，第21页。

② 同上书，第100页。

③ 同上书，第157页。

④ 同上书，第286页。

⑤ 同上书，第658页。

⑥ 关于汉代边塞卒吏的教育，参见邢义田：《汉代边塞吏卒的军中教育——读〈居延新简〉札记之三》，载氏著：《治国安邦：法制、行政与军事》，北京，中华书局，2011年版，第585—594页。

⑦ 睡虎地秦墓竹简整理小组编：《睡虎地秦墓竹简》，第2页。

⑧ 张家山二四七号汉墓竹简整理小组编：《张家山汉墓竹简〔二四七号墓〕》（释文修订本），第1页。

在其墓中放置法律简册随葬，也可反映当时的官吏须明晓法律，重视获取治狱相关的法律知识及技能。

由以上两个秦汉墓葬出土的司法案例集《为狱等状四种》与《奏谳书》来看，秦汉官吏也须精通刑事法律，必须严格依据刑法规定来审判案件，对犯罪者定罪量刑。以《奏谳书》案例二十一所载秦代案例为例，此案的特殊性即在于，案例的判决结果由中央司法机构廷尉及正、监、廷史等三十余人集体讨论并作出。应该是因这则案例为具有借鉴意义的典范案例，于是被辑录于《奏谳书》案例集，以供其他官吏学习并熟知。

故律曰：死夫(?)以男为后。毋男以父母，毋父母以妻，毋妻以子女为后。律曰：诸有县官事，而父母若妻死(180)者，归宁卅日；大父母、同产十五日。敖(敖)悍，完为城旦舂，铁纍其足，输巴县盐。教人不孝，次不孝(181)之律。不孝者弃市。弃市之次，黥为城旦舂。当黥公士、公士妻以上，完之。奸者，耐为隶臣妾。捕奸者必案之(182)校上。今杜泸女子甲夫公士丁疾死，丧棺在堂上，未葬，与丁母素夜丧，环棺而哭。甲与男子(183)丙偕之棺后内中和奸。明旦，素告甲吏，吏捕得甲，疑甲罪。廷尉毂、正始、监弘、廷史武等卅人议当(184)之，皆曰：律，死置后之次；妻次父母；妻死归宁，与父母同法。以律置后之次人事计之，夫异尊于妻(185)，妻事夫，及服其丧，资当次父母如律。妻之为后次夫父母，夫父母死，未葬，奸丧旁者，当不孝，不孝弃市；不孝之(186)次，当黥为城旦舂；敖(敖)悍，完之。当之，妻尊夫，当次父母，而甲夫死，不悲哀，与男子和奸丧旁，致次(187)不孝、敖(敖)悍之律二章。捕者虽弗案校上，甲当完为舂。告杜论甲。(188)今廷史申繇(徭)使而后来，非廷尉当，议曰：当非是。律曰：不孝弃市。有生父而弗食三日，吏且何以论子？(189)廷尉毂等曰：当弃市。有(又)曰：有死父，不祠其家三日，子当何论？廷尉毂等曰：不当论。有子不听生(190)父教谁与不听死父教罪重？毂等曰：不听死父教毋罪。有(又)曰：夫生而自嫁，罪谁(孰)与夫死而自(191)嫁罪重？廷尉毂等曰：夫生而自嫁，及取(娶)者，皆黥为城旦舂。夫死而妻自嫁、取(娶)者毋罪。有(又)曰：欺(192)生夫，谁(孰)与欺死夫罪重？毂等曰：欺死夫毋论。有(又)曰：夫为吏居官，妻居家，日与它男子奸，吏捕之(193)弗得，□之，何论？毂等曰：不当论。曰：廷尉、史议皆以欺死父罪轻于侵欺生父，侵生夫罪(194)于侵欺死夫，□□□□□□与男子奸棺丧旁，捕者弗案校上，独完为舂，不亦重

(195)虖(乎)？谷等曰：诚失之。(196)[①]

据此案记载，杜泸县的公士丁因病不幸去世，其棺材尚停在家中堂内还未入葬之时，丁的妻子甲便与男子丙偕同进入棺材后的内室和奸。丁母素发现两人的行奸行为后，将他们告发至官府。丁的妻子甲在丈夫服丧期间内并未流露出悲哀伤痛之情，还与他人行奸，这显然不符合当时的社会伦理规道德。因此，廷尉谷、正始、监弘、廷史武等人讨论此案时，指出“夫异尊于妻，妻事夫，及服其丧，资当次父母如律”，应依据“次不孝、敖悍之律二章”对甲处以完为城旦舂。[②]

后加入案件讨论的廷史申则对以上判决意见表示反对，他认为依据法律关系来看，丈夫去世之时夫妻间的婚姻关系即行解除，因此，其妻子是否可与其他男子发生性行为或者再嫁于其他男子，也应以此时间点为界。[③]并且，女子甲与男子丙行奸的行为也并未经官吏当场校验的司法程序。

最终，廷尉等三十人赞同廷史申的意见，判定女子甲在其夫丧期内与男子丙行奸的行为无罪。由这则案例来看，秦汉刑法规范与社会的伦理观念之间存在一定的落差，廷尉等人的讨论也体现了官吏对夫妻关系与家庭伦理的关注，但是秦汉刑事司法判决所需遵循的是刑法规范而非社会伦理规范，认定案件事实还需依照法律逻辑推理。[④] 此案也可以反映，秦汉官吏除了熟悉刑法条文之外，还需熟练掌握法律逻辑推理方法与法律解释方法。

此外，秦汉官吏若廉洁敦厚，具备调查、审断疑难案件的能力，也将获得擢升的机会。岳麓秦简《为狱等状四种》案例九、案例十及张家山汉简《奏谳书》案例二十二反映，秦县级司法官吏狱史如办事精干、谨慎细微，善于破获犯罪性质恶劣的疑难狱案，将有机会被举荐为郡级卒史：

今曰：狱史能得微难狱，[上。今狱史洋]得微难狱，[……](147/0452、残385)为奏九牒，上。此黔首大害殹(也)。毋(无)征物，难得。洋以智治訮(研)诇，谦(廉)求而得之。洋精(清)絜(洁)，毋(无)害，敦

① 张家山二四七号汉墓竹简整理小组编：《张家山汉墓竹简〔二四七号墓〕》(释文修订本)，第108页。

② 关于此案例的注译与理解，详见邢义田：《秦或西汉初和奸案中所见的亲属伦理关系——江陵张家山二四七号墓〈奏谳书〉简180—196考论》，载氏著：《天下一家：皇帝、官僚与社会》，北京，中华书局，2011年版，第492—512页。

③ 参见汪世荣：《〈奏谳书〉所见秦朝的推理方法》，载葛洪义主编：《法律方法与法律思维》(第1辑)，北京，中国政法大学出版社，2002年版，第227页。

④ 参见朱腾：《秦汉时代的律令断罪》，《北方法学》2012年第1期。

毂(悫);守吏(事),心平端礼。[劳、年](148/0643)中令。绥任谒以补卒史,劝它吏,卑(俾)盗贼不发。敢言之。(149/0517)①

今狱史触、彭沮、衷得微难狱,磔辠(罪)(168/0307、1830)一人。为奏十六牒,上。触为令史廿(二十)二岁,年卌(四十)三;彭沮、衷劳、年中令。皆请(清)絜(洁),毋(无)害,敦毂(悫);守吏(事),心平端礼。任谒(169/1821)课以补卒史,劝它吏。敢言之。(170/1819)②

六年八月丙子朔壬辰,咸阳丞毂、礼敢言之。令曰:狱史能得微难狱,上。今狱史举闟得微狱。为奏廿二牒。举旅毋害,谦(廉)絜(洁)敦慤(悫),守吏也,平端,谒以补卒史,劝它吏。敢言之。③

汉代传世文献也反映,通晓法律、善于断案且长于文牍的官吏往往会得以迅速擢升。如《汉书》载:

路温舒字长君,巨鹿东里人也。父为里监门。使温舒牧羊,温舒取泽中蒲,截以为牒,编用写书。稍习善,求为狱小吏,因学律令,转为狱史,县中疑事皆问焉。太守行县,见而异之,署决曹史。④

据以上记载,路温舒原为监狱小吏,以其习熟律令迁为狱史,又因其治狱能力突出,县中有疑难案件皆悉问于他。之后郡太守巡行县府,见温舒而惊叹于其断狱能力,于是任用他为决曹史。又《汉书》载:

定国少学法于父,父死,后定国亦为狱史,郡决曹,补廷尉史,以选与御史中丞从事治反者狱,以材高举侍御史,迁御史中丞。⑤

据以上内容记载,于定国自小随其父学习法律,父亲死后,定国被任命为狱史曹,又补任廷尉史,因于定国执法严明,被选为参与御史中丞治理逆反狱案,以其才能举侍御史,后又升迁为御史中丞。

---

① 朱汉民、陈松长主编:《岳麓书院藏秦简(叁)》,上海,上海辞书出版社,2013年版,第180—181页。

② 同上书,第191页。

③ 张家山二四七号汉墓竹简整理小组编:《张家山汉墓竹简〔二四七号墓〕》(释文修订本),第110—111页。

④ (汉)班固撰:《汉书》,第2367—2368页。

⑤ 同上书,第3042页。

2. 向官吏传播刑法知识与技能的方式

因秦汉官吏作为法律实施的主体，需洞察刑法之意，把握其中之理，并且了解如何适用法律，政府也注重培养官吏的刑法知识与技能。

（1）实用的史官培训与选拔模式

首先，秦汉政府建立了史官培训制度，以让官吏掌握必要的法律与文书知识。由张家山汉简《二年律令·史律》规定来看，秦汉形成了较为成熟的史官培训与选拔模式。里耶秦简也反映，秦建立了“学室”制度，以“学佴”教授的方式培养官吏的基本知识与技能，“学童”随其学习的内容包括了“甲子、算、马、大杂”等。① 史官作为国家的地方低级文吏，也被称为“刀笔吏”。文书计算、法律政令和行政技能是史官的必学内容，以满足其将来从事行政、司法实践的知识需要。②

（2）汇编与传播法律书籍以作为官吏指导教材

首先，由秦汉官府汇编的各类律令集可用于向地方官吏传播法律知识。于振波认为，简牍所见各种法律抄本，其或由主管法令的各级秦汉官吏负责汇编，因其职责为传授其他官吏法律，为方便使用法律，他们对法律条文进行进一步的分类与归纳，并将其命名。这些抄本有着大致相同的分类方式和篇名，还可用于主管法令的官吏日常教授法律。③

出土简牍所见秦汉法律文献的性质不同、内容各异、资料丰富，这些文献或可作为指导官吏司法实践的官方教科书，为其提供处理法律事务所需的各类经验与技能。④ 如睡虎地秦简《法律答问》解释了秦法律术语，并解答官吏应如何判决疑难案件，《封诊式》则传授审讯犯罪嫌疑人、查封犯罪现

---

① 参见张春龙：《里耶秦简中迁陵县学官和相关记录》，载清华大学出土文献研究与保护中心编：《出土文献》（第一辑），上海，中西书局，2010 年版，第 232—234 页；鲁家亮：《里耶秦简所见“小史”刍议》，载出土文献与中国古代文明研究协同创新中心中国人民大学分中心编：《出土文献的世界：第六届出土文献青年学者论坛论文集》，上海，中西书局，2018 年版，第 92—95 页。

② 关于秦汉史官教育，参见臧知非：《秦“以吏为师、以法为教”的渊源与流变》，《江苏行政学院学报》2008 年第 4 期；李勤通、周东平：《秦汉初期律令中的史官职业教育体系》，《现代大学教育》2016 年第 1 期。

③ 参见于振波：《浅谈出土律令名目与“九章律”的关系》，《湖南大学学报（社会科学版）》2010 年第 4 期。

④ 籾山明指出，睡虎地秦简《法律答问》及张家山汉简《奏谳书》等法律书籍应该均由秦汉中央司法机构廷尉整理、编纂，再向全国范围内传布，以供狱吏在司法实践中参考，这些法律书籍在一定程度上类似于官吏习晓法律的教科书。地方官吏先将其司法实务经验上报给二千石官，由二千石官报送至中央司法机构廷尉，再由廷尉汇集整理后下达至地方官吏，籾山明将此模式称为“司法经验再分配”。参见〔日〕籾山明：《中国古代诉讼制度研究》，李力译，上海，上海古籍出版社，2009 年版，第 239—246 页。

场、法医勘验、调查案件等相关法律知识与技能。[①]

尤其是岳麓秦简《为狱等状四种》及张家山汉简《奏谳书》为秦汉时期的司法案例集，其中收录了奏谳疑狱、举荐司法官吏、录囚、乞鞫上诉等类型的典范案例，有利于官吏从中提取司法审判经验，并运用到其司法实践中。[②]彭浩也提出，《奏谳书》的形式和内容与后来的"决事比"应该是一脉相承的，在功用上相似，《奏谳书》中汇集的各种案例可供县、郡司法官吏学习法律和审断狱案参考使用。[③] 学者还认为，《为狱等状四种》及《奏谳书》与国家层面针对官吏的普法宣传及法律训练相关联。如李勤通也指出："通过对《为狱等状四种》的分析可以发现，作为法律文书汇编，它所试图涵盖的内容远远超出律令范畴，其包含各种各样的与法律相关的知识，并且能够面向不同的官吏群体。因此，《为狱等状四种》更可能是当时为向不同群体传播相关法律知识而制作的官方教材。当然，因其官方性和法律传播的目的性，其中所包含的法律知识应当是对当时法律实践的真实反映。"[④]徐世虹提出，《为狱等状四种》及《奏谳书》应为经学者与法吏编纂的治狱范本，国家、法吏、学者参与其事的动因源自法律适用与普法宣传的需要，因此其文本的经世致用观念明显。[⑤]

即使是如岳麓秦简《为吏治官及黔首》、睡虎地秦简《为吏之道》这类的官箴吏训文献，也应该是官府向官吏传播法律知识的一种文本。虽然这些文献并非产生于立法、司法以及法律相关的实践活动，但是秦汉时期行政事务与法律规定密切相关，官箴吏训内容中所倡导的教条一般也是法律规范规定的职责所在。[⑥] 此外，《为吏治官及黔首》《为吏之道》中的很多内容本

---

① 张金光：《秦制研究》，上海，上海古籍出版社，2004年版，第731—732页。

② 岳麓秦简整理小组指出，从《为狱等状四种》所抄竹、木简的四种不同形制来看，其并未形成如张家山汉简《奏谳书》般具有体系的一部书籍。此外，从"状"字可以看出，《为狱等状四种》的编者曾有意识地搜集了向上奉进的司法文书，并对此加以编辑与分类，以制成一种"书状"的集成。朱汉民、陈松长主编：《岳麓书院藏秦简（叁）》，上海，上海辞书出版社，2013年版，"前言"。李学勤认为，《奏谳书》是秦汉议罪案例的汇集，与睡虎地秦简《封诊式》性质相似，《奏谳书》应该供官吏工作参考，或是学吏者的文书程式。参见李学勤：《〈奏谳书〉解说（上）》，《文物》1993年第8期。

③ 参见彭浩：《谈〈奏谳书〉中的西汉案例》，《文物》1993年第8期。

④ 李勤通还提到，睡虎地秦简《为吏之道》、岳麓秦简《为吏治官及黔首》及《为狱等状四种》都有教育官吏的类似性质，即向官吏或者即将成为官吏者传播与法律适用、诉讼程序、案件侦查等相关的知识。作为地方低级官吏的岳麓秦简墓主应该承担着传播法律的职能，并且也需要接受上传下达的各种法律相关知识。李勤通：《试论岳麓秦简中〈为狱等状四种〉的性质》，载邬文玲、戴卫红主编：《简帛研究》（二〇一八春夏卷），桂林，广西师范大学出版社，2018年版，第64—65页。

⑤ 参见徐世虹：《出土简牍法律文献》，载中国政法大学法律古籍整理研究所编：《中国古代法律文献概论》，上海，上海古籍出版社，2019年版，第12页。

⑥ 参见同上书，第65页。

就取材自同时代的秦律令。[①]

(3)“以吏为师”的法律知识传播模式

此外,秦汉政府还以治狱案经验丰富的官吏来教授与指导其他官吏,以让其尽快熟知案件判决的技能,并掌握司法实践经验。如岳麓秦简1986上的令规定如下:

> 令曰:县都官狱史毋能治狱计献(谳)者而官吏有能治狱计献(谳)者,令教其县。县万五千户以上毋过二人。(305/1986)[②]

此条秦令规定,应由熟晓案件审理与奏谳的县都官狱史来教授不通晓案件审理与奏谳的官吏。此秦令正是秦汉时期“若欲学律令,以吏为师”的反映。[③] 如邢义田所论:“律令关系实务,实习极为重要。要实习,则以吏为师可以说是最好的方式。汉代政府组织下,绝大部分的基层吏可能都是这样训练出来的。”[④]

第四节　秦汉刑法向普通百姓传播的方式及其实效

结合传世文献与出土文献资料,下文将讨论秦汉政府向普通百姓公布与传播刑法的方式。

(一) 口头宣讲法律

据传世文献记载,秦汉官吏可召集地方百姓向他们口头宣讲法律,以传播刑法内容。因秦汉时期庶民的识字与阅读能力有限,地方官吏以诵读的方式传布法律并解释法律,也符合当时社会的客观情况。

---

① 参见许道胜:《岳麓秦简〈为吏治官及黔首〉篇的研究》,载陈松长等:《岳麓书院藏秦简的整理与研究》,上海,中西书局,2014年版,第128页。

② 陈松长主编:《岳麓书院藏秦简(伍)》,第199页。

③ 韩非子提到,“故明主之国,无书简之文,以法为教;无先王之语,以吏为师”。(清)王先慎:《韩非子集解》,钟哲点校,北京,中华书局,1998年版,第452页。

④ 邢义田还指出,秦代“若欲学律令,以吏为师”,即在于让法律成为士人唯一学习的内容,吏的子弟才有机会进入学室为弟子,并跟从吏学习书算以及律令文书。通过梳理传世文献记载,邢义田还总结了汉代官吏传习律令的三个特色:一为以吏为师,二为以律令为家学,三为兼修经与律。参见邢义田:《秦汉的律令学——兼论曹魏律博士的出现》,载氏著:《治国安邦:法制、行政与军事》,北京,中华书局,2011年版,第23—59页。

如《史记》载，灭秦战争中，刘邦率军先行攻入关中，并与民“约法三章”：①

召诸县父老豪杰曰：“父老苦秦苛法久矣，诽谤者族，偶语者弃市。吾与诸侯约，先入关者王之，吾当王关中。与父老约，法三章耳：杀人者死，伤人及盗抵罪。馀悉除去秦法。诸吏人皆案堵如故。凡吾所以来，为父老除害，非有所侵暴，无恐！且吾所以还军霸上，待诸侯至而定约束耳。”②

从以上记载来看，刘邦直接召集关中各县父老口头宣布的“杀人”“伤人”“盗”法三章只是临时性的简约法律规范，可视为刘邦集团笼络人心的权宜之策。再如《汉书》载，汉文帝时山东官吏向百姓宣布诏令，即便是老弱病残、行动不便的百姓也扶杖前往以听授法律：

臣闻山东吏布诏令，民虽老羸癃疾，扶杖而往听之。③

另据《汉书》记载，汉宣帝时黄霸因持法平正，善于治理疑难狱案，被擢拔为颍川太守。太守黄霸选择良吏，分部向百姓宣布皇帝诏令，以令百姓明晓法律：

太守霸为选择良吏，分部宣布诏令，令民咸知上意。④

又因黄霸宣布诏令有方，对百姓教化有力，深得民心，颍川大治。宣帝特下诏称赞颂扬霸，赐予其爵关内侯，黄金百斤，秩中二千石。这也反映，秦汉时期向庶民传播法律也被视为对他们施行教化的方式，这正是“以法为教”的反映：

（汉宣帝）下诏称扬曰：“颍川太守霸，宣布诏令，百姓乡化，孝子弟弟贞妇顺孙日以众多，田者让畔，道不拾遗，养视鳏寡，赡助贫穷，狱或八年亡重罪囚。吏民乡于教化，兴于行谊，可谓贤人君子矣。书不云

① 关于刘邦“约法三章”的性质，参见张建国：《试析汉初“约法三章”的法律效力——兼谈“二年律令”与萧何的关系》，《法学研究》1996年第1期。

② （汉）司马迁撰：《史记》，第362页。

③ （汉）班固撰：《汉书》，第2336页。

④ 同上书，第3629页。

乎？'股肱良哉！'其赐爵关内侯，黄金百斤，秩中二千石。"①

秦汉时期由地方官吏向普通百姓口头宣讲法律的方式也为出土简牍资料所印证。岳麓秦简 1085 上的秦律规定如下：

☑各乡啬夫、令史、里即为读令，布令不谨，吏主者，赀二甲，令、丞一甲。已布令后，吏、☑(201/1085)②

由此律来看，秦汉时由县、乡官吏及里老、里典负责召集庶民宣布诏令。若负责官吏未能谨慎传布法律，将被处以赀罚二甲，并且县令及县丞被处以赀罚一甲。《史记》中所载李斯言"若欲有学法令，以吏为师"，也为秦代乡里庶民习晓法律的真实写照。③ 据以下岳麓秦简 1373/1405 上的律可知，秦一里三十户以上应设里典与里老各一人，若不足三十户的里则可便宜行事，与邻近的里共同设置里典与里老：

尉卒律曰：里自卅户以上置典、老各一人，不盈卅户以下，便利，令与其旁里共典、老，其不便者，予之典(142/1373)而勿予老。(143/1405)④

秦汉帝国辖域广阔，在自然经济形态下的乡里社会，一里约三十户居民比邻相居，且相互熟悉，也方便典里与典老召集庶民口头传布法律。

（二）以特殊的文字载体形式登载并传播法律

出土秦汉石刻与简牍资料反映，秦汉政府还以特殊的文字载体形式登载法律以向庶民传布法律。⑤ 延续春秋末期以来以石刻公布刑律的传统，

---

① (汉)班固撰：《汉书》，第 3631—3632 页。

② 陈松长主编：《岳麓书院藏秦简(伍)》，第 135 页。

③ (汉)司马迁撰：《史记》，第 255 页。臧知非讨论了"以吏为师，以法为教"制度的渊源，指出这一制度并非为秦国创制，而是商鞅在总结变法的历史实践和理论探讨的基础之上所推行的治国方式。此外，"以吏为师，以法为教"的制度并未因为秦的灭亡而被终止推行，因汉承秦制，汉代仍延续施行此制度。参见臧知非：《秦"以吏为师、以法为教"的渊源与流变》，《江苏行政学院学报》2008 年第 4 期。

④ 陈松长主编：《岳麓书院藏秦简(肆)》，上海，上海辞书出版社，2015 年版，第 115 页。

⑤ 相关研究，参见徐燕斌：《周秦两汉法律"布之于民"考论》，《法学研究》2017 年第 6 期；朱腾：《秦汉时代律令的传播》，《法学评论》2017 年第 4 期；周海锋：《秦律令之流布及随葬律令性质问题》，《华东政法大学学报》2016 年第 4 期；黄春平：《从出土简牍看汉帝国中央的信息发布——兼评张涛先生的"府报"说》，《新闻与传播研究》2006 年第 4 期；Charles Sanft："Law and Communication in Qin and Western Han China," *Journal of the Economic and Social History of the Orient*, vol. 53 (2010), pp. 690 - 697.

秦汉将法律铭刻于金石。李雪梅指出,《史记》中所载歌颂秦始皇帝功绩的刻石,有意或者无意地记载了秦时的法制,具有宣传秦始皇时期法制内容的效果。[①] 此外,秦的诏令也被刻于秦权之上。[②③] 金石刊刻的法律虽可长期保存,但因此种方式费工费力,并非为秦汉向百姓发布法律所普遍采用的方法。[④]

此外,由额济纳汉简及敦煌悬泉汉简来看,秦汉政府还以扁书形式登载法律,以让庶民知晓。马怡指出,"扁书"之"扁"通"偏",有令人周知的意思,具有宣布的功能,因此,扁书书写一般应当较为规范,以便于吏民明晓辨识。[⑤] 所谓"扁书"即汉时将诏书律令或其他告示内容书写于亭、乡、市、里高显处的墙壁或木板之上,也可将其内容书于木板或简册上再悬挂于墙壁上。[⑥]

汉政府以"扁书"形式刊载法律向普通百姓传播法律的汉简例证如下:

五月壬辰,敦煌太守彊、长史章、丞敞下使都护西域骑都尉、将田车师戊己校尉、都都尉、小府官县,承书从事下当用者。书到白大扁书乡亭市里高显处,令亡人命者尽知之,上敞者人数太守府别之,如诏书。(II0115②:16)[⑦]

十一月壬戌,张掖大守融、守部司马横行长史事、守部司马焉行丞事下部都尉,承书从事下当用者。书到,明白大扁书乡亭市里门外、谒舍显见处,令百姓尽知之。如诏书,书到言。(2000ES7S:4A)[⑧]

---

① 李雪梅提到:"战国秦汉是中国'金石纪法'传统的转型期:战国时期形成金石并重的纪事格局;秦开创了刻石纪功和刻石布法的新局面;两汉时期,石取代金,涉及法律事宜的碑刻渐成气候。"参见李雪梅:《古代中国"铭金纪法"传统初探》,《天津师范大学学报(社会科学版)》2010 年第 1 期。

② 见严可均主编:《全上古三代秦汉三国六朝文》(第一册),北京,中华书局,1958 年版,第 123 页。

③ 刻于秦权上的秦诏,参见王辉:《秦铜器铭文编年集释》,西安,三秦出版社,1990 年版,图 161—173。

④ 汪桂海:《汉代官文书制度》,南宁,广西教育出版社,1999 年版,第 159 页。

⑤ 参见马怡:《扁书试探》,载孙家洲主编:《额济纳汉简释文校本》,北京,文物出版社,2007 年版,第 179—180 页。

⑥ 参见胡平生:《"扁书"、"大扁书"考》,载中国文物研究所、甘肃省文物考古研究所编:《敦煌悬泉月令诏条》,北京,中华书局,2001 年版,第 51—53 页;另见汪桂海:《汉代官文书制度》,第 157—159 页;吴旺宗:《西汉与新莽时期政府信息传播媒介——额济纳汉简"扁书"探析》,载孙家洲主编:《额济纳汉简释文校本》,第 184—187 页;徐燕斌:《汉简扁书辑考——兼论汉代法律传播的路径》,《华东政法大学学报》2013 年第 2 期。

⑦ 胡平生、张德芳:《敦煌悬泉汉简粹释》,上海,上海古籍出版社,2001 年版,第 115 页。

⑧ 孙家洲主编:《额济纳汉简释文校本》,第 60—61 页。

十一月丁亥，□□□大保□□，以秩次行大尉事。□□下官县，丞〈承〉书从事……当用者。明白扁乡亭市里显见处，令吏民尽知之。具上壹功〈切〉蒙恩，①勿治其罪人名，所坐者别之，如诏书。(2000ES9SF4:1)②

由以上简牍材料来看，新法律下发至地方官府后，如果此条法律须为百姓所周知，诏令文书中除下行之辞“承书从事下当用者”外，还会附有文书用语“明扁乡亭显处，令吏民皆知之”，用以强调此诏书既须下传至所需使用的官府，也须以扁书形式刊布于各显见处，以使百姓遍晓。

如敦煌汉简“扁书亭隧显处，尽讽、诵知之”所载，③即使是以“扁书”形式书面登载的法律，也仍需由地方官吏向普通百姓口头讲读与解释，再由庶民诵读法律，否则阅读能力有限的大多数百姓仍将无从知晓“扁书”所载法律的内容。因此，以“扁书”为载体传播秦汉法律的方式结合了书面刊布与口头宣读两种形式。

此外，以“扁书”形式登载的法律具有特殊的视觉意义，因它们通常发布于人多易显之高处，即使普通百姓多不识字，“扁书”凭借其特有的载体与外在形式，也会引起百姓的好奇与关注，既有助于将政府法律信息传播至庶民，又在一定程度上彰显了国家法律的权威性与公信力。④

（三）刑事法律制度实施过程中的直接普法

由出土简牍来看，普通百姓也会参与到秦汉刑事法律制度实施过程中的各个环节，如告劾犯罪者、拘捕犯罪嫌疑人、查封财产、法医检验、询问案件当事人及刑罚执行等环节，刑事法律制度的实施过程也是秦汉政府向百姓宣讲传刑法知识的重要途径。

首先，以追捕犯罪嫌疑人的拘捕程序为例。汉代官府也以“扁书”的形式发布通缉文书，如敦煌悬泉汉简 II0309③:222 上的通缉文书如下：

十月己卯，敦煌太守快、丞汉德敢告都尉卒人，谓县：督盗贼史赤光、刑(邢)世写移今□□□□□部督趣，书到各益部吏，□泄□捕部界

---

① 整理者指出，“丞”当读作“承”，“功”疑为“切”的误写，“壹功”作“一切”。孙家洲主编：《额济纳汉简释文校本》，第 83 页。

② 同上书，第 82 页。

③ 敦煌汉简 1557，甘肃省文物考古研究所编：《敦煌汉简》，北京，中华书局，1991 年版，第 279 页。

④ 参见〔日〕冨谷至：《文书行政的汉帝国》，刘恒武、孔李波译，南京，江苏人民出版社，2013 年版，第 353 页。

中，明白大编书亭市里□□□□，令吏民尽知□□。（II0309③：222）[①]

此份通缉文书为敦煌太守及郡丞发布，要求辖内吏民周知。官府发布的通缉文书可以使庶民知悉被通缉犯罪者的具体情况与所犯罪行，以便庶民收集犯罪者的信息，并帮助追捕；同时也可起到向百姓宣讲刑法知识的作用，实现法律的教化、惩戒功能。

此外，为了调查重大刑事案件，秦汉官吏也会通过调查、询问普通百姓，以追查犯罪嫌疑人的行踪。"甘露二年御史书"为由肩水候官抄写后下达至金关的御史书，[②]此份御史书为汉宣帝时向全国范围内发布的法律文书，以追捕从属于燕王、盖主与广陵王两个政治阴谋集团的逃犯。元凤元年（公元前 80 年），燕王及长公主等谋反事发后，长公主自杀，其奴婢丽戎则脱籍逃亡，官府未追查到丽戎的行踪，怀疑她隐姓埋名藏匿于民间并重新嫁人，或者她也有可能已死去。[③] 御史书要求各郡郡守派遣辖内精干官吏、督促下属县乡官吏追查丽戎的行踪，也应让官吏走访、调查百姓以获取案件相关信息。

据"甘露二年御史书"记载，如若有百姓娶婢女或免婢为妻子，且其妻子年龄五十以上形似丽戎，官吏必须严格询问百姓关于其妻子的来历。在调查过程中，官吏也须告知百姓犯罪相关信息，如丽戎为何人、形态如何、犯有何罪，并告知百姓藏匿罪犯将受刑罚处罚。由此来看，刑事案件的调查过程也是向庶民直接普法的重要途径。

秦汉公开执行刑罚，"使四方明知为恶之罚"，[④]也是向百姓传播法律知识的重要方式。陆威仪（Mark Edward Lewis）指出，秦汉的"市"为当众执行笞打、肉刑、死刑等刑罚以及将罪犯尸首示众的地点，在此行刑可起到彰显君主权威、劝导和教育庶民的作用。[⑤] 以弃市刑为例，这一刑罚名称应源于"弃绝于市"，即《礼记·王制》中"刑人于市，与众弃之"的记载，其意为在

---

① 胡平生、张德芳：《敦煌悬泉汉简粹释》，上海，上海古籍出版社，2001 年版，第 22—23 页。

② "甘露二年御史书"释文，见甘肃简牍保护研究中心、甘肃省文物考古研究所、甘肃省博物馆、中国文化遗产研究院古文献研究室、中国社会科学院简帛研究中心编：《肩水金关汉简（壹）》，上海，中西书局，2011 年版，第 2 页。关于"甘露二年御史书"的释文校读，参见邬文玲：《〈甘露二年御史书〉校读》，载中国政法大学法律古籍整理研究所编：《中国古代法律文献研究》（第五辑），北京，社会科学文献出版社，2012 年版，第 46—60 页。

③ 参见初仕宾：《居延简册〈甘露二年丞相御史律令〉考述》，《考古》1980 年第 2 期。

④ （汉）班固撰：《汉书》，第 2916 页。

⑤ Mark Edward Lewis：*The Construction of Space in Early China*，Albany：State University of New York Press，2006，p. 161.

“市”中公开执行斩首之刑。冨谷至认为,“这里的公开,严格地说是指公开刑罚的执行。它不只限于行刑,行刑前向刑场的押送也公开进行……从公开行刑的目的即一般预防和威慑的角度来看,公开不因只限于行刑的瞬间,而应该包括行刑前后,即整个行刑的过程”。[①] 秦汉公开行刑可向庶民直接宣传刑法知识,让他们了解到犯罪行为将遭受何种刑罚结果,并真实地感受到刑罚之残酷,具有“杀一儆百”的意图,以宣传秦汉法制,并威慑潜在罪犯并起到预防犯罪的作用。

虽然据现有出土简牍资料,我们很难具体了解秦汉庶民对刑法的知悉程度,但是从已有学界研究成果来看,秦汉庶民应在一定程度上掌握了刑法知识。当时的法律为百姓所传抄。秦涛通过比勘三份王杖诏书发现,其母本应该源自于同一份制诏,即汉成帝建始二年九月甲辰诏。甲辰诏自中央朝廷逐步下达至地方官府,再经由乡里官吏向民众公布与诵读后,流入民间并为私人重复传抄。[②] 再如由张家山汉简《二年律令》的非官方律令集性质来看,法律在传抄过程中呈现多种形态,这也是秦汉政府有效传播法律的结果。

此外,岳麓秦简《为狱等状四种》及张家山汉简《奏谳书》的刑事司法案例也反映,在秦汉刑事司法程序实施过程中,普通百姓并非只是消极、被动地服从法律,他们主动参与到刑事诉讼的各环节,且了解刑事法律的规定和刑事诉讼程序,主动地运用刑法条文和相应的法律概念来为自己辩护,并以此来评价自己或他人的行为是否符合刑法的要求。[③]

---

① 〔日〕冨谷至:《秦汉刑罚制度研究》,柴生芳、朱恒晔译,桂林,广西师范大学出版社,2006年版,第45—46页。

② 参见秦涛:《汉简“王杖诏书”比勘研究》,载中国政法大学法律古籍整理研究所编:《中国出土法律文献研究》(第十辑),北京,社会科学文献出版社,2016年版,第155—169页。

③ 相关研究,参见Charles Sanft:“Law and Communication in Qin and Western Han China,” *Journal of the Economic and Social History of the Orient*, vol. 53(2010), pp. 679 - 711; Maxim Korolkov:“Arguing about Law: Interrogation Procedure under the Qin and Former Han Dynasties,” *Études chinoises*, vol. 30(2011), pp. 50 - 61; and Robin D. S. Yates:“Soldiers, Scribes, and Women: Literacy among the Lower Orders in Early China,”in *Writing and Literacy in Early China: Studies from the Columbia Early China Seminar*, edited by Li Feng and David Prager Branner, Seattle: University of Washington Press, 2011, pp. 367 - 369。

第五章　简牍所见秦汉刑事法制的实施程序及其实践

秦汉刑事法律制度的有效实施，需有相应的执法机制予以保障，从刑法角度来说首先要构建完备的告劾与拘捕制度，在“皆有法式”的秦汉社会，它们必然以法定方式存在。本章将首先分析秦汉刑事法制中实施程序的功能与意义，并以出土简牍研究告劾及拘捕程序相关的刑法规范，再以司法文书所载案例分析秦汉告劾与拘捕程序的实施方式及其实践。①

第一节　秦汉刑事法制实施程序的功能与意义

有效管理和监控社会秩序对稳固中国古代政府的政权统治具有重要意义。在传统社会中，因交通不发达、技术受限及信息不对称等客观原因，政府收集与传递信息的能力显然受限。因此，古代政府需要借助合适的法律措施保障政治权力的有效运行和社会秩序的有序控制，建立起由中央朝廷到郡县再到乡里层层递进的信息交流渠道，以此落实严密的监察责任。由此，古代政府才得以尽可能地全面掌握社会的重要信息，以使得中央集权的政治权力有效渗透至社会基层内部，并保证社会秩序的稳定。②

为了保障刑法制度有效实施并实现刑法的功能，秦汉政府建构了一套

---

①　秦汉刑法规范中的《告律》《捕律》为单独的两篇，其规定细致与具体，对告劾与拘捕的程序、方法与方式有较为细化的规定。与告劾、拘捕实施程序相关的法律也掺杂于其他刑律篇中，如告发与逮捕盗贼的刑法规范见于《贼律》《盗律》，逮捕盗铸钱币犯罪者的刑法规范见于《钱律》。参见曹旅宁：《张家山汉简〈捕律〉考》，载氏著：《张家山汉律研究》，北京，中华书局，2005 年版，第 135—136 页。此外，秦汉出土简牍中发现了起诉、逮捕、调查及勘验等刑法制度实施过程中产生的司法文书，也透露了秦汉告劾与拘捕程序实施的重要信息。

②　张维迎和邓峰指出，对中国古代国家而言，政治支持最大化和经济利益最大化至关重要。国家禁止叛乱、征收赋税、开展公共建设以及军事动员，都依赖于对居民的控制和监管能力。政府获得信息的能力又决定了对居民的控制和监管能力。参见张维迎、邓峰：《信息、激励与连带责任——对中国古代连坐、保甲制度的法和经济学解释》，《中国社会科学》2003 年第 3 期。

有效渗透进入社会内部的刑法实施程序，其中告劾与拘捕为其中两项重要的程序制度。首先，在秦汉帝国的官僚集团内部，地方官吏如县令、县丞、狱史等具有举劾和侦查犯罪行为的职能，地方还设置了专门的刑法执行机构，如乡亭的“校长”“亭长”“求盗”等官吏主要负责地方日常治安，发现犯罪行为并追捕犯罪者。①

但是，因秦汉帝国幅员辽阔且百姓众多，加之各地情况复杂、特殊，中央政府获得信息的能力有限，若只是单独依靠官方力量发现犯罪行为并追捕犯罪者，难以保障刑法制度的有效施行。在秦汉乡里社会中，居民比邻而居，互相熟悉，具有类似的风俗与价值观念，也易于发觉并掌握各类犯罪信息，因此，政府还吸纳与鼓励普通百姓积极告发犯罪者并帮助官吏逮捕。此外，秦汉政府还借助刑事连带责任制度，以刑法规定要求家庭内部成员或邻里间彼此监督，互相收集犯罪信息，主动告发犯罪行为并追捕犯罪者，否则他们将因连带责任而被处以刑罚。②

对普通百姓主动告发犯罪行为、追捕犯罪者，秦汉刑法规定了百姓告发、逮捕各类犯罪者的具体奖励方式，借此构建与实施“非官方”的刑法执行方式。正是通过“奖励与惩罚”的刑法措施，秦汉政府使得普通百姓也可以主动、积极地参与到国家管控制度体系之中。如马硕所论，此种“非官方”的刑法执行方式可以看作是面面俱到的秦汉社会经济的一部分，其建立的基础为根据个人对于国家秩序与社会繁荣的贡献而给予其相应的社会财富、法律特权与社会地位。③

秦汉时期以告发、拘捕制度结合连带责任，将“奖惩与信息”紧密地结合起来，有助于秦汉刑事法律制度的实施。其意义，有如张维迎、邓峰指出：

> 这一制度的要点在于：(1)组织和划分责任群体；(2)同一群体内部负有监督和告发的义务；(3)获得违法信息、告发受到奖励，隐匿受到处

① 关于秦汉时期的“亭”，参见〔日〕水间大辅：《秦汉时期的亭吏及其与他官的关系》，朱腾校，载周东平、朱腾主编：《法律史译评》(2012 年卷)，北京，北京大学出版社，2013 年版，第 28—46 页；沈刚：《秦代县级行政组织中的武职系统——以秦简为中心的考察》，《烟台大学学报(哲学社会科学版)》2018 年第 6 期。

② 参见张维迎、邓峰：《信息、激励与连带责任——对中国古代连坐、保甲制度的法和经济学解释》，《中国社会科学》2003 年第 3 期。

③ Maxim Korolkov：“Calculating Crime and Punishment：Unofficial Law Enforcement，Quantification，and Legitimacy in Early Imperial China，”*Critical Analysis of Law*，vol. 3：1(2016)，p. 83；〔俄〕马硕：《可计量的犯罪与刑罚：早期中华帝国非官方执法的量化与正当性》，朱潇译，载周东平、朱腾主编：《法律史译评》(第五卷)，第 1—17 页。

罚;(4)群体中的一人违法,集体承担责任。前两点决定了民众应当关心和监督的范围,是责任承担的基础,否则,民众去关心和获得信息是漫无边界的,要求远距离居住的居民之间互相告发,显然是不可能的。后两点,则是激励手段:如果不对告发或者隐匿信息的人加以奖惩,就不会产生告发的激励;同样,如果不采用"集体性惩罚",而仅仅是处罚知道信息的人,在事前其他人就不会有积极性去关心、收集和获得信息。①

第二节　简牍所见秦汉刑事法制中的告劾程序及其实践

秦汉时期犯罪行为发生后,需经过"告"或"劾"的法定程序后,方可进入刑事司法诉讼程序。法律术语"告"指个人向官府告发犯罪行为,"劾"则指官吏向官府举劾犯罪行为。② 如《二年律令》简 113 上的律载:

> 治狱者,各以其告劾治之。敢放讯杜雅,求其它罪,及人毋告劾而擅覆治之,皆以鞫狱故不直论。(113)③

此律规定,秦汉治狱官吏必须依据告劾的内容审理狱案,如果官吏敢深文周纳恣意断案或罗织其他罪名,或者在没有告劾的情况下擅自审理刑事案件,将会据"鞫狱故不直"被论处。

并且,由岳麓秦简《为狱等状四种》及张家山汉简《奏谳书》所载司法案例来看,司法诉讼实践中,秦汉官吏也严格遵照以上刑法规定,以"告""劾"程序为前提启动刑事司法诉讼。

(一) 个人告发犯罪行为

秦汉时期,刑法实施程序中的"告"可分为两种:一、个人告发他人犯罪

① 张维迎、邓峰:《信息、激励与连带责任——对中国古代连坐、保甲制度的法和经济学解释》,《中国社会科学》2003 年第 3 期。

② 此为学界通说。但也有学者提出不同看法,侯欣一与赵晓磊指出,汉时的"劾"并不是案件的告发程序,"劾"在汉代承担着更为重要的司法功能,"劾"是以"案"为基础的初步定罪程序。参见侯欣一、赵晓磊:《汉代司法程序之顺位辨正——以汉代劾制为中心的再考察》,《南开学报(哲学社会科学版)》2018 年第 1 期。

③ 张家山二四七号汉墓竹简整理小组编:《张家山汉墓竹简〔二四七号墓〕》(释文修订本),第 24 页。

行为；二、个人告发自己的犯罪行为。

1. 个人告发他人犯罪行为

秦汉时期个人向官府告发他人的犯罪行为，告发者并不需查明犯罪事实或知晓犯罪者的身份后再行告发，秦汉政府所需要的是通过百姓告发来获取犯罪信息，以帮助调查案件、追捕犯罪者并维护社会秩序。如《奏谳书》案例二十二载：

> 六月癸卯，典赢告曰：不智（知）何人刺女子婢最里中，夺钱；不智（知）之所。即令狱史顺、去疢、（197）忠、大□固追求贼。（198）[①]

据此案例，里典"赢"向官府告发，有人在里巷刺伤了名为婢的女子并抢夺其钱财后逃走。"赢"并不知晓是犯罪者是谁，也不知晓犯罪者逃往何处。

考虑到秦汉百姓的识字阅读能力有限，[②]法律允许他们以书面或口头形式告发犯罪行为。[③] 因刑事案件由发现地官府管辖，告发者一般可向其所在地县廷告发犯罪行为。[④] 但为便宜行事，《二年律令》简 101 上的刑法规定了告发的特别方式：

> 诸欲告罪人、及有罪先自告而远其县廷者，皆得告所在乡，乡官谨听，书其告，上县道官。廷士吏亦得听告。（101）[⑤]

据此律，百姓欲控告他人的犯罪行为或自行告发罪行，若其住所远离县廷的情况下，可向其所在地的乡官告发，由乡官认真听取控告，并作好书面

---

① 张家山二四七号汉墓竹简整理小组编：《张家山汉墓竹简〔二四七号墓〕》（释文修订本），第 109 页。

② 有关秦汉庶民的读写能力，参见 Robin D. S. Yates："Soldiers, Scribes, and Women: Literacy among the Lower Orders in Early China," in *Writing and Literacy in Early China: Studies from the Columbia Early China Seminar*, edited by Li Feng and David Prager Branner. Seattle and London: University of Washington Press, 2011, pp. 339 - 369。

③ 参见刘庆：《秦汉告、劾制度辨析》，《中国史研究》2016 年第 4 期。

④ 关于秦汉刑事案件的司法管辖，参见彭浩：《谈〈奏谳书〉中的西汉案例》，《文物》1993 年第 8 期；彭浩：《谈〈奏谳书〉中秦代和东周时期的案例》，《文物》1995 年第 3 期；〔日〕宫宅洁：《秦汉时期的审判制度——张家山汉简〈奏谳书〉所见》，载杨一凡、〔日〕寺田浩明主编：《日本学者中国法制史论著选——先秦秦汉卷》，第 277 页。

⑤ 张家山二四七号汉墓竹简整理小组编：《张家山汉墓竹简〔二四七号墓〕》（释文修订本），第 22—23 页。

记录，向上级县道官报告，[①]并且即使是廷士吏也需听取控告。[②] 由乡官受理的告发仍需上报县廷的原因在于，汉代的"乡"并非为中央朝廷设置的一级地方政府，其性质为县级政府的派出机构，乡官在县廷的授权之下，虽然可以审理轻微案件，但并不具有司法裁判权，由乡啬夫审理的案件最终仍需交由县廷决断。[③]

此外，百姓也可向负责维护地方治安与追捕盗贼的乡"亭"告发犯罪事实。[④] 百姓发现犯罪行为后，就近向"亭"告发，也有利于亭展开对犯罪嫌疑人的追捕。[⑤] 如睡虎地秦简《封诊式》中题名为"盗马"的爰书载：

> 盗马　爰书：市南街亭求盗才(在)某里曰甲缚诣男子丙，及马一匹，骓牝右剽；缇覆(複)衣，帛里莽缘领褎(袖)，及履，告曰："丙盗此马、衣，今日见亭旁，而捕来诣。"[⑥]

以上爰书记载，据市场南街亭求盗才陈述，某里甲捆绑并押送男子丙交给他，同时送来的还有马一匹以及复衣一件。甲告发，他在亭旁看到丙盗窃马和衣物，于是抓捕他并向求盗告发。甲在目击丙盗窃的犯罪事实后，不仅抓捕并告发了甲，还将物证即盗窃的赃物马及衣服交予求盗。这是因为在此案件之后审理的刑事诉讼中，物证也将是案件审判的重要证据。[⑦]

---

① 参见胡仁智：《张家山汉简所见汉律中的"告"制论析》，《西南民族大学学报(人文社科版)》2008 年第 12 期。

② 邢义田指出，"廷士吏"应指县廷的士吏。据居延汉简的材料，士吏不只是武官，也可以是文吏，他们一般颇晓律令，并兼理诉讼听告。参见邢义田：《张家山汉简〈二年律令〉读记》，载氏著：《地不爱宝》，北京，中华书局，2011 年版，第 173 页。

③ 参见陈长琦、赵恒慧：《两汉县级管辖下的司法制度》，《史学月刊》2002 年第 6 期。

④ 《汉书》载："旧时亭有两卒，一为亭父，掌开闭扫除；一为求盗，掌逐捕盗贼。"(汉)班固：《汉书》，第 6 页。据水间大辅考证，秦汉从事维持地方治安事务的"亭"机构设员五至六人，其长官为亭长。在秦及汉初时，校长为正式名称，亭长隶属于主吏掾及县功曹，由郡都尉及县尉予以指挥。除亭长之外，亭另设有四名左右的亭卒。发展至东汉时期，亭另设有亭佐，其职责在于辅佐亭长。参见〔日〕水间大辅：《秦汉时期的亭吏及其与他官的关系》，载周东平、朱腾主编：《法律史译评》(2012 年卷)，北京，北京大学出版社，2013 年版，第 29—46 页。

⑤ 宫宅洁认为，秦汉时期"亭"追捕到犯罪嫌疑人并对其确认其身份之后，也可以展开审讯工作。参见〔日〕宫宅洁：《秦汉时期的审判制度——张家山汉简〈奏谳书〉所见》，杨一凡、〔日〕寺田浩明主编：《日本学者中国法制史论著选——先秦秦汉卷》，第 274 页。

⑥ 睡虎地秦墓竹简整理小组编：《睡虎地秦墓竹简》，第 151 页。

⑦ 关于秦汉刑事证据规则的研究，参见张琮军：《秦代简牍文献刑事证据规则考论》，《法学》2015 年第 2 期。

2. 个人告发自己的犯罪行为

秦汉时期个人向官府告发自己的犯罪行为,可分为"自告"与"自出"两种不同形式。法律术语"自告"为犯罪者主动向官府供述其犯罪事实;"自出"又分为两种情况:一为犯亡罪后向官府自首;二为犯罪人犯他罪逃亡后向官府自首。①

睡虎地秦简《封诊式》题名为"盗自告"的爰书载:

> 盗自告 □□□爰书:某里公士甲自告曰:"以五月晦与同里士五(伍)丙盗某里士五(伍)丁千钱,毋(无)它坐,来自告,告丙。"即令[令]史某往执丙。②

此份爰书记载了某里公士甲的"自告",他在五月月末与同里的士伍丙共同盗窃了某里士伍丁钱一千。据其供述,他之前未犯过其他罪,特来官府告发自己的犯罪行为,并且他还告发了丙的犯罪行为。官府收到甲的自告之后,立即派遣令史前往抓捕丙。

因犯罪行为人自行告发其犯罪行为,有助于秦汉官府惩罚犯罪行为,也减轻了官府侦查案件的司法压力,秦汉刑法对"自告"者减刑一等,以鼓励犯罪人自告。张家山汉简《二年律令》简127—131载:

> 告不审及有罪先自告,各减其罪一等,死罪黥为城旦舂,城旦舂罪完为城旦舂,完为城旦舂罪▨(127)▨鬼薪白粲及府(腐)罪耐为隶臣妾,耐为隶臣妾罪(128)耐为司寇,司寇、罨(迁)及黥顴(颜)頯罪赎耐,赎耐罪罚金四两,赎死罪赎城旦舂,赎城旦舂罪赎斩,赎斩罪赎黥,赎黥罪赎耐,耐罪(129)▨金四两罪罚金二两,罚金二两罪罚金一两。(130)③

但是,秦汉刑法对自告减刑亦有例外规定,如《二年律令》简132上的律载:

> 杀伤大父母、父母,及奴婢杀伤主、主父母妻子,自告者皆不得

① 参见万荣:《秦汉简牍"自告"、"自出"再辨析——兼论"自诣"、"自首"》,《江汉论坛》2013年第8期。

② 睡虎地秦墓竹简整理小组编:《睡虎地秦墓竹简》,第150页。

③ 张家山二四七号汉墓竹简整理小组编:《张家山汉墓竹简〔二四七号墓〕》(释文修订本),第26页。

减。(132)[①]

以上律规定,犯罪者杀伤祖父母或父母,以及奴婢杀伤主人、其父母、妻子或儿子,即使犯罪者向官府自告,其罪刑也不得予以减免。秦汉时期刑法严厉制裁家庭内部卑犯尊、幼犯长的犯罪行为,[②]以维护家庭的稳定,进而保障国家社会秩序,因此对此类犯罪行为的"自告"不予减刑。

由出土简牍来看,秦汉时期的"自出"分为逃亡者自出或犯罪者逃亡后自出这两种情况。[③] 首先,来看秦汉法律中的逃亡自出,如《封诊式》中题名为"亡自出"的爰书载:

亡自出　乡某爰书:男子甲自诣,辞曰:"士五(伍),居某里,以迺二月不识日去亡,毋(无)它坐,今来自出。"问之□名事定,以二月丙子将阳亡,三月中逋筑宫廿日,四年三月丁未籍一亡五月十日,毋(无)它坐,莫覆问。以甲献典乙相诊,今令乙将之诣论,敢言之。[④]

据此份爰书,男子甲向官府自行告发,其身份为士伍,居住于某里,于去年二月某日逃亡,他没有犯其他罪行,现前来官府自首。

与规范自告的法律相似,秦汉法律对逃亡自出者减免刑罚。据《二年律令》简 166 上的律,逃亡者向官府自出,将依据具体的法律规定决定刑罚减轻程度;如无具体法律规定,则对逃亡自出者减刑一等:

诸亡自出,减之;毋名者,皆减其罪一等。(166)[⑤]

此律可视为对逃亡者自出减刑的一般规定。因秦汉刑法中以具体法律规定优先于一般法律规定,若有关于自出减刑的其他具体法律规定,则应优

---

① 张家山二四七号汉墓竹简整理小组编:《张家山汉墓竹简〔二四七号墓〕》(释文修订本),第 26 页。

② 关于秦汉刑法对家庭伦理及其秩序的维护,参见杨振红:《从出土秦汉律看中国古代的"礼"、"法"观念及其法律体现——中国古代法律之儒家化说商兑》,《中国史研究》2010 年第 4 期。

③ 张传玺认为:"亡是逃亡者使自己消失于官府监管视线中的动作;若逃亡者主动使自己出现,即为'自出'。自出仅是对逃亡后自动(使自己)出现这一事实的描述,因此无论一般逃亡是否为官府发觉,也无论犯罪逃亡的本罪是否为官府发发觉,逃亡者主动投案的都是律令所谓'自出'。"张传玺:《秦及汉初逃亡犯罪的刑罚适用和处理程序》,《法学研究》2020 年第 3 期。

④ 睡虎地秦墓竹简整理小组编:《睡虎地秦墓竹简》,第 163 页。

⑤ 张家山二四七号汉墓竹简整理小组编:《张家山汉墓竹简〔二四七号墓〕》(释文修订本),第 31 页。

先适用。如《二年律令·亡律》简 157 载：

> 吏民亡，盈卒岁，耐；不盈卒岁，毄（系）城旦舂；公士、公士妻以上作官府，皆偿亡日。其自出殹（也），笞五十。给逋事，皆籍亡日，軵数盈卒岁而得，亦耐之。（157）①

此律规定，官吏或百姓逃亡满一年，处以耐刑；若不满一年，处以系城旦舂的有期劳役刑。若逃亡吏民向官府自出，则被处以笞五十。再如岳麓秦简 1976 及《二年律令》简 165 上的两条律分别为刑徒逃亡后"自出"的减刑规定：

> 城旦舂司寇亡而得，黥为城旦舂，不得，命之，其狱未鞫而自出殹（也），治（笞）五十，复为司寇。（050/1976）②
>
> 隶臣妾、收人亡，盈卒岁，毄（系）城旦舂六岁；不盈卒岁，毄（系）三岁。自出殹（也），笞百。（165）③

张传玺对比以上两条律认为，秦汉刑徒逃亡后自出减刑，须区分自出发生的时间点。若刑徒"自出"发生于其亡罪"已论"的程序之后，对其减刑为"笞百"；若刑徒"自出"发生于"狱未鞫"之前，对其减刑则为"笞五十"。④

由简牍所见《亡律》可知，秦汉法律一般根据逃亡的时长来确定亡罪的刑罚，但对吏民逃亡自出减刑为笞五十，对隶臣妾、收人逃亡自出减刑为笞一百或笞五十，这体现出秦汉刑法对逃亡自出者给予较大幅度的减刑。秦汉帝国统治下，维持人力资源对农业生产、赋税征收及军事动员具有重要意义。因此，秦汉刑法一方面严惩逃亡者，另一方面也以减刑规定促使他们向官府主动自首。如沈刚所言，秦汉刑法规定主要是欲将逃亡者纳入国家及政府的有效管控之下，而并非以惩罚逃亡者为最终为目的。⑤

此外，秦汉刑法中也有关于犯它罪者逃亡后自出的规定。岳麓秦简

---

① 张家山二四七号汉墓竹简整理小组编：《张家山汉墓竹简〔二四七号墓〕》（释文修订本），第 30 页。

② 陈松长主编：《岳麓书院藏秦简（肆）》，第 55 页。

③ 张家山二四七号汉墓竹简整理小组编：《张家山汉墓竹简〔二四七号墓〕》（释文修订本），第 31 页。

④ 张传玺：《秦及汉初逃亡犯罪的刑罚适用和处理程序》，《法学研究》2020 年第 3 期。

⑤ 沈刚：《〈张家山汉简·二年律令〉所见汉初国家对基层社会的控制》，《学术月刊》2004 年第 10 期。

2087 上的法律载：

有罪去亡，弗会，已狱及已劾未论而自出者，为会，鞫，罪不得减。(015/2087)①

据以上律规定，犯罪人犯罪后逃亡，若未按文书规定前往官府接受审讯，案件已有官府立案，又或犯罪行为已经被举劾但未经审判，犯罪者再前往官府自首，自出将不予减免。可见，如果犯罪者逃亡后自出，必须在刑事司法诉讼阶段启动之前向官府自出。②

此外，与自告减刑的例外规定相似，岳麓秦简 1980、2086 上的秦律规定如下：

子杀伤、殴詈、投(殳)杀父母，父母告子不孝及奴婢杀伤、殴、投(殳)杀主、主子父母，及告杀，其奴婢及(013/1980)子亡，已命而自出者，不得为自出。(014/2086)③

据以上规定，子女杀伤、殴詈、殳杀父母或奴隶杀伤、殴打、殳杀主人及其亲属逃亡，案件罪名确认后他们自首的行为将不被官府认定为自出，其刑罚亦不得减免。④

3. 告发性质严重的犯罪行为

针对严重危害政权稳定及社会秩序的恶性犯罪行为，秦汉刑法还规定了特殊的告发方式与程序，从便集中力量调查案件、迅速追捕犯罪者并对其处刑，进而稳定社会秩序。岳麓秦简 1615 上的秦令规定如下：

告道故塞徼外蛮夷来为间及来盗略人、以城邑反及舍者，令、丞必身听其告辤(辞)，善求请(情)，毋令史(181/1615)⑤

① 陈松长主编：《岳麓书院藏秦简(肆)》，第 43 页。

② 关于此简的理解，参见中国人民大学法学院法律史料研读班：《岳麓书院藏秦律令简集注(一)》，载邬文玲、戴卫红主编：《简帛研究》(二〇二一春夏卷)，第 191—194 页。

③ 陈松长主编：《岳麓书院藏秦简(肆)》，第 43 页。

④ 关于此简的理解，参见中国人民大学法学院法律史料研读班：《岳麓书院藏秦律令简集注(一)》，载邬文玲、戴卫红主编：《简帛研究》(二〇二一春夏卷)，第 186—190 页。

⑤ 陈松长主编：《岳麓书院藏秦简(伍)》，第 128 页。

该简所接下简不明，由简文内容可知，向官府告发以下几类犯罪行为：故边境外的蛮夷来为间谍或者来攻盗、掠劫人，以城邑谋反以及藏匿以上这些犯罪人，须由县令及县丞亲自听取告辞，以从中探求犯罪实情。百姓向县廷告发犯罪行为，通常由狱吏受理，并由狱吏讯问犯罪嫌疑人与相关证人，调查案件事实，作好相应的书面记录。直到最后的刑事司法审判阶段，案件才由县令或者县丞负责。[①] 以上秦律对上述几类危及政权稳定与社会安全的案件，作出例外的告发规定，将有利于县令、县丞及地方官吏调查案件，作出有效应对。

秦汉刑法还对官吏受理盗贼类犯罪的告发作出了特殊规定。如《二年律令》简 146 上的律规定：

> 群盗、盗贼发，告吏，吏匿弗言其县廷，言之而留盈一日，以其故不得，皆以鞫狱故纵论之。(146)[②]

因群盗、盗贼为严重危害社会秩序的犯罪行为，告发者向官吏告发后，官吏必须立即向县廷报告，若官吏隐匿告发不向县廷报告，或官吏收到告发后稽留一日未予及时上报，以致官吏无法抓获群盗、盗贼，官吏将以“鞫狱故纵”被论处。

此外，年龄高达七十岁及以上的父母向官府告发子女不孝也适用特定的程序。《二年律令》简 36 上的律规定如下：

> 年七十以上告子不孝，必三环之。三环之各不同日而尚告，乃听之。(36)[③]

据此律，年高七十岁及以上的父母向官府告发子女不孝，官府不应立即受理，而必须在不同的日期三次拒绝听取他们的告发，如若父母仍坚持告子女不孝，官府方才予以受理。徐世虹指出，秦汉法律针对父母告子女不孝采取“三环之”的特殊告发程序，主要是考虑到年高七十岁父母的健康状况，为避免出现他们“告不审”的情况，应让司法机关接到此类告发后仔细调查以

---

① 参见〔日〕宫宅洁：《秦汉时期的审判制度——张家山汉简〈奏谳书〉所见》，载杨一凡、〔日〕寺田浩明主编：《日本学者中国法制史论著选——先秦秦汉卷》，第 294—295 页。

② 张家山二四七号汉墓竹简整理小组编：《张家山汉墓竹简〔二四七号墓〕》(释文修订本)，第 28 页。

③ 同上书，第 13 页。

了解案件的实情。并且，若子女不孝被查实，将被处以弃市之刑，也有可能让年迈父母的晚年生活因失去赡养主体而陷入困境。①

4. 告发不予受理的各类情形

虽然秦汉刑法鼓励百姓告发犯罪行为，以获取犯罪信息，从而保障社会秩序。但是出于维护家庭内部秩序、防范恶意告发等情况的考虑，刑法也规定了告发不被官府受理即“不当听”“勿听”的各类情形。②

(1)家庭内卑幼告尊长

从睡虎地秦简《法律答问》以下两则答问来看，“非公室告”为秦律所禁止：

> “公室告”[何]殹(也)？“非公室告”可(何)殹(也)？贼杀伤、盗它人为“公室”；子盗父母，父母擅杀、刑、髡子及奴妾，不为“公室告”。(103)③
>
> “子告父母，臣妾告主，非公室告，勿听。”可(何)谓“非公室告”？主擅杀、刑、髡其子、臣妾，是谓“非公室告”，勿听。而行告，告者罪。告[者]罪已行，它人有(又)(104)袭其告之，亦不当听。(105)④

由上举简 103 可知，秦律区分“公室告”与“非公室告”：“公室告”为故意杀伤或盗窃他人的行为，“非公室告”则为子女盗窃父母，父母、主人擅杀子女、奴婢，或父母、主人对子女、奴婢滥施肉刑、髡剃的行为。又据简 104、105 上的内容，子女控告父母或奴婢控告主人犯下属于“非公室告”的犯罪行为，官府将不予受理，还将对控告者治罪。⑤

由此可见，秦法律禁止子女、奴婢对父母、主人侵犯他们的“非公室告”

---

① 徐世虹：《“三环之”、“刑复城旦舂”、“系城旦舂某岁”解——读〈二年律令〉札记》，载中国文物研究所编：《出土文献研究》(第六辑)，上海，上海古籍出版社，2004 年版，第 79—81 页。

② 闫晓君将秦汉律严行禁止的诉讼情形分为诬告、卑幼告尊长、投书，将秦汉律不予受理的诉讼情形分为特定的告诉主体、被告是特殊身份者。参见闫晓君：《张家山汉简〈告律〉考论》，《法学研究》2007 年第 6 期。

③ 睡虎地秦墓竹简整理小组编，《睡虎地秦墓竹简》，第 117 页。

④ 同上书，第 118 页。

⑤ 学者对《法律答问》简 105“子告父母，臣妾告主，非公室告，勿听”的简文解读有所不同。于振波认为，《法律答问》简 105 中的“非公室告”与“子告父母，臣妾告主”是并列关系，“二者互为条件，互相补充，两个条件同时具备，才会导致官府不予受理(‘勿听’)的结果”。于振波：《从“公室告”与“家罪”看秦律的立法精神》，《湖南大学学报(社会科学版)》2005 年第 5 期。籾山明将简 105 的内容解释为，“子告父母，臣妾告主，为非公室告”，官府将不予受理。参见〔日〕籾山明：《中国古代诉讼制度研究》，李力译，第 62 页。

行为提出控告，以维护家庭内的孝亲伦理与尊卑等级秩序。① 但这并不意味着家庭内的这些犯罪行为将不受国家公权力的干预，法律应该仍然允许家庭以外的其他人如里老、伍人告发这些行为，以限制家长或者主人滥用权力。②

汉律在一定程度上承袭了秦律对家庭内卑幼告尊长的相关规定，并有所发展。如下列《二年律令》简 133 上的汉律载：

> 子告父母，妇告威公，奴婢告主、父母妻子，勿听而弃告者市。(133)③

以上律规定，子女告发父母，儿媳告发翁姑，官府不予受理，并对控告者处以弃市。相较秦律，汉律禁止子女告发父母及翁姑犯下的其他犯罪行为，显然更为注重保护家庭内的孝亲伦理与尊卑秩序。值得注意的是，此条汉律与后世法律中的"亲亲相隐"规定相异，因"亲亲相隐"所强调的是亲属间相互容隐，禁止亲属互相告发。④

但是，汉律禁止子女控告父母的规定不适用于父母犯有谋反、谋逆及劫掠等严重罪行的情况。《二年律令》简 1—2 上及简 68—69 上的两条律分别规定载：

> 以城邑亭鄣反，降诸侯，及守乘城亭鄣，诸侯人来攻盗，不坚守而弃去之若降之，及谋反者，皆(1)腰斩。其父母、妻、子、同产，无少长皆弃市。其坐谋反者，能偏(徧)捕，若先告吏，皆除坐者罪。(2)⑤
>
> 劫人、谋劫人求钱财，虽未得若未劫，皆磔之；罪其妻、子，以为城旦舂。其妻、子当坐者偏(徧)捕，若告吏，(68)吏捕得之，皆除坐者罪。(69)⑥

---

① 关于秦汉法律注重维护子女的孝亲责任，参见曹旅宁：《秦律新探》，北京，中国社会科学出版社，2002 年版，第 76—83 页；刘敏：《从〈二年律令〉论汉代"孝亲"的法律化》，《南开学报(哲学社会科学版)》2006 年第 2 期；曾加：《张家山汉简法律思想研究》，北京，商务印书馆，2008 年版，第 90—115 页；关翠霞、贾丽英：《简牍所见秦汉子女的孝亲责任》，《河北法学》2009 年第 1 期；张仁玺：《秦汉家庭研究》，北京，中国社会出版社，2002 年版，第 124—133 页。

② 参见于振波：《从"公室告"与"家罪"看秦律的立法精神》，《湖南大学学报(社会科学版)》2005 年第 5 期。

③ 张家山二四七号汉墓竹简整理小组编：《张家山汉墓竹简〔二四七号墓〕》(释文修订本)，第 27 页。

④ 参见韩树峰：《汉魏无"亲亲相隐"之制论》，载中国政法大学法律古籍整理研究所编：《中国古代法律文献研究》(第六辑)，北京，社会科学文献出版社，2012 年版，第 223 页。

⑤ 张家山二四七号汉墓竹简整理小组编：《张家山汉墓竹简〔二四七号墓〕》(释文修订本)，第 7 页。

⑥ 同上书，第 18 页。

由以上两条汉律规定可知，若子女控告父母谋反、谋逆及劫掠等严重罪行，还将免除其坐罪。由此可见，当家庭秩序与国家秩序互相冲突且无法两全之时，汉时的刑法规范更为维护国家秩序与君权。

(2)十岁以下未成年人、被拘系者及刑徒的告发

秦汉法律禁止未满十周岁的未成年人、被拘系者及刑徒告发他人的犯罪行为，其告发将不被官府受理。《二年律令》简134上的律规定如下：

> 年未盈十岁及毄(系)者、城旦舂、鬼薪白粲告人，皆勿听。(134)①

未满十周岁的未成年人因年幼心智未成熟，并不具备刑事责任能力，因此官府对他们的告发行为不予受理。此外，应该是由于被拘系之人及刑徒如城旦舂、鬼薪白粲自身曾有犯罪行为，法律不许其告发。

(3)州告

秦汉法律也禁止“州告”。据《法律答问》简100上的以下答问，“州告”即个人误告他人犯罪行为，告发者告发的内容与犯罪事实不符，于是又以其他事情告发。法律要求官府不得听取、受理“州告”，还将以“告不审”来论处告发者：

> 可(何)谓“州告”？“州告”者，告罪人，其所告且不审，有(又)以它事告之。勿听，而论其不审。(100)②

(4)匿名告发

秦汉法律禁止以“投书”“悬书”方式匿名告发犯罪行为。因在匿名控告的情况下，若告发者控告他人犯罪行为与事实并不相符，告发者将会逃脱秦汉刑法中关于“诬告”及“告不审”的处罚规定。此外，因匿名告发者的身份不明，也有可能使得挟愤之人借机发泄私愤，以致无辜之人遭他人恶意告发，造成社会秩序的混乱。③《法律答问》简53—54上的简文回答了秦官府如何处置“投书”的问题：

> “有投书，勿发，见辄燔之；能捕者购臣妾二人，毄(系)投书者鞫审

---

① 张家山二四七号汉墓竹简整理小组编：《张家山汉墓竹简〔二四七号墓〕》(释文修订本)，第27页。

② 睡虎地秦墓竹简整理小组编：《睡虎地秦墓竹简》，第117页。

③ 参见程政举：《〈二年律令〉所反映的汉代告诉制度》，《华东政法大学学报》2007年第3期。

> 谳之。”所谓者，见书而投者不得，燔书，勿发；投者[得]，(53)书不燔，鞫审谳之之谓殹(也)。(54)[①]

据此则答问可知，秦时如有人发现“投书”但是无法追索到投书者，不得打开“投书”，而应立即烧毁“投书”；但是如果既发现了“投书”又追捕到投书者，则无需烧毁“投书”，而应将投书及投书者交给官吏以便审讯。此外，秦律奖赏捕获投书者两名奴隶。[②]

由下列《二年律令》简 66 上的法律规定来看，汉律相较于秦律，还将“投书”“悬书”这两种匿名告发视为严重犯罪行为，对其处以磔刑之极刑：[③]

> 群盗及亡从群盗，殴折人枳(肢)，胅体，及令佊(跛)蹇(蹇)，若缚守、将人而强盗之，及投书、县(悬)人书，恐猲人以求(65)钱财，盗杀伤人，盗发冢，略卖人若已略未卖，桥(矫)相以为吏，自以为吏以盗，皆磔。(66)[④]

此外，汉律还禁止官吏根据“投书”中的内容拘捕及审问他人，违犯此律的司法官吏将以“鞫狱故不直”被论处。如《二年律令》简 118 上的律规定如下：

> 毋敢以投书者言毄(系)治人。不从律者，以鞫狱故不直论。(118)[⑤]

(5)对犯罪者生前犯罪行为的告发

秦汉法律还规定，若犯罪者死亡后，针对其生前犯罪行为的告发将不被官府受理。如《法律答问》简 68 上的答问载：

> 甲杀人，不觉，今甲病死已葬，人乃后告甲，甲杀人审，问甲当论及

---

① 睡虎地秦墓竹简整理小组编：《睡虎地秦墓竹简》，第 106 页。

② 秦律对“投书”的处置可与唐律中的“投匿名书告人”条相比较，《唐律疏议》第 351 条：“诸投匿名书告人罪者，流二千里。得书者，皆即焚之，若将送官司者，徒一年。官司受而为理者，加二等。被告者，不坐。辄上闻者，徒三年。”(唐)长孙无忌等撰：《唐律疏议》，刘俊文点校，第 439—440 页。

③ 关于汉代“投书”犯罪行为，参见赵凯：《汉代匿名文书犯罪诸问题再探讨》，《河北学刊》2009 年第 3 期。

④ 张家山二四七号汉墓竹简整理小组编：《张家山汉墓竹简〔二四七号墓〕》(释文修订本)，第 17 页。

⑤ 同上书，第 25 页。此律也载于胡家草场西汉简 1013 上，荆州博物馆、武汉大学简帛研究中心编著：《荆州胡家草场西汉简牍选粹》，第 193 页。

收不当？告不听。(68)①

据以上内容，甲杀人未被发觉，直至甲病亡被埋葬后，才有人告发其杀人的罪行，且甲的罪犯行为属事实。此种情形下，针对甲生前犯罪行为的告发将不被受理，其家人也不会因此被官府收孥。

在秦汉刑事司法诉讼程序中，获得犯罪人的口供十分关键，因秦汉刑事讯问的目的即在于让其承认其犯罪事实，这是审判程序中定罪量刑的前提。② 犯罪者去世后，因缺少其供述和认罪供词，刑事司法诉讼也就无法依照法定程序展开，这应是法律规定官府对犯罪者生前犯罪行为的告发不予受理的原因之一。再者，犯罪者已经身亡，也无法再对其执行刑罚。

(6)父母告发为刑徒、奴婢之子女不孝

秦汉法律还规定，若父母对作为刑徒、奴婢的子女提起"不孝"控告，将不被官府受理。如《二年律令》简 35—36 上的律规定如下：

其子有罪当城旦舂、鬼薪白粲以上，(35)及为人奴婢者，父母告不孝，勿听。(36)③

如闫晓君指出，因刑徒如城旦舂、鬼薪白粲常年为官府服劳役，奴婢的人身权已从属于主人，他们皆无法为父母尽孝，因此法律作出规定，官府不得受理父母对子女为城旦舂、鬼薪白粲、奴婢的不孝控告。④

5. 奖励个人告发他人的犯罪行为

秦汉法律规定，个人告发他人各类犯罪行为可获得政府的"购赏"。法律术语"购赏"一词由"购"与"赏"构成，其中"购"指政府给予的钱财奖赏，"赏"则指其政府给予的其他各种奖赏，如赏赐赃物与臣妾、田宅及拜爵等方式。⑤ 据出土简牍材料来看，秦汉时个人告发犯罪行为得到政府"购赏"可

① 睡虎地秦墓竹简整理小组编：《睡虎地秦墓竹简》，第 109 页。

② 关于秦汉刑事司法诉讼程序中的证据规则，参见张琮军：《秦代简牍文献刑事证据规则考论》，《法学》2015 年第 2 期；张琮军：《秦汉辞证制度探析——以出土简牍文献为中心》，《当代法学》2021 年第 5 期。

③ 张家山二四七号汉墓竹简整理小组编：《张家山汉墓竹简〔二四七号墓〕》（释文修订本），第 13 页。

④ 参见闫晓君：《张家山汉简〈告律〉考论》，《法学研究》2007 年第 6 期。

⑤ 参见宋国华：《秦汉律"购赏"考》，《法律科学》2013 年第 5 期；张忠炜：《汉科研究：以购赏科为中心》，《南都学刊》2012 年第 3 期。

分为两种情况：一为“捕告”，即个人控告、追捕犯罪者；①一为“诇告”，即个人侦查并控告犯罪行为后官吏得以抓获犯罪者。②

据下列《二年律令》简 139 上的汉律，因诇告者提供线索以帮助官吏追捕到犯罪人，官府将对其进行奖励，奖励金额为捕告者的一半：

> 诇告罪人，吏捕得之，半购诇者。(139)③

此外，在法定情形下，本应受刑事处罚之人若诇告他人的犯罪行为并提供线索以助官府追捕到犯罪者，将被免于处罚。如《二年律令》简 172 上的律载：

> 取亡罪人为庸，不智(知)其亡，以舍亡人律论之。所舍取未去，若已去后，智(知)其请(情)而捕告，及詷〈诇〉告吏捕得之，皆除其罪，勿购。(172)④

此律规定，若雇主雇佣逃亡者但不知其逃亡事实，将以“舍亡人律”被论处。此处的“舍亡人律”应指《二年律令》简 170—171 上的汉律，据此律规定，“舍亡人”应被处以赎耐。⑤ 若被雇佣的犯罪者尚未离去或已离去后，雇主得知其逃亡事实并捕告犯罪者，或者诇告犯罪者后官吏得以捕获犯罪者，雇主的“舍亡人之罪”将被免除，但是雇主将不会获得官府的奖赏。

(二) 官吏举劾犯罪行为

秦汉法律术语“劾”指官吏对犯罪行为的举发。张家山汉简《奏谳书》及岳麓秦简《为狱等状四种》中就有多则案件由县令、县丞的举劾而展开：

> 十年七月辛卯朔癸巳，胡状、丞憙敢谳之。刻(劾)曰：临菑(淄)狱史

① 因本章下节内容将对捕告罪犯的购赏进行详细讨论，此处不赘述。

② 徐广注：“诇，伺候采察之名也”，可知，“诇”含暗查与窥伺之意。(汉)司马迁撰：《史记》，第 3083 页。

③ 张家山二四七号汉墓竹简整理小组编：《张家山汉墓竹简〔二四七号墓〕》(释文修订本)，第 27 页。

④ 同上书，第 31—32 页。

⑤ 《二年律令》简 170—171 上的汉律载：“诸舍亡人及罪人亡者，不智(知)其亡，盈五日以上，所舍罪当黥☐赎耐；完城旦舂以下到耐罪，及亡收、隶臣妾、奴婢及亡盈十二月以上，赎耐。”张家山二四七号汉墓竹简整理小组编：《张家山汉墓竹简〔二四七号墓〕》(释文修订本)，第 32 页。

> 阑令女子南冠缴(缟)冠,详(佯)病卧车中。袭(17)大夫虞传,以阑出关。今阑曰:"南齐国族田氏,徙处长安,阑送行。取(娶)为妻,与偕归临菑(淄)。未(18)出关,得。"它如刻(劾)。南言如刻(劾)及阑。(19)①
>
> 八年十月己未,安陆丞忠刻(劾)狱史平舍匿无名数大男子种一月。平曰:"诚智(知)种无[名]数,舍(63)匿之,罪,它如刻(劾)。"种言如平。(64)②
>
> 七月甲辰淮阳守偃刻(劾)曰:武出备盗贼而不反(返),其从迹类或杀之,狱告出入廿日弗穷讯,吏莫追求,坐以毄(系)者(77)毋毄(系)牒,疑有奸詐(诈),其谦(廉)求捕其贼,复(覆)其奸詐(诈)及智(知)纵不捕贼者,必尽得,以法论。(78)③
>
> 十一月己丑,丞暨劾曰:闻主市曹(064/1216)臣史,隶臣更不当受列,受棺列,买(卖)。问论。(065/1315)④

秦汉法律中的"告"与"劾"虽然同为对案件的告发,皆为官府启动刑事司法审判程序的前提,但两者存在各种区别。

1."告"与"劾"的区别

首先,秦汉刑事法制实施中,"告"与"劾"的行为主体与适用对象范围有所不同。据刘庆分析,相对于"告","劾"出现时期较晚,"劾"是官吏诉讼行为的新法律术语,随战国时期官僚体制的建立及成文法的公布而产生。"告"的适用范围相较更广,"劾"只能由官吏提出,且被举劾的对象也多为官吏。此外,"告"与"劾"的案件范围也有所差异,"告"可针对民事纠纷及对刑事案件提出,而"劾"一般只涉及刑事案件。⑤

再者,"告"与"劾"的要求与程序也有所不同。如前文所论,"告"可由吏民以口头或书面方式向官府告发犯罪行为,也并不需告发者对案件情况有所调查,只要发现犯罪事实即可向官府告发。结合上引《为狱等状四种》及《奏谳书》的四个司法案例来看,秦汉官吏在举劾犯罪行为时都明确指明了犯罪主体,并且对犯罪情形也有所了解。正如宫宅洁指出,"劾"是有一定证

① 《奏谳书》案例三,张家山二四七号汉墓竹简整理小组编:《张家山汉墓竹简〔二四七号墓〕》(释文修订本),第 93 页。

② 《奏谳书》案例十四,同上书,第 97 页。

③ 《奏谳书》案例十六,同上书,第 98 页。

④ 《为狱等状四种》案例四,朱汉民、陈松长主编:《岳麓书院藏秦简(叁)》,上海,上海辞书出版社,2013 年版,第 129—130 页。

⑤ 参见刘庆:《秦汉告、劾制度辨析》,《中国史研究》2016 年第 4 期。

据后由官吏采取的行为，劾的程序较为复杂，“如果关注其‘告发’一面的话，那么它是一系列行为的开始；但如果关注它是经过‘案’‘问状’程序之后所采取的行为这一面的话，可以说它是搜查、审讯后所产生的结果，处于犯罪被察觉到定刑这一套流程的中间位置”。[①] 正因如此，“劾”也只可以书面形式向官府提出。

2. 劾状

在目前已发现的秦汉简牍中，居延甲渠候官第 68 号探方出土了汉简 235 枚，其中多为劾状简册文书。[②] 劾状简册的年代为东汉建武初年，内容保存较为完整，通过这些劾状可以了解汉代官吏举劾犯罪行为的“劾状”文书以及举劾程序。[③] 以居延汉简 E·T·P68:13—28 上的劾状为例：

建武五年九月癸酉朔壬午。令史立敢言之。谨移劾、劾状。(E·T·P68:13)

迺九月庚辰，甲渠第四守候长居延市阳里上造原宪，与主官(E·T·P68:24)……人，谭与宪争言、斗。宪以剑击伤谭匈(胸)一所，骑马驰南去。候即时与令史(E·T·P68:25)立等逐捕到宪治所，不能及。验问隧长王长，辞曰：“宪带剑持官弩一，箭十一枚，大(E·T·P68:26A)[革]橐一，盛糒三斗，米五斗，骑马兰越隧南塞天田出。”案：宪斗伤(E·T·

① 〔日〕宫宅洁：《围绕“劾”——中国古代诉讼制度的发展》，载氏著：《中国古代刑制史研究》，杨振红、单印飞、王安宇、魏永康译，桂林，广西师范大学出版社，2016 年版，第 251 页。唐俊峰也指出，“劾”虽为案件司法刑事程序的开始，但之前已经过“案”与“验”两个程序，即举劾者已通过初步的侦查如验问被告人及案件所涉相关人，并在验问的基础上确定被告的罪名。参见唐俊峰：《甲渠候官第 68 号探方出土劾状简册的复原与研究》，载西北师范大学历史文化学院、甘肃简牍博物馆编：《简牍学研究》(第五辑)，兰州，甘肃人民出版社，2014 年版，第 55 页。

② 关于“劾状”的内容和文书格式，参见李均明：《居延汉简诉讼文书二种》，载氏著：《简牍法制论稿》，桂林，广西师范大学出版社，2011 年版，第 81—84 页；高恒：《汉简牍中所见举、劾、案验文书辑释》，载氏著：《秦汉简牍中法制文书辑考》，北京，社会科学文献出版社，2008 年版，第 299—312 页；唐俊峰：《甲渠候官第 68 号探方出土劾状简册的复原与研究》，载西北师范大学历史文化学院、甘肃简牍博物馆编：《简牍学研究》(第五辑)，第 38—58 页；〔日〕鹰取祐司：《居延汉简劾状册书的复原》，宫长为译，载李学勤、谢桂华主编：《简帛研究》(二〇〇一上册)，桂林，广西师范大学出版社，2001 年版，第 730—753 页；马力：《长沙五一广场东汉简牍举劾文书初读》，载李学勤主编：《出土文献》(第八辑)，上海，中西书局，2016 年版，第 211—220 页。

③ 唐俊峰对比了秦统一后至东汉时期“劾”文书的格式和内容，指出秦汉各时期的劾文书有其独特的格式和内容。秦与汉初的劾文书结构简单，其内容仅仅包括了被举劾者的罪名；发展至西汉中期，劾文书的格式和内容更为繁复，文书始于“案”，详细记录案件的调查经过及其结果；而后发展至西汉末期，出现了“劾状”文书；再到东汉中期，劾文书与西汉中期劾文书的格式和内容又近乎相同。参见唐俊峰：《秦汉劾文书格式演变初探》，载中国政法大学法律古籍整理研究所编：《中国古代法律文献研究》(第十一辑)，北京，社会科学文献出版社，2017 年版，第 131—159 页。

P68:22)盗官兵,持禁物、兰(阑)越于边关徼亡,逐捕未得。它案验未竟。(E·T·P68:23)

建武五年九月癸酉朔壬午,甲渠令史劾。移居延(E·T·P68:14)狱,以律令从事。(E·T·P68:15)

上造,居延累山里,年卌八岁,姓周氏。建武五年八月中,除为甲(E·T·P68:16)渠斗官食令史,备寇虏、盗贼为职。至今月八日,客民不审(E·T·P68:17)☐让持酒来过候,饮。第四守候长原宪诣官,候赐宪、主官谭等酒。酒尽,让欲去,(E·T·P68:18)候复持酒出,之堂煌上饮,再行酒,尽,皆起。让与候史、候□☐(E·T·P68:19)夏侯谭争言斗。宪以所带剑刃击伤谭,匈(胸)一所广二寸(E·T·P68:20)长六寸,深至骨。宪带剑,持官六石具弩一,稾矢铜鍭十一枚,持大(E·T·P68:21)[革]橐一,盛糒三斗,米五斗,骑马兰(阑)越隧南塞天田,出西南去。以此知而(E·T·P68:27)劾,无长吏教使劾者,状具此。(E·T·P68:28)

九月壬午,甲渠候□移居延,写移。书到,如律令。令史立。(E·T·P68:79)①

由此劾状来看,劾状一般由"呈文""劾文"及"状辞"三部分组成。此劾状末尾为"转呈文",由举劾人所属机构甲渠收到劾状后,移送劾状至具有审判权的居延县县廷。② 劾状起首的"呈文",记载了举劾日期、举劾人及其身份。劾状的"劾文"概括了被举劾者原宪的犯罪事实,即他与主官谭发生了言语争执,用剑刃击伤谭的胸部。劾文还交代了原宪被追捕的情况以及他的逃亡情形。

正如居延新简E·P·T68:34载:"状辞皆曰名、爵、县里、年、姓、官禄,各如律,皆☐",③此劾状的"状辞"列明了被举劾人原宪的名字、爵位、所在乡里、年岁、姓氏及职位等身份信息,并详细记述了原宪与被害人谭发生争执

---

① 该简册释文,见甘肃省文物考古研究所、甘肃省博物馆、文化部古文献研究室、中国社会科学院历史研究所编:《居延新简:甲渠候官与第四隧》,北京,文物出版社,1990年版,第456—457、460页。该简册的简序排列,参见李均明:《简牍所反映的汉代诉讼关系》,载氏著:《简牍法制论稿》,桂林,广西师范大学出版社,2011年版,第55—59页;李明晓、赵久湘:《散见战国秦汉简帛法律文献整理与研究》,重庆,西南师范大学出版社,2011年版,第334—335页;唐俊峰:《甲渠候官第68号探方出土劾状简册的复原与研究》,载甘肃简牍博物馆、西北师范大学历史文化学院编:《简牍学研究》(第五辑),第53—54页。

② 李均明:《简牍所反映的汉代诉讼关系》,载氏著:《简牍法制论稿》,第56—57页。

③ 甘肃省文物考古研究所、甘肃省博物馆、文化部古文献研究室、中国社会科学院历史研究所编:《居延新简:甲渠候官与第四隧》,第458页。

的原因及经过，记载了谭胸部伤势诊断情况，并再次交代原宪逃亡的情形。

（三）“告”与“劾”不实的法律责任

秦汉法律一方面奖励告发犯罪行为，另一方面也惩罚告发或举劾不实的行为，以此将告劾纳入其“奖励与惩罚”的法律措施中。“告”与“劾”不实的惩罚规定也促使个人或官吏告劾犯罪行为应谨慎为之，以避免因告劾不实将导致的刑事处罚。

1. 个人告发不实的法律责任

秦汉法律根据告发者对犯罪行为告发不实的主观心理状态之不同，将其分为“诬告”和“告不审”。《法律答问》简 43 上的答问解释了“诬告”与“告不审”的区别：

> 甲告乙盗牛若贼伤人，今乙不盗牛、不伤人，问甲可(何)论？端为，为诬人；不端，为告不审。(43)[①]

由此可知，个人“诬告”与“告不审”均为个人控告他人犯罪与犯罪事实情况不相符合，但“诬告”系出自故意，“告不审”则并非出自故意而属于误告的情况。[②] 据此，秦汉法律对“诬告”与“告不审”所规定的刑罚也有所不同：

> 诬告人以死罪，黥为城旦舂；它各反其罪。(126)[③]
>
> 告不审及有罪先自告，各减其罪一等，死罪黥为城旦舂，城旦舂罪完为城旦舂，完为城旦舂罪▨(127)▨鬼薪白粲及府(腐)罪耐为隶臣妾，耐为隶臣妾罪(128)耐为司寇，司寇、䙴(迁)及黥顏(颜)頯罪赎耐，赎耐罪罚金四两，赎死罪赎城旦舂，赎城旦舂罪赎斩，赎斩罪赎黥，赎黥罪赎耐，耐罪(129)▨金四两罪罚金二两，罚金二两罪罚金一两。令、丞、令史或偏(徧)先自(130)得之，相除。(131)[④]

---

① 睡虎地秦墓竹简整理小组编：《睡虎地秦墓竹简》，第 103 页。

② 闫晓君将“诬告”解释为“行为人有陷人于罪的主观故意且客观上所告他人罪名与事实有较大出入的一种控告行为”。闫晓君：《张家山汉简〈告律〉考论》，《法学研究》2007 年第 6 期。

③ 张家山二四七号汉墓竹简整理小组编：《张家山汉墓竹简〔二四七号墓〕》(释文修订本)，第 26 页。

④ 同上。

以上汉律明确规定，个人诬告他人犯有应判处死刑的罪行，对诬告者处以黥为城旦舂；个人诬告他人犯处以死刑以外的罪行，则对诬告者实施反坐，即以个人诬告他人的罪名对其科刑。相较“诬告”，汉律对“告不审”的处罚轻一等。

秦汉刑法虽然对诬告实行反坐，但是因诬告者的诬告行为，其同居、里典和伍人应不受连坐。《法律答问》简 20 上的答问载：

律曰“与盗同法”，有（又）曰“与同罪”，此二物其同居、典、伍当坐之。云“与同罪”，云“反其罪”者，弗当坐。（20）①

再如《法律答问》简 183 上的答问案例所载，甲诬告乙犯有应黥为城旦舂的通一钱行为，甲因诬告应受反坐应被黥为城旦舂，但甲的同居、里典、里老并不因此而被论处：

甲诬乙通一钱黥城旦罪，问甲同居、典、老当论不当？不当。（183）②

另外，据下列《二年律令》简 132 上的律规定，告发他人犯罪不实，但若被告发者犯有其他罪行，且犯罪人所犯罪刑相较被告发不实的罪刑相等或更为严重，此告发不实的行为不被认为是“告不审”，也不会被处刑：

告人不审，所[告]者有它罪与告也罪等以上，告者不为不审。（132）③

据以上汉律规定，也可以更好地理解《法律答问》简 40 上的答问内容：

告人盗千钱，问盗六百七十，告者可（何）论？毋论。（40）④

此则例子中，告发他人盗窃一千钱，实际上他人盗窃了六百七十钱，告发者的告发不实行为不需被论处。告发他人盗窃千钱和盗窃六百七十钱，虽然盗窃赃值数额有所不同，但是秦汉刑法对盗千钱和盗六百七十钱均处

---

① 睡虎地秦墓竹简整理小组编：《睡虎地秦墓竹简》，第 98 页。

② 同上书，第 137 页。

③ 张家山二四七号汉墓竹简整理小组编：《张家山汉墓竹简〔二四七号墓〕》（释文修订本），第 26 页。

④ 睡虎地秦墓竹简整理小组编：《睡虎地秦墓竹简》，第 102 页。

以黥城旦舂，因两个犯罪行为的处刑相等，[①]告发者不需被处罚。

2. 官吏举劾不实的法律责任

案件经过调查与案验之后，举劾他人的犯罪行为若不符合事实，也应承担相应的法律责任。《二年律令》简 112 上的律以及敦煌悬泉汉简 I 0112 上的律分别规定如下：

> 劾人不审，为失；其轻罪也而故以重罪劾之，为不直。（112）[②]
> 囚律：劾人不审，为失；以其赎半论之。（I 0112）[③]

以上汉律同样区分官吏举劾时的心理状态是否为故意，分别定罪量刑。若是官吏因误举劾他人不符合事实，官吏承担"失刑"的法律责任；犯罪嫌疑人犯有轻罪，官吏故意举劾其犯有重罪，须承担"不直"的法律责任，即对举劾官吏以反坐论之。

此外，劾状文书中还常见前引居延简 E・T・P68:28 上的文书用语"以此知而劾，无长吏教使劾者，状具此"，[④]这应该是为了保证官吏举劾犯罪行为并非是因上级官吏诱使，而是基于对案件事实情况有所查验的情况下提起举劾。由此反映，秦汉政府注重监管官吏，防止官吏间形成利益集团，出于不当利益或其他不当原因相互勾结并恶意举劾他人。[⑤]

第三节　简牍所见秦汉刑事法制中的拘捕程序及其实践

秦汉犯罪行为被发现或者被告发之后，官吏负有追捕犯罪嫌疑人的责任。此外，秦汉法律也鼓励并奖励普通百姓追捕犯罪嫌疑人，以扩大案件侦查的途径与范围，减轻政府因查获犯罪事实及追捕犯罪者的行政耗费。下

---

① 《二年律令・盗律》："盗臧（赃）直（值）过六百六十钱，黥为城旦舂。"张家山二四七号汉墓竹简整理小组编：《张家山汉墓竹简〔二四七号墓〕》（释文修订本），第 16 页。

② 同上书，第 24 页。

③ 胡平生、张德芳：《敦煌悬泉汉简粹释》，上海，上海古籍出版社，2001 年版，第 17 页。

④ 甘肃省文物考古研究所、甘肃省博物馆、文化部古文献研究室、中国社会科学院历史研究所编：《居延新简：甲渠候官与第四隧》，第 457 页。

⑤ 李均明指出，在汉代政法合一的行政体系下，诉讼过程容易被行政官员干涉，所以长吏不得干预告劾的规定在当时具有积极意义。参见李均明：《简牍所反映的汉代诉讼关系》，载氏著：《简牍法制论稿》，第 58 页。

文将首先分析秦汉刑事法律对官吏实施拘捕程序的相关规定。

（一）秦汉官吏拘捕的程序与方式

由出土简牍来看，地方官府若是收到逮捕文书，须即刻派遣官吏据踪迹追捕犯罪者。居延汉简有多条与官吏追捕犯罪者相关的资料：

> ☐到官，谨追捕，必得□□作治令庄事☐(71·44,71·66,71·49)[①]
>
> ☐史驰逐捕☐(214·154)[②]
>
> ☐□□不能奉言毋以明，书到亟遣追捕，多吏卒。□……(E·P·T2:10)[③]
>
> ☐□□迹过县界中，言，皆逐捕，必得移所。(E·P·T53:68)[④]
>
> 移檄书居延守、尉，移檄部亭吏，从迹逐捕□卒王□□女□发唯官□□敢言之。(E·P·T56:128)[⑤]

以上居延汉简所见官吏追捕犯罪者的方式主要为"追捕"及"逐捕"。陈公柔指出，"追"与"逐"为转注之字，两字本可互训。但如他指出，居延汉简中的"追捕"与"逐捕"简文分列，则其意有所区别，不宜混同。追捕应指在较大范围内的搜捕，如传世文献所载"以军法追捕"，又或为行动命令之辞，似不同于一般法律意义上的规定。须逐捕的犯罪行为相较须追捕者应更为严重。居延汉简中，"劾捕"案件的案情较为轻微，"追捕"与"逐捕"较之更为严重，又以"诏所名捕"的案情最为严重。[⑥]

对于异地征召或者追捕犯罪嫌疑人，秦汉法律亦有所规定。如居延汉简 E·P·S4·T2:101 载：

> 移人在所县道官，县道官狱讯以报之，勿征逮。征逮者以擅移狱

① 谢桂华、李均明、朱国炤:《居延汉简释文合校》，第 125 页。

② 同上书，第 345 页。

③ 甘肃省文物考古研究所、甘肃省博物馆、文化部古文献研究室、中国社会科学院历史研究所编:《居延新简:甲渠候官与第四隧》，第 3 页。

④ 同上书，第 285 页。

⑤ 同上书，第 316 页。

⑥ 参见陈公柔:《居延出土汉律散简释义》，载氏著:《先秦两汉考古学论丛》，北京，文物出版社，2005 年版，第 260—263 页。陈长琦、赵恒慧指出，"诏所名捕"为全国或跨郡的缉捕，需由中央以下诏的方式传达至各地，因此这类缉捕都是针对大案要案而发布的。参见陈长琦、赵恒慧:《两汉县级管辖下的司法制度》，《史学月刊》2002 年第 6 期。

论。(E・P・S4・T2:101)[①]

以上简文规定，被征召或被逮捕者若不在案件审理所在县道，审案的县道官府不得直接征召或者逮捕其人，而应请求其所在县道官府逮捕，否则将"以擅移狱"论处。[②]

并且，在追捕犯罪者的过程中，如下列《二年律令》简 183 上的律规定，官吏追捕犯罪嫌疑人可以随其踪迹，出入并穿越邑里、官府、市场、院墙等处所：

捕罪人及以县官事征召人，所征召、捕越邑里、官市院垣，追捕、征者得随迹出入。(183)[③]

但是，据下列居延汉简所载捕律条文，官吏不得于夜晚擅自进入百姓的私人庐舍追捕犯罪嫌疑人。[④] 否则，百姓即使将官吏殴打致伤，官吏还将以"毋故入人室律"被论处：

捕律：禁吏毋夜入庐舍捕人；犯者，其室殴伤之，以毋故入人室律从事。(395・11)[⑤]

此外，因盗贼行为严重危害社会秩序，甚至危及国家安全，秦汉法律对此作出特别规定，以强调县官长即县令、县丞和县尉在防范与追捕盗贼事务方面的责任。[⑥] 如《二年律令》简 144—145 上的律载：

盗贼发，士吏、求盗部者，及令、丞、尉弗觉智(知)，士吏、求盗皆以卒戍边二岁，令、丞、尉罚金各四两。令、丞、尉能先觉智(知)，求捕其盗

---

① 甘肃省文物考古研究所、甘肃省博物馆、文化部古文献研究室、中国社会科学院历史研究所编：《居延新简：甲渠候官与第四隧》，第 562 页。

② 王安宇认为，这条规定体现了秦汉时期异地诉讼中的"人在所"优先，即"系囚地"优先。参见王安宇：《秦汉时期的异地诉讼》，《中国史研究》2019 年第 3 期。

③ 张家山二四七号汉墓竹简整理小组编：《张家山汉墓竹简〔二四七号墓〕》(释文修订本)，第 33 页。此律也载于胡家草场西汉简 1246 上，荆州博物馆、武汉大学简帛研究中心编著：《荆州胡家草场西汉简牍选粹》，第 193 页。

④ 闫晓君指出，此处的"吏"指专职求捕之吏与临时差遣之吏。参见闫晓君：《秦汉时期的捕律》，《华东政法大学学报》2009 年第 2 期。

⑤ 谢桂华、李均明、朱国炤：《居延汉简释文合校》，第 551 页。

⑥ 参见刘庆：《秦汉逮捕制度考》，《河北学刊》2010 年第 3 期。

> 贼，及自劾，论(144)吏部主者，除令、丞、尉罚。一岁中盗贼发而令、丞、尉所(?)不觉智(知)三发以上，皆为不胜任，免之。(145)①

此律规定，当盗贼作案后，士吏、求盗以及县令、县丞和县尉未及时发现盗贼，均需承担相应的渎职责任，士吏与求盗被处以戍边两年，县令、县丞和县尉被处以罚金四两。如果县令、县丞和县尉能够及早发现盗贼作案情况，追捕得盗贼或者主动举劾自己的渎职行为，只论处责任官吏，可免除县令、县丞和县尉的处罚。一年之内若县令、县丞和县尉未发现盗贼次数达到三次，即视为不能胜任其职，将被罢免。

此外，秦汉法律还对群盗杀伤人、强盗的犯罪行为规定了县道官吏追捕盗贼时应遵行的方式及其相应的职责。《二年律令》简140—141上的律载：

> 群盗杀伤人、贼杀伤人、强盗，即发县道，县道亟为发吏徒足以追捕之，尉分将，令兼将，亟诣盗贼发及之所，以穷追捕之，毋敢□(140)界而环(还)。吏将徒，追求盗贼，必伍之，盗贼以短兵杀伤其将及伍人，而弗能捕得，皆戍边二岁。(141)②

此律规定，在群盗杀伤人、故意杀伤人或强盗的犯罪行为发生后，县道应立即派遣足够多的官吏和刑徒追捕犯罪者。由县尉分别带领，由县令总负责，立即前往犯罪现场及其逃亡的去所，穷追不舍且不得撤退，还应由县尉带领士吏、劳徒和刑徒编成伍人之队追捕盗贼。由此可见，县道不仅派遣其官吏如求盗、士吏等追捕盗贼，还可招募劳徒和刑徒追捕盗贼。

秦汉法律也注重以文书形式记载官吏追捕盗贼的事务。岳麓秦简1912上的“备盗贼令二十三”规定：

> 令曰：盗贼发不得者，必谨薄(簿)署吏徒追逐疾徐不得状于狱，令可案。不从令，令、丞、狱史、主者赀各一[甲]。(288/1912)备盗贼令廿三(289/1883)③

---

① 张家山二四七号汉墓竹简整理小组编：《张家山汉墓竹简〔二四七号墓〕》(释文修订本)，第28页。

② 同上书，第27—28页。此律也载于胡家草场西汉简1259上，荆州博物馆、武汉大学简帛研究中心编著：《荆州胡家草场西汉简牍选粹》，第193页。

③ 陈松长主编：《岳麓书院藏秦简(伍)》，第194页。

以上秦令规定，如果官吏未追捕到盗贼，应将官吏未追逐盗贼速度缓急情况、未追到的情况记载于相应的狱案文书，以备核查；如官吏未按照此令执行，则赀罚县令、县丞、狱史及主管官吏各一甲。

秦汉政府也注重安抚因追捕盗贼而不幸捐躯的官吏与劳徒，将他们认定为为国死事者，并对其置后给予法定优待。如《二年律令》简140—142载："群盗杀伤人、贼杀伤人、强盗，即发县道，县道亟为发吏、徒足以追捕之……死事者，置后如律。"①

并且，从下列岳麓秦简0661、0577上的律来看，即使官吏与劳徒在追捕群盗过程中，还未与群盗打斗就已身亡，也被认定为死事情形。

> 丞相上南阳叚(假)尉书言，鄭兴者、小簪裹未等追群盗，未与斗，死事。议：为未置后，它(077/0661)有等比。卅(078/0577)②

(二) 针对贵族官吏的特殊拘捕程序

通过梳理传世文献资料，刘庆指出，逮捕秦汉贵族官僚一般遵循"有罪先请"原则，即逮捕之前需得到皇帝的同意，否则，司法官吏直接逮捕贵族官僚将被视为"专擅"。③ 由岳麓秦简来看，因秦汉贵族官僚的社会地位特殊，法律对拘捕特定贵族与官吏的程序作出了特别规定。如岳麓秦简J22上的秦令载：

> 令曰：治狱有遝宦者显大夫若或告之而当征捕者，勿擅征捕，必具以其沓告闻，有诏乃以诏从事。(304/J22)④

以上秦令规定，因审理狱案、案件控告的缘故须征召或逮捕宦者、显大夫，官吏不得擅自征召或者逮捕他们，而应向皇帝上奏，如皇帝下诏，再据皇帝下达的诏令行事。据下列《法律答问》简191上的答问解释，宦者、显大夫为熟知于秦王的近身侍者及俸禄为六百石以上的官吏：

---

① 张家山二四七号汉墓竹简整理小组编：《张家山汉墓竹简〔二四七号墓〕》(释文修订本)，第28页。

② 陈松长主编：《岳麓书院藏秦简(柒)》，上海，上海辞书出版社，2022年版，第86—87页。

③ 刘庆：《秦汉逮捕制度考》，《河北学刊》2010年第3期。

④ 陈松长主编：《岳麓书院藏秦简(伍)》，第199页。

可(何)谓"宦者显大夫"? 宦及智(知)于王,及六百石吏以上,皆为"显大夫"。(191)①

据下列岳麓秦简 1129 和 1130 上的秦令,在李斯请诏制定此条秦令前,官府逮捕博士及参与议事者或官府因告劾征召他们,其拘捕程序如拘捕宦者、显大夫,也应先由司法官吏向皇帝请奏,得到诏令批准后方可逮捕:

制诏丞相斯:所召博士得与议者,节(即)有逮告劾,吏治者辄请之,尽如宦显大夫逮。斯言罢(087/1129)博士者,请辄除其令。(088/1130)②

李斯请诏废除对逮捕"博士得与议者"规定特殊程序的秦令,或与秦始皇三十四年李斯与淳于越为代表的博士展开的激烈争论有关。据《史记》载,齐国博士淳于越向秦始皇进奏,秦统一后应效仿周的制度,因周延续千年即在于周天子分封子弟功臣作为辅佐,从而巩固了政权,此提议遭到李斯的极力反对与谴责。③

(三)个人接受拘捕的义务

秦汉官吏抓捕犯罪嫌疑人时,犯罪嫌疑人有接受拘捕的义务。即使是犯罪嫌疑人并未实施犯罪行为,也应配合官吏并接受拘捕。《二年律令》简 152 上的律载:

捕盗贼、罪人,及以告劾逮捕人,所捕格斗而杀伤之,及穷之而自杀也,杀伤者除,其当购赏者,半购赏之。(152)④

此律的主语并不明确,但是据其内容来看,应该包括了吏民或劳徒追捕盗贼或罪人的各种情况。被拘捕者若格斗拒捕,追捕者杀、伤犯罪嫌疑人,或因追捕穷追不舍致犯罪者自杀,追捕者无须承担刑事责任,并且还将给予应受购赏者一半的购赏。此条律一方面使得追捕者不对犯罪嫌疑人拒捕时

---

① 睡虎地秦墓竹简整理小组编:《睡虎地秦墓竹简》,第 139 页。

② 陈松长主编:《岳麓书院藏秦简(伍)》,第 68 页。

③ (汉)司马迁撰:《史记》,第 254 页。

④ 张家山二四七号汉墓竹简整理小组编:《张家山汉墓竹简〔二四七号墓〕》(释文修订本),第 29 页。

产生冲突造成的伤害后果承担刑事责任；另一方面也促使被追捕者不得以暴力方式拒捕，而应接受拘捕后前往官府接受审讯，在案件调查和审判的刑事诉讼程序中申辩自己的无辜和清白。

张家山汉简《奏谳书》案例五与官吏追捕犯罪嫌疑人遇其拒捕相关：

> 十年七月辛卯朔甲寅，江陵余、丞骜敢灋（谳）之：迺五月庚戌，校长池曰：士五（伍）军告池曰：大奴武亡，见池（36）亭西，西行。池以告，与求盗视追捕武。武格斗，以剑伤视，视亦以剑伤武。今武曰：故军（37）奴。楚时去亡，降汉，书名数为民。不当为军奴。视捕武，诚格斗，以剑击伤视。它（38）如池。视曰：以军告，与池追捕武。武以剑格斗，击伤视，视恐弗胜，诚以剑刺伤（39）武而捕之，它如武。军曰：武故军奴，楚时亡，见池亭西。以武当复为军奴，即告池（40）所，曰武军奴，亡。告诚不审。它如池、武。诘武：武虽不当受军弩（奴），视以告捕武。武宜（41）听视而后与吏辩是不当状，乃格斗，以剑击伤视，是贼伤人也，何解？”（42）武曰：自以非军亡奴，毋罪，视捕武，心恚，诚以剑击伤视，吏以为即贼伤人，存吏当罪，（43）毋解。诘视：武非罪人也，视捕，以剑伤武。何解？视曰：军告武亡奴，亡奴罪当捕，以告捕武，武（44）格斗伤视，视恐弗胜，诚以剑刺伤捕武，毋它解。问，武：士五（伍），年卅七岁。诊如辥（辞）。鞫之：武不（45）当复为军奴，军以亡弩（奴）告池，池以告与视捕武，武格斗，以剑击伤视，视亦以剑刺伤（46）捕武，审。疑武、视罪，敢灋（谳）之，谒报，署狱西廥发。吏当：黥武为城旦，除视。廷以闻，（47）武当黥为城旦，除视。（48）①

汉高祖十年（公元前197年）七月，江陵县令余和县丞骜向上级司法机构上报了这则疑难案件。在当年五月，士伍军向亭校长池告发，他在亭的西侧见到成年男子奴隶武往西逃亡，于是池与求盗视前往追捕武。武原为军奴，楚时逃亡，后降于汉，户籍上登载为庶民。正因如此，求盗视在抓捕武的过程中，武格斗拒捕，并以剑击伤了视。视担心无法制服武，于是也拔剑刺伤了武并将其拘捕。

查清案件事实之后，因县廷无从确定武在告不审的情况下是否有权武力拒捕，并且求盗视追捕武并伤害武的行为又该如何处理，江陵县令余和县

---

① 张家山二四七号汉墓竹简整理小组编：《张家山汉墓竹简〔二四七号墓〕》（释文修订本），第94—95页。

丞憙于七月上报了这则疑难案件。因案件疑难不决，后由中央司法机构廷尉上报给皇帝后得到回复为：对武处以黥为城旦舂，并免除视的罪责。据《二年律令》简 43 的简文“贼伤人，黥以为城旦舂”，[①]最后朝廷应该是依据此律对武刺伤视的行为定罪量刑。

高祖十年，江陵县廷审理此则案件时，前引《二年律令》简 152 上的汉律应该还未被制定。在法律已有规定的情况下，秦汉官吏审理案件时应据法律条文论处犯罪行为，否则，即使他们上报案件也会被上级司法机构予以驳回，如《奏谳书》案例四中的廷尉回复：“廷报曰：娶亡人为妻论之。律白，不当谳。”[②]很可能是因为这则案件的审理和奏谳，地方官府发现并无相关法律规范官吏或劳徒追捕犯罪嫌疑人的过程中遇其拒捕并格斗该如何处理，于是向朝廷请奏就该事项制定法律后予以批准，又或由中央朝廷审理此案后，再制定了《二年律令》简 152 上的汉律。[③]

但是，秦汉法律对追捕者施行拘捕时恶意杀、伤犯罪嫌疑人的行为则处以刑罚。《法律答问》简 124 上的答问载：

捕赀罪，即端以剑及兵刃刺杀之，可(何)论？杀之，完为城旦；伤之，耐为隶臣。(124)[④]

据此答问，秦时追捕者拘捕犯有应处赀刑犯罪行为的犯罪者，若追捕者故意以剑或兵器、刀刃刺杀犯罪者，处以完为城旦；故意伤害犯罪者，则处以耐为隶臣。据《二年律令》下列两条律的规定，秦汉法律对故意杀害他人的行为科以弃市，对故意伤害他人的行为科以黥为城旦舂：

贼杀人，斗而杀人，弃市。其过失及戏而杀人，赎死；伤人，除。(21)[⑤]

---

① 张家山二四七号汉墓竹简整理小组编：《张家山汉墓竹简〔二四七号墓〕》(释文修订本)，第 14 页。

② 同上书，第 94 页。

③ 参见 Ulrich Lau and Michael Lüdke: *Exemplarische Rechtsfälle vom Beginn der Han-Dynastie: Eine Kommentierte Übersetzung des Zouyanshu aus Zhangjiashan/Provinz Hubei*, Tokyo: Research Institute for Languages and Cultures of Asia and Africa(ILCAA), Tokyo University of Foreign Studies, 2012, p. 137。县道官府向中央朝廷奏请就某事制定律令的程序，见于《二年律令》简 219—220 上的汉律规定：“县道官有请而当为律令者，各请属所二千石官，二千石官上相国、御史，相国、御史案致，当请，请之，毋得径请者。径请者，罚金四两。”张家山二四七号汉墓竹简整理小组编：《张家山汉墓竹简〔二四七号墓〕》(释文修订本)，第 38 页。

④ 睡虎地秦墓竹简整理小组编：《睡虎地秦墓竹简》，第 122 页。

⑤ 张家山二四七号汉墓竹简整理小组编：《张家山汉墓竹简〔二四七号墓〕》(释文修订本)，第 11 页。

贼伤人，及自贼伤以避事者，皆黥为城旦舂。(25)[①]

将《法律答问》简124与以上两条法律相比来看，秦时追捕犯罪嫌疑人过程中即使是故意致其死亡或伤害，相比一般的故意杀人或伤害罪的处罚仍然轻微很多，刑法规范在这点上更为保护的仍然是追捕者。

(四) 吏民追捕犯罪者的购赏

如前文所述，秦汉帝国为扩大其有限的信息收集范围，加强维护社会秩序，刑法对百姓追捕犯罪者的行为予以量化的奖励。马硕指出，秦汉法律明确规定了追捕犯罪人的奖励，将有利于庶民计算奖励数额，通过捕告犯罪者的方式提升其社会地位。[②]

在一定情况下，帮助犯罪者或附有连带刑事责任者若追捕犯罪者，还可免除其连带责任。如《二年律令》简72—73上的汉律载：

诸予劫人者钱财，及为人劫者，同居(72)智(知)弗告吏，皆与劫人者同罪。劫人者去，未盈一日，能自颇捕，若偏(徧)告吏，皆除。(73)[③]

此律规定，给予劫掠者钱财或帮助他们劫掠，及劫掠者的同居若知道劫掠者的犯罪行为而不向官吏告发，皆处以与劫掠者相同的刑罚。如果劫掠者离开未满一日，以上三者追捕到劫掠者或向官府告发全部劫掠者，其罪责将被免除。

下文将主要结合司法案例来分析秦汉时期追捕犯罪者的购赏规定。[④]《二年律令》简137—138上的律载：

---

① 张家山二四七号汉墓竹简整理小组编：《张家山汉墓竹简〔二四七号墓〕》(释文修订本)，第13页。

② Maxim Korolkov："Calculating Crime and Punishment：Unofficial Law Enforcement，Quantification，and Legitimacy in Early Imperial China，"*Critical Analysis of Law* 3：1(2016)，pp. 73－79；此文的中文译文，参见〔俄〕马硕：《可计量的犯罪与刑罚：早期中华帝国非官方执法的量化与正当性》，朱潇译，周东平、朱腾主编：《法律史译评》(第五卷)，上海，中西书局，2017年版，第14—15页。

③ 张家山二四七号汉墓竹简整理小组编：《张家山汉墓竹简〔二四七号墓〕》(释文修订本)，第19页。

④ 除秦汉《捕律》外，规定奖励追捕犯下各类罪行犯罪者的法律规定也见于《盗律》《市律》《钱律》等律篇内。此外，秦汉令中也有关于购赏的法律规定，如《二年律令·津关令》简506、507、510及511上的汉令。

☐[捕]亡人、略妻、略卖人、强奸、伪写印者弃市罪一人,购金十两。刑城旦舂罪,购金四两。完城(137)☐二两。(138)①

此律规定,追捕到逃亡者、掠妻、掠卖人、强奸、伪写印犯罪者及应处弃市刑者,奖励金十两;追捕到应处刑城旦舂刑的犯罪者,奖励金四两;追捕到应处完城旦舂的犯罪者,奖励金二两。因秦汉刑法据犯罪者的罪刑给予追捕者相应的购赏,追捕者将犯罪嫌疑人押送至官府时,应不会立即获得政府购赏,而是在司法官吏对犯罪嫌疑人的犯罪行为经审判定罪量刑后,据之给予追捕者相应的金钱购赏。

因简 137 上部残断,此汉律的主语并不清楚,无从知晓此条刑法规定给予追捕者的购赏是否只是给予普通百姓,还是包括了负有追捕犯罪者职责的官吏与劳徒。美国学者李安敦和叶山认为,官吏除追捕群盗或来自于边境外的犯罪者之外,应无法获得政府的购赏。② 陈松长则指出,依照秦律规定来看,有秩吏追捕犯罪者一般会不获得政府给予的购赏,但据岳麓秦简《为狱等状四种》案例一"癸、琐相移谋购案"来看,官吏捕获群盗后请求官府给予购赏是合法的。③

"癸、琐相移谋购案"为秦王政二十五年六月(公元前 222 年)由州陵代守县令绾及丞越向上级司法机构奏报的疑难案件。④ 此年四月,亭校长癸、求盗上造柳、士伍轿与沃将男子治等八人及女子二人押送至州陵县官府,并告发他们为群盗,犯有盗杀人的罪行。在癸等人获得购赏前,沙羡县代守县令驩向州陵县告发,实际上是由士伍琐等人捕获群盗治等人后,再将治等人移交给了癸等人。

州陵县经案件调查与审讯查明,群盗盗杀人的犯罪行为发生后,州陵代守县令绾命令亭校长癸与令佐行带领柳等人追踪群盗。在他们到达沙羡界内时,发现群盗已被琐等人捕获。琐等人只知治等人犯有邦亡罪,并不知他们还犯有群盗盗杀人的罪行,也不知晓群盗盗杀的购赏更高。癸等人为了

---

① 张家山二四七号汉墓竹简整理小组编:《张家山汉墓竹简〔二四七号墓〕》(释文修订本),第 27 页。

② Anthony J. Barbieri-Low and Robin D. S. Yates: *Law, State and Society in Early Imperial China: A Study with Critical Edition and Translation of the Legal Texts from Zhangjiashan Tomb no. 247*, pp. 143 - 144.

③ 陈松长:《〈岳麓简(三)〉"癸、琐相移谋购案"相关问题琐议》,《华东政法大学学报》2014 年第 2 期。

④ 案例释文,见朱汉民、陈松长主编:《岳麓书院藏秦简(叁)》,上海,上海辞书出版社,2013 年版,第 11—15 页。

谋取群盗盗杀人的购赏，请求琐等人将治等人转交他们押送至州陵官府，并许诺给予琐等人死罪购赏。协商一致后，癸等人向琐等人预先交付二千钱。癸等还未得到购赏之前，即被沙羡代守县令讙告发。

据《法律答问》简136和137上的答问，秦律依据犯罪者的罪刑和人数来确定对追捕者的购赏：

> 夫、妻、子五人共盗，皆当刑城旦，今中〈甲〉尽捕告之，问甲当购几可(何)？人购二两。(136)①
>
> 夫、妻、子十人共盗，当刑城旦，亡，今甲捕得其八人，问当购几可(何)？当购人二两。(137)②

如岳麓秦简整理小组指出，据岳麓秦简《数》简082上的简文，秦时金一两为五百七十六钱，又据《为狱等状四种》案例二"尸等捕盗疑购案"中所载"产捕群盗一人，购金十四两"，追捕群盗一人应得购赏八千六十四钱，因此，此则案例中捕群盗十人应得购赏总计为八万六百四十钱。③

五月，州陵代守县令绾、丞越、史获论处癸、琐等人赎黥，癸、行戍守衡山郡三年，琐等人已经支付赎黥钱。后监御史巡查南郡时，发现这则案件的审判不当，于是由其举劾州陵重新审理了此案。案件重审过程中，州陵代守县令绾等以盗未有取、吏赀发戍的律令论处了癸、琐等人。但是，州陵官吏仍然不确定应如何对癸、琐等人定罪量刑，于是将案件上报给南郡。④

南郡官吏对这则案件的审判也产生了争议，并给出了两种不同的建议。七月乙未日，南郡代理郡守贾回复州陵代守县令绾、丞越，此案案情清楚，可据秦律"受人货材以枉律令，其所枉当赀以上，受者、货者皆坐赃为盗"来论处癸、琐等人。据秦律"有律，不当谳"，州陵代守县令绾、丞越及吏获被分别处以赀罚一盾。

通过此案可知，秦律禁止百姓追捕到犯罪人后将其移交他人以获取购赏，或是在获取购赏中有诈伪行为。秦"受人货材以枉律令"本为官吏在处理司法事务中枉法的法律规定，此令被用来审判该案应该是因为当时秦尚

---

① 睡虎地秦墓竹简整理小组编：《睡虎地秦墓竹简》，第125页。

② 同上。

③ 陈松长主编：《岳麓书院藏秦简(壹—叁)》(释文修订本)，上海，上海辞书出版社，2010年版，第141页。

④ 参见邬勖：《〈岳麓简(三)〉"癸、琐相移谋购案"中的法律适用》，《华东政法大学学报》2014年第2期。

未有专门的法律规定，对移交被抓捕犯罪者获取购赏的行为予以处罚。

但是由《秦律杂抄》简38及《法律答问》简139来看，后来秦律或对追捕犯罪人后将其移交他人以获取购赏的行为已有所规范：①

捕盗律曰：捕人相移以受爵者，耐。(38)②

有秩吏捕阑亡者，以畀乙，令诣，约分购，问吏及乙论可(何)殹(也)？当赀各二甲，勿购。(139)③

由以上简文来看，秦律对追捕犯罪嫌疑人转交他人取得购赏的行为予以处罚。汉律则以"取购赏者坐臧为盗"来论处追捕犯罪人后转交犯罪人或为诈伪以获取购赏的行为。如《二年律令》简155上的汉律：

捕罪人弗当以得购赏而移予它人，及詐(诈)伪，皆以取购赏者坐臧(赃)为盗。(155)④

此外，据下列《二年律令》简154上的汉律，数人共同追捕犯罪者，如果其中一人独自向官府报告要求获得奖励，也为法律所禁止：

数人共捕罪人而独自书者，勿购赏。(154)⑤

《二年律令》简149上的汉律还规定，即使追捕者所追捕的犯罪者后因赦免，其刑罚不被执行，追捕者依然可以得到政府的购赏：

所捕、斩虽后会赦不□□(148)论，行其购赏。斩群盗，必有以信之，乃行其赏。(149)⑥

---

① 关于此两条秦律的解释，参见曹旅宁：《秦汉捕法考》，载氏著：《秦律新探》，中国社会科学出版社，2002年版，第292页。

② 睡虎地秦墓竹简整理小组编：《睡虎地秦墓竹简》，第89页。

③ 同上书，第125页。

④ 张家山二四七号汉墓竹简整理小组编：《张家山汉墓竹简〔二四七号墓〕》(释文修订本)，第29页。

⑤ 同上。

⑥ 彭浩、陈伟、〔日〕工藤元男主编：《二年律令与奏谳书——张家山二四七号汉墓出土法律文献释读》，上海，上海古籍出版社，2007年版，第150页。

（五）拘捕文书

由出土简牍来看，在文书行政的秦汉帝国，官府拘捕犯罪嫌疑人过程中，应视不同情况制作相应的拘捕文书。下文将分析简牍所见秦汉的拘捕文书，并讨论其内容及功能。

1. 逮书

秦汉犯罪行为发生之后，由案件发生地的官府审理案件。若犯罪嫌疑人居所不在案件发生地，则应由具有审判权的官府将逮书发至犯罪嫌疑人所在地官府，请求当地官府帮助追捕犯罪嫌疑人，并派官吏将他们押送至审判地。[①] 敦煌悬泉汉简 I 0210①:54 上所载即为一份逮书：

> 狱所遝（逮）一牒：河平四年四月癸未朔甲辰，效谷长增谓县（悬）泉啬夫、吏，书到，捕此牒人，毋令漏泄，先阅知，得遣吏送……掾赏、狱史庆。（I 0210①:54）[②]

以上简所载为官府追捕犯罪嫌疑人的牒书，于汉成帝河平四年四月甲辰（公元前 25 年 4 月 22 日）由效谷县长增发给悬泉县令及官吏，请求悬泉县逮捕牒书中所列的犯罪嫌疑人，并强调悬泉不应泄露逮书内容，以防信息泄露。此牒书应由效谷县掾“赏”以及狱史“庆”起草并签发。

2. 通缉文书

秦汉中央朝廷还可针对在逃犯罪者，向各地官府发布通缉文书，以便在全国范围内追捕犯罪者。如悬泉汉简 II 0111④:3 上所载的通缉文书：

> 元康四年五月丁亥朔丁未，长安令安国、守狱丞左、属禹敢言之：谨移髡钳亡者田敖等三人年、长、物、色，去时所衣服。谒移左冯翊、右扶风、大常、弘农、河南、河内、河东、颍川、南阳、天水、陇西、安定、北地、金城、西河、张掖、酒泉、敦煌、武都、汉中、广汉、蜀郡……（II 0111④:3）[③]

---

① 关于秦汉时期官吏押解犯罪人的方式，参见宋杰：《秦汉罪犯押解制度》，《南都学刊》2009 年第 6 期。

② 胡平生、张德芳：《敦煌悬泉汉简粹释》，第 20 页。

③ 同上书，第 21 页。

此份通缉文书为汉宣帝元康四年五月丁亥日（公元前 62 年 5 月 21 日）由长安县令安国、代守狱丞左和属吏禹发布全国各地的通缉文书，文书内列有三名髡钳逃亡犯的年龄、身高、所携带物品、肤色以及逃亡时所带衣服。

因秦汉法律鼓励百姓捕告犯罪者并对此给予购赏，因此通缉文书也向百姓发布，以让他们了解在逃犯罪者的情况，帮助提供线索或参与追捕。官府发布的通缉文书还可以“大扁书”形式悬挂于亭、市等人多易显的场所，以让民众周知。如敦煌悬泉汉简 I 0309③:222 上的通缉文书即以大扁书方式公布：

> 十月己卯，敦煌太守快、丞汉德敢告部都尉卒人，谓县：督盗贼史赤光、刑（邢）世写移今□□□□□部督趣，书到各益部吏，□泄□捕部界中，明白大编书亭世里□□□□，令吏民尽知□□。（I 0309③:222）[①]

3.“名捕诏书”

秦汉时期的“名捕诏书”也是为追捕犯罪者在全国范围内发布的通缉文书，其特殊之处在于为皇帝亲自发布的通缉诏书。因秦汉关塞边境为犯罪人逃亡之常地，且居延又位于汉时西部边境上，官吏常奉命追捕在逃犯罪者，这应该是居延汉简中存有多份“名捕诏书”的原因。[②] 兹列举居延汉简的几份“名捕诏书”如下：

> ☐朔乙酉，万岁候长宗敢言之，官下名捕诏书曰：清河不知何七男子共贼燔男子李☐强盗兵马，及不知何男子凡六十九人黠谋更□□□怨，攻盗贼燔人舍、攻亭。（E·P·T5:16）[③]
>
> 都尉书曰：诏所名捕及铸伪钱盗贼亡未得者，牛严寿高建等廿四，移书，到□（20·12A）[④]
>
> 名捕平陵德明里李蓬字游君，年卅二三，坐贼杀平陵游徼到周剽攻

① 胡平生、张德芳：《敦煌悬泉汉简粹释》，第 22—23 页。

② 参见陈公柔：《居延出土汉律散简释义》，载氏著：《先秦两汉考古学论丛》，北京，文物出版社，2005 年版，第 262 页；另见李明晓、赵久湘：《散见战国秦汉简帛法律文献整理与研究》，重庆，西南师范大学出版社，2011 年版，第 315 页。

③ 甘肃省文物考古研究所、甘肃省博物馆、文化部古文献研究室、中国社会科学院历史研究所编：《居延新简：甲渠候官与第四隧》，第 18 页。

④ 谢桂华、李均明、朱国炤：《居延汉简释文合校》，第 33 页。

□□市贼杀游徼业谭等，亡为人奴▱(114·21)[①]

从居延汉简以上三份“名捕诏书”来看，由皇帝亲自发布的“名捕诏书”中所通缉追捕的犯罪者所犯罪行较为严重，比如群盗、盗贼、贼杀等犯罪，危及国家政权及社会秩序，为秦汉刑事法律所严惩与严防的重罪。并且，由以上居延汉简E·P·T5:16上所载“名捕诏书”来看，文书发布时，犯罪者的身份可能仍然未被查明，还需由当地官吏调查案件，以查明犯罪者的身份、行踪，进而进行追捕。

① 谢桂华、李均明、朱国炤:《居延汉简释文合校》，第186页。

第六章　简牍所见秦汉刑事法制实施中的特殊程序

秦汉刑事案件经过告劾与追捕之后，案件将进入司法阶段，以司法判决作为定罪量刑的方式。司法判决及时、公正地形成裁判结果是刑事法律制度有效运行的重要环节。秦汉刑事法律实施中尤其是刑事司法诉讼程序中，形成了特别的制度供给以促使官吏有效、及时地为犯罪者定罪量刑。本章将首先分析简牍所见秦汉法律中关于督办刑事案件的规定，并分析秦汉如何以审限规定将刑事司法诉讼各阶段限定在合理的期限内。此外，结合岳麓秦简《为狱等状四种》及张家山汉简《奏谳书》的案例，本章还将研究秦汉刑事法律实施中的特殊程序，如疑狱奏谳、官吏录囚、案件乞鞫及复审制度等，以此分析秦汉官吏是否根据法定要求审理刑事案件，并探究这些程序是否有效保证了秦汉刑事法律制度的实施。

第一节　秦汉刑事法制实施中的审限要求

中国古代刑事法律制度注重在司法诉讼中及时作出裁判，如张金鉴就提到："法官听讼断狱须负一定之法律责任，此中国法治史上之一大特色也。历代法官听断时，所负之法律责任，论其要者，盖有二端：一曰断狱不直或故为出入者，法官须受惩戒，以达重刑慎狱之义；二曰，诉讼结断，率有一定期限，不得淹延以省讼累并免无罪之久系。"①

（一）秦汉关于督办刑狱的法律规范

由目前出土简牍资料来看，秦汉刑法实施中也注重及时审判案件，以保障刑事法制实施的有效性与及时性。兹将秦汉法律中关于督办刑狱的相关

① 张金鉴：《中国法制史概要》，台北，正中书局，1974 年版，第 102 页。

规范梳理如下：

材料一　岳麓秦简 1125、0968 及 0964 上的秦令载：

> 制诏御史：闻狱多留或至数岁不决，令无罪者久毄（系）而有罪者久留，甚不善，其举留狱上（059/1125）之。御史请：至计，令执法上冣（最）者，各牒书上其余狱不决者，一牒署不决岁月日及毄（系）者人数，为（060/0968）冣（最），偕上御史，御史奏之，其执法不将计而郡守丞将计者，亦上之。制曰：可。卅六（061/0964）[①]

据以上秦令载，因狱案多有淹留，历经数年未决，以致无罪之人久遭拘系而有罪之人羁押于狱，此为司法不善之举。此令要求司法官吏及时上报淹狱案卷文书。上计之时，应令执法上报狱案文书，[②]需分别以牒书记录未决案件的案情以及审理情况，另以一牒书列明案件不决日期及羁押人数，一同上报御史，再由御史上奏皇帝，不由执法而由郡守、郡丞负责奏报的上计文书也须上奏皇帝。[③]

此令反映，秦朝廷甚为关注淹留狱案的情况，所以要求执法及郡守、郡丞在上计时将淹狱案件情况、淹狱不决年月及拘系人数一并上奏皇帝，以使皇帝知悉地方狱案淹留的情况。上奏淹狱应为秦汉时期官僚机构内部的刑事司法制约和监管的重要方式，有助于朝廷了解地方刑事法律制度的实施情况。

材料二　岳麓秦简 1034、1007、1006 及 0999 上的秦令载：

> 罪人久毄（系）留不决，大费殹（也）。诸执法、县官所治而当上奏当者：其罪当耐以下，皆令先决（078/1034）论之，而上其奏夬（决）。其都吏及诸它吏所自受诏治而当先决论者，各令其治所县官以法决论（079/1007）之，乃以其奏夬（决）闻。其已前上奏当而未报者，亦以其当决论

---

① 陈松长主编：《岳麓书院藏秦简（伍）》，第 58—59 页。

② 王捷认为，秦"执法"是与御史并列的监察类职官，其主要职责为监察律令的执行以及司法情况，参见王捷：《秦监察官"执法"的历史启示》，《环球法律评论》2017 年第 2 期。王四维讨论了秦郡"执法"，认为郡"执法"不单单只是秦的监察官吏，还拥有司法审判、罢黜官吏、调发徒隶、分发钱款和巡察案举等多种权力，在郡中发挥着重要的影响。郡执法的职能与郡守、郡尉、监狱史的职能有所重合，以致郡权力散乱。参见王四维：《秦郡"执法"考——兼论秦郡制的发展》，《社会科学》2019 年第 11 期。

③ 关于此条秦令的解释，参见马力：《〈岳麓书院藏秦简（伍）〉举留狱上计诏初读》，载邬文玲、戴卫红主编：《简帛研究》（二〇一九春夏卷），桂林，广西师范大学出版社，2019 年版，第 114—116 页。

之。其奏决有物故，却而当论者，以(080/1006)后却当更论之。十六(081/0999)[①]

此条秦令提到，犯罪人长久拘系及狱案淹留不决，导致司法耗费甚大。由执法、县官审理且应当上奏的案件，如果犯罪行为应处耐刑以下，应由执法、县官直接先行论处，而后再将审理结果上奏。如果是都官、都吏或其他官吏依照诏书应先行审断的案件，交由其官署所在县官先行论决，而后再奏报论处结果。在这条令制定之前上奏却未得到回复的案件，也应按照其上报的罪刑先行判决。若官府上奏的案件被驳回而应当重新论处，由原审官府依据驳回意见重新审判。[②]

刑事司法审判如须由执法、县官上报上级司法机关，经其核查并答复后再由执法、县官予以判决，刑事案件的审理进程会比较缓慢，周期较长，将会导致司法耗费的增加。尤其秦汉帝国所辖地域范围广阔，交通并不发达，信息传递能力也有限，案件审判所耗费的司法资源更为明显。因此，此令规定了由执法、县官审理须上报的案件，如若犯罪行为应处耐刑以下，则令执法、县官直接论处。据《二年律令·具律》简96—98上的律，迁、罚金、居作赎债刑轻于耐刑，劳役刑、肉刑与死刑重于耐刑：[③]

赎死、赎城旦舂、鬼薪白粲、赎斩宫、赎劓黥、戍不盈(96)四岁，毄(系)不盈六岁，及罚金一斤以上罪，罚金二两。毄(系)不盈三岁，赎耐、赎䙴、及不盈一斤以下罪，购、没入、负偿、偿日作县(97)官罪，罚金一两。(98)[④]

可见，此条汉律规定有助于简省犯罪行为处刑轻微案件的司法诉讼程序，以让此类案件得以尽快审判。但也体现出，秦汉朝廷对关涉严重犯罪行为且应当上报的刑事狱案则怀持审慎态度，这些刑案仍须由执法、县官上报上级司法机构，获其答复后方可审判。

材料三　岳麓秦简1812载：

① 陈松长主编：《岳麓书院藏秦简(伍)》，第65—66页。

② 关于此条秦令的解释，参见马力：《〈岳麓书院藏秦简(伍)〉举留狱上计诏初读》，载邬文玲、戴卫红主编：《简帛研究》(二〇一九春夏卷)，第117—118页。

③ 关于秦汉的刑罚体系研究，参见〔日〕冨谷至：《秦的刑罚——云梦睡虎地秦墓竹简》，载氏著：《秦汉刑罚制度研究》，柴生芳、朱恒晔译，第8—54页。

④ 张家山二四七号汉墓竹简整理小组编：《张家山汉墓竹简〔二四七号墓〕》(释文修订本)，第22页。

> 及上书言事，得之故而諆求其过罪，以嬰絫而强罪之，若毋罪而久毄(系)以苦之，甚非殹(也)。不便。(326/1812)①

这条秦简所接上、下简不明，从简文来看，其内容大致为：行为人因上书言事被拘捕后，官吏罗织罪名强加其罪，若是行为人没有罪行而受久拘之苦，甚为不是。官吏在刑事司法诉讼程序中应当及时作出裁判结果，如果诉讼过于延迟，将导致与案件相关的当事人长时间地处于不确定的待判定状态，此条法律正是斥责了秦司法官吏致使无罪之人久受拘系之苦。

材料四　岳麓秦简 2025 的法律载：

> 治罪及诸有告劾而不当论者，皆具傅告劾辞论夬(决)，上属所执法，与计偕，执法案掾其论。(335/2025)②

此条秦简所接上、下简不明。据其内容来看，其意为审理案件及因控告、举劾犯罪审讯犯罪嫌疑人，发现其不应被论处，须由司法官吏将控告、举劾之辞以及案件论决结果附于文书中，上报其所属执法官吏，由执法查核案件的审理。这条法律规定也有助于秦执法监管刑事法律实施的情况，以了解犯罪嫌疑人被告劾、拘系与论决的情况。

(二) 秦汉关于审限的法律规范

出土简牍反映，在刑事法律制度实施过程中，秦汉注重确保诉讼与案件判决的及时性。为了及时公正地审判案件，避免案件淹留积压，秦汉建立了刑事审限程序要求，用以规范刑事诉讼期限，并有效控制各类刑事案件的审理时长。③ 下文将梳理与分析关于审限制度规定的秦汉法律，并按刑事司法诉讼阶段归纳各类期限。

1. 拘系讯问期限

在秦汉刑事司法诉讼中，证人证言及犯罪嫌疑人的口供对司法机构查明

---

① 陈松长主编：《岳麓书院藏秦简(伍)》，第 207 页。

② 同上书，第 210 页。

③ 由于之前秦汉法律文献资料极为有限，有学者梳理中国古代诉讼中的审限制度时认为，“限期断狱，始于唐朝”。陈光中、沈国锋：《中国古代司法制度》，北京，群众出版社，1984 年版，第 124 页。但就出土简牍资料来看，审限制度是我国秦汉以来就已形成的刑事法律制度，其存在与发展有着深厚的历史与法律基础。参见于增尊：《论我国古代刑事审限制度及其启示》，《中国政法大学学报》2015 年第 3 期。

案件事实及定罪量刑具有重要的作用。[①] 为了防止犯罪嫌疑人逃脱，并且尽快调查清楚案件事实并审断案件，秦汉司法机构在受理诉讼之后应立即将案件相关当事人拘系在“狱”中进行讯问审理。讯问被认为是刑事司法诉讼中的核心程序，一般由狱吏进行，并由其提供讯问记录给具有审判权的县令、县丞。[②] 对此，秦汉法律规定司法官吏在受理狱案之后，必须在法定期限之内审理被拘系之人，不得故意拖延审讯。如岳麓秦简 J14 上的简文载：

> ☑□下县道官而弗治，毄(系)人而弗治，盈五日，赀一盾；过五日到十日，赀一甲；过十日到廿日，赀二甲，后有盈十日，辄驾(加)一甲。(283/J14)[③]

因该简简首残断且字迹磨灭，简首文字无法释读。但从简文文义判断，这条法律要求县道官府受理诉讼或者拘系犯罪嫌疑人与有关当事人之后，应及时审讯，司法官吏若拘系当事人超过五日未予审讯将赀罚一盾，超过五日至十日，赀罚一甲，超过十日至二十日，赀罚二甲，其后如果超期每过十日，则依次增罚一甲。可见，秦法律对于官吏未及时审讯羁押犯人规定的惩罚程度由拖延日长决定。

在秦汉刑事案件的司法诉讼过程中，相关当事人被拘系之后，若司法官吏无故拖延讯问，将导致案件审理拖延不决，以致产生犯罪嫌疑人与相关人长期遭受拘系的弊害，甚至影响对犯罪行为的及时发现与惩罚。秦汉法律规范拘系讯问期限，可以防止司法官吏拖延审讯当事人的弊端，以确保案件的及时审理与定罪量刑。

2. 异地赴审期限

由岳麓秦简《为狱等状四种》及张家山汉简《奏谳书》所载案例来看，在秦汉司法诉讼中，案件发现地所在县廷享有立案及审判管辖权，由其受理诉讼并审理案件，并不考虑犯罪地点与犯罪嫌疑人所在地。[④] 并且，如前章所

---

① 张琮军指出，虽然客观性的刑事证据规则已经在秦代司法中有所发展，但是犯罪嫌疑人的口供仍然是定罪量刑的基本依据，在秦代刑事证据中居于核心地位。参见张琮军：《秦代简牍文献刑事证据规则考论》，《法学》2015 年第 2 期。

② 参见朱汉民、陈松长主编：《岳麓书院藏秦简(叁)》，上海，上海辞书出版社，2013 年版，第 110 页。

③ 陈松长主编：《岳麓书院藏秦简(肆)》，第 162 页。

④ 参见彭浩：《谈〈奏谳书〉中的西汉案例》，《文物》1993 年第 8 期；彭浩：《谈〈奏谳书〉中秦代和东周时期的案例》，《文物》1995 年第 3 期。

论，如果参与审讯者不在审判县廷所在县的管辖范围之内，法律禁止审判机构直接派遣官吏拘捕，而是由审判机构发征书到参与审讯者所在地官府，再由当地官吏及时告知并派遣他们按征书要求，至案件审判机构所在地参与案件审讯。①

在幅员辽阔的秦汉帝国，如果案件当事人需赶赴异地参与庭审，实为耗费时间与精力。结合当时的交通状况，秦汉法律对当事人异地参审的出行期限与方式分别已有细化、具体的规定，这样可以督促他们及时赶往案件审判所在地官府，以便顺利开展狱案的调查、审理工作，这也是保障狱案及时审理的重要环节。如岳麓秦简 1392 与 1427 上的具律载：

> 具律曰：有狱论，征书到其人存所县官，吏已告而弗会及吏留弗告、告弗遣，二日到五日，赀各一(230/1392)盾；过五日到十日，赀一甲；过十日到廿日，赀二甲；后有盈十日，辄驾(加)赀一甲。(231/1427)②

此条秦律规定，因狱案审理需要，审判司法机构征召犯罪嫌疑人以及相关当事人的征书送至被征召者所在地官府之后，官吏告知被征召者征召情况而其未按时参与庭审，或官吏滞留征书未及时告知被征召者，或告知被征召者而未及时遣送其参与庭审，在这些情况下，责任官吏都将遭受法律制裁，且官吏受到惩罚的严厉程度也取决于其拖延征召的日长，超过期限两日至五日，赀罚一盾，超过五日至十日，赀罚一甲，超过十日至二十日，赀罚二甲，之后若每超期十日，则增罚一甲。通过此种期限规定，法律也就促使被征召者所在地的官府官吏积极配合异地审判机构的司法工作，及时派遣被征召者赶赴庭审，以按期审理案件。

又如岳麓秦简 1304、1353 和 1312 载：

> □会狱治，诣所县官属所执法，即亟遣，为质日，署行日，日行六十里，留弗亟遣过五日及留弗传过(234/1304)二日到十日，赀县令以下主者各二甲；其后弗遣复过五日，弗传过二日到十日，辄驾(加)赀二甲；留过二月，夺(235/1353)爵一级；毋(无)爵者，以卒戍江东、江南四岁。(236/1312)③

---

① 参见〔日〕宫宅洁：《秦汉时期的审判制度——张家山汉简〈奏谳书〉所见》，徐世虹译，载杨一凡、〔日〕寺田浩明主编：《日本学者中国法制史论著选——先秦秦汉卷》，第 277—280 页。

② 陈松长主编：《岳麓书院藏秦简(肆)》，第 144 页。

③ 同上书，第 145—146 页。

据此条秦律，因狱案审理征召犯罪嫌疑人及有关当事人参与案件审理，需报告被征召者所在地属所执法，执法应立即派遣被征召者参加狱案审理，并需记录下其旅程以及行程情况，每日应行六十里。未按法律规定要求及时遣送犯罪嫌疑人以及相关当事人，责任官吏也将被处罚，且官吏受到惩罚的严厉程度也取决于其拖延遣送的日长。这条法律可以保障征书到达被征召者所在官府之后，执法立即根据法定行程的要求派遣他们参与庭审。

为了保障案件的及时审理，除开异地征召当事人的期限规定，秦汉法律还就司法官吏赴异地审理覆狱案件的行程方式以及速度予以规定。岳麓秦简 1924 和 1920 上的秦令以及简 0698 和 0641 上的法律规定分别如下：

> 令曰：叚(假)廷史、廷史、卒史覆狱乘傳(使)马，及乘马有物故不备，若益驂驷者。议：令得与书史、仆、走乘，毋得(261/1924)驂乘。它执法官得乘傳(使)马覆狱、行县官及它县官事者比。　内史旁金布令第乙九(262/1920)①
>
> 县官毋得过驂乘，所过县以律食马及禾之。御史言，令覆狱乘恒马者，日行八十里，请，许。如(313/0698)有所留避，不从令，赀二甲。(314/0641)②

根据上述两条秦代法律的规定，官吏若因覆狱需要出行，必须乘使马及恒马，并且日行八十里。如果出行有所延迟，违令官吏将被处以赀罚二甲。在张家山汉简《奏谳书》案例十八“南郡卒史复狱”的秦代案例中，御史下达命令要求南郡官吏复审苍梧郡攸县的淹留疑案，其中记载了南郡卒史因覆狱缘故来回攸县的旅程及出行方式：“行道六十日，乘恒马及船行五千一百卌六里，③率之，日行八十五里，奇卌六里不率。”④该案件的覆狱官吏以恒马及船行方式日行八十五里来回攸县，并书面记载下了其行程记录，可见是遵

① 陈松长主编：《岳麓书院藏秦简(伍)》，第 184 页。

② 陈松长主编：《岳麓书院藏秦简(肆)》，第 198—199 页。

③ 劳武利和吕德凯指出，南郡与攸县直线距离约为 400 千米，案件中记“乘恒马与船行 5146 里”，约为 2140 千米，由于他们的实际行程长度远长于两地之间的直线距离，5146 里应该为南郡官员来回攸县的行程；参见 Ulrich Lau and Michael Lüdke: *Exemplarische Rechtsfälle vom Beginn der Han-Dynastie: Eine Kommentierte Übersetzung des Zouyanshu aus Zhangjiashan/Provinz Hubei*, Tokyo: Research Institute for Languages and Cultures of Asia and Africa(ILCAA), Tokyo University of Foreign Studies, 2012, p. 246。

④ 张家山二四七号汉墓竹简整理小组编：《张家山汉墓竹简〔二四七号墓〕》(释文修订本)，第 103 页。

照了法律规定的要求赶赴狱治所在地。

因秦汉国家地域广阔，案件当事人或者覆狱官吏去往异地参加狱案审理的行程距离会有很大不同，审限规范并未统一规定到达异地审判机构的日期期限，而是代之规定其出行的方式与日行里程，实际上也就根据行程距离间接限定了行程期限，这样的法律规范更为合理、可行。

3. 送达狱案文书期限

在秦汉中央集权的官僚行政体系之下，各级官府之间文书的上传与下达极为重要，这保障了其行政与司法体系的有效运行，以及法律制度的顺利实施。① 在秦汉刑事法律制度实施的过程中，其中每个程序都会涉及官府法律文书的制作与传递，这也是官吏在法律实践中的重要工作，秦汉遗址出土文献如里耶秦简、居延汉简中就收录有许多类似的法律文书。②

正因如此，在刑事法律制度实施中，法律文书的传递与送达是保障案件及时审判的关键环节，重视文书行政的秦汉政府对此也有所规定。如岳麓秦简 1310 的秦律载：

> 律曰：治书，书已具，留弗行，留五日到十日，赀一甲，过十日到廿日，赀二甲。后盈十日，辄驾(加)一甲。有(031/1310)③

以上秦律规定，治狱文书完备之后，需立即行书，不得滞留，否则官吏将承担法律责任，滞留文书日长决定了官吏受惩罚的严重程度。

除了严格规定治狱文书的行书日期期限，秦汉法律也以行书制度来保障刑事司法文书及时送达。④ 张家山汉简《二年律令》简 276 载：

> 诸狱辟书五百里以上，及郡县官相付受财物当校计者书，皆以邮

---

① 关于秦汉时期的文书行政，参见〔日〕冨谷至：《文书行政的汉帝国》，刘恒武、孔李波译，第 341—342 页。

② 籾山明指出，从史料的角度来分析，刑事司法诉讼也可以看作是各种法律文件的集合体。参见〔日〕籾山明：《简牍文学与法制史——以里耶秦简为例》，载柳立言主编：《史料与法史学》，台北，"中央研究院"历史语言研究所，2016 年版，第 63 页。

③ 陈松长主编：《岳麓书院藏秦简(陆)》，上海，上海辞书出版社，2020 年版，第 57 页。

④ 关于秦汉文书的传递与行书，参见汪桂海：《从湘西里耶秦简看秦官文书制度》，载中国社会科学院考古研究所、中国社会科学院历史研究所、湖南省文物考古研究所编：《里耶古城・秦简与秦文化研究——中国里耶古城・秦简与秦文化国际学术研讨会论文集》，北京，科学出版社，2009 年版，第 141—149 页；陈伟：《秦与汉初的文书传递系统》，载《里耶古城・秦简与秦文化研究——中国里耶古城・秦简与秦文化国际学术研讨会论文集》，第 150—157 页。

行。(276)[1]

此律规定，治理狱讼的文书送达里程为五百里以上，需以邮行的方式送达。《二年律令》简 273—275 上的律文载，“邮人行书，一日一夜行二百里。行不中程半日，笞五十；过半日至盈一日，笞百；过一日，罚金二两。邮吏居界过书，弗过而留之，半日以上，罚金一两。”[2]可见，汉对邮行文书传送的每日行程以及程序都有严格的法律规定，即邮人行书，一日一夜行程为二百里。若不符合规定，邮人将会受到惩罚。

从上述列举的各条法律来看，秦汉刑事法律制度实施过程中，官吏须依据法律规定在法定期限内派遣当事人，使其按期参加案件审理，覆狱官吏也以法定方式及行程赶赴案件审判所在地官府，并且刑事案件被县道官府受理后，官吏必须在规定期限内审讯被拘系者，与刑事案件审理相关的狱讼文书之送达方式与期限也有所限定。这些审限法律规范的目的在于具体明确刑事司法过程中各个阶段与环节的期限规定，并将整个案件审理的过程控制在合理的时间范围之内，以此来防止狱案拖延审理，保障刑事法律制度的有效实施。

但是，就目前所见出土文献资料来看，虽然秦汉法律对刑事司法诉讼各阶段的相关期限已有较为细化的规定，但是尚未发现关于结案的期限规定，这有可能是因为出土秦汉法律只是当时法律的冰山一角，所存资料中并未收录关于狱案审结期限的法律内容。地不爱宝，希望在秦汉新简牍资料中，可以发现关于审限的其他法律规定，以推进对秦汉审限制度进一步的认识与研究。

综上，由以上简牍资料反映，为了保障秦汉刑事法律制度的有效实施，法律要求官吏依据审限及时审结刑事案件，并对此已有具体、细致的规范，这可视为秦汉预防案件淹留的前置法律措施。此外，前文所引岳麓秦简所见秦律令中的“疑狱奏谳”“淹狱上计”“轻微疑狱先决”等措施则可视为后置程序措施，以促进及时审理刑事案件，确保司法诉讼程序进行，进而保障刑事法律制度的实施。

第二节　秦汉“疑狱奏谳”刑事法律程序及其实践

在秦汉刑事法律实践中，淹留狱案多为疑难未决的案件。对此，秦汉刑

---

[1] 张家山二四七号汉墓竹简整理小组编：《张家山汉墓竹简〔二四七号墓〕》(释文修订本)，第 47 页。

[2] 同上书，第 46 页。

事法律制度中建立了"疑狱奏谳"的程序，要求审理疑狱的县道官吏及时向所属上级司法机构奏报疑难案件，以防止案件滞留不决，同时这项制度也可视为中央朝廷对地方实现司法监管的重要方式，以保障秦汉刑事制度的有效实施。①

（一）传世文献中的"疑狱奏谳"诏令

传世文献记载中就载有"疑狱奏谳"的诏令，如《汉书·刑法志》中所载著名的高祖七年"谳疑狱诏"：

> 高皇帝七年，制诏御史："狱之疑者，吏或不敢决，有罪者久而不论，无罪者久系不决。自今以来，县道官狱疑者，各谳所属二千石官，二千石官以其罪名当报之。所不能决者，皆移廷尉，廷尉亦当报之。廷尉所不能决，谨具为奏，传所当比律令以闻。"②

此诏规定，因疑狱滞留，司法官吏或不敢论断，导致有罪者久系而不论处，无罪者久系而不释放。于是高祖于七年时，下诏要求地方县道官吏将疑狱上报所属二千石官即郡守，由郡守以案件所涉罪名回复县道官。若郡守无法审断疑狱，则移交中央司法机构廷尉，廷尉也应回复郡守。若廷尉无法决断，则附处理该案件可援引的律、令以及成例上奏皇帝，由皇帝亲自裁断。

后至景帝中五年，汉景帝认为官吏仍"不能奉宣"，于是再次下诏要求司法官吏及时将疑狱上报：

> 诸狱疑，虽文致于法而于人心不厌者，辄谳之。③

此诏令将疑狱奏谳的范围进一步扩大，案件审断中虽有法律根据但是人心不服，此类疑难案件也须立即向上奏谳，以防止疑狱滞留或导致冤假错案。

因原审地方官吏上奏疑狱，若有不当，奏谳官吏须承担相应的责任，地方官吏在上奏疑狱时会保持谨慎，难免产生犹豫，宁可滞留疑狱案件，也不愿冒着被惩罚的风险而上奏案件。后元年，景帝又再次下诏：

> 狱，重事也。人有愚智，官有上下。狱疑者谳有司。有司所不能

① 参见李晓英：《汉代奏谳制度辨析》，《河南大学学报（社会科学版）》2010年第3期。

② （汉）班固撰：《汉书》，第1106页。

③ 同上。

决，移廷尉。有令谳者已报谳而后不当，谳者不为失。①

此条诏令的目的也在于督促官吏迅速审结狱讼之案，以确保无罪之人免受诉讼之苦，并要求官吏谨慎治狱。官吏奏谳案件后虽被认为不当，奏谳官吏也不为失职。

（二）秦汉“疑狱奏谳”类案例分析

2001年张家山汉简《奏谳书》公布，其中所载的前十三个汉代案例中均有“疑罪”“敢谳之”“廷报”等法律术语，被归为“疑狱奏谳”类案例。这些案例反映了汉时地方官府向上级机构奏谳以请求处理疑难未决案件的司法情况，以了解汉代刑事法律中“疑狱奏谳”的制度及其实施。有学者认为，因反思秦末的暴虐统治与严刑峻法，汉初统治者建立了疑狱奏谳制度。② 也有学者论证认为，汉高祖七年时，高祖颁布“谳疑狱诏”后，汉代确立了疑狱奏谳制度。《奏谳书》中司法疑狱案例的年代为高祖七年至十一年，正是反映了此诏令颁布后疑难案件审理与上奏的司法实况。③

2013年，岳麓秦简《为狱等状四种》公布，其中第一类简共七个案例，④均为地方司法官吏向上级奏谳如何处理疑狱，与张家山汉简《奏谳书》的疑狱案件可相类比。⑤ 可见，在高祖“谳疑狱诏”颁布之前，秦代法律中已有疑狱奏谳的法律制度，汉代疑狱奏谳制度并非新创，应承自于秦。

下文将以《为狱等状四种》及《奏谳书》中所见“疑狱奏谳”类案例为材料，来讨论秦汉刑事法律制度中“疑狱奏谳”的程序及其实施，并分析官吏是否按照法律规定及时审理奏谳了疑难刑事案件，并了解此项程序是否有利于解决秦汉疑狱淹留的问题，以确保刑事法制的有效实施。

1. 岳麓秦简《为狱等状四种》中的“疑狱奏谳”类案例

据整理者介绍，岳麓秦简《为狱等状四种》的第一类案例抄于136枚简上，

---

① （汉）班固撰：《汉书》，第1106页。

② 胡伟：《汉代疑狱奏谳及其司法实践》，《求索》2010年第8期。

③ 蔡万进：《奏谳书的法律地位》，载氏著：《张家山汉简〈奏谳书〉研究》，桂林，广西师范大学出版社，2006年版，第66页。

④ 朱汉民、陈松长主编：《岳麓书院藏秦简（叁）》，上海，上海辞书出版社，2013年版。

⑤ 关于《奏谳书》与《为狱等状四种》的比较研究，参见〔德〕劳武利：《张家山汉简〈奏谳书〉与岳麓书院秦简〈为狱等状四种〉的初步比较》，李婧嵘译，《湖南大学学报（社会科学版）》2013年第3期。

占全部简的半数以上，共收录有七个案例。[①] 因这些案例内容的前后部分出现了“敢谳之”，文中部分出现了“疑某人罪”或“疑某人购”，据此可判断它们为县道地方司法官吏向上级司法机构就疑难案件奏谳的案例。兹将《为狱等状四种》中这七个“疑狱奏谳”案例的受理时间与奏谳时间列于表10：[②]

表10　《为狱等状四种》中“疑狱奏谳”案例的受理时间与奏谳时间

案例	受理时间	奏谳时间
一、南郡州陵“癸、琐相移谋购案”	廿五年四月辛酉（秦王政二十五年四月五日）	廿五年六月丙辰（秦王政二十五年六月二十八日）
二、南郡州陵“尸等捕盗疑购案”	廿五年二月甲戌（秦王政二十五年二月十七日）	廿五年五月丁亥（秦王政二十五年五月十六日）
三、南郡江陵“猩、敞知盗分赃案”	廿二年九月庚子[③]（秦王政二十二年九月二十九日）[④]	廿三年四月（秦王政二十三年四月）
四、南郡江陵“芮盗卖公列地案”	十一月己丑（秦王政二十二年十一月十三日）	二月辛未（秦王政二十二年二月二十六日）
五、“多小未能与谋案”	十二月戊午（秦王政二十六年十二月十三日）	不详
六、南郡江陵“暨过误失坐官案”	不详	不详
七、“识劫婉案”	十八年八月丙戌（秦王政十八年八月二十一日）	不详

上表10列举的岳麓秦简“疑狱奏谳”类案例中，只有案例一至案例四的案件受理日与奏谳日均有所记载：案例一南郡州陵“癸、琐相移谋购案”，案件受理日为秦王政二十五年四月五日，奏谳日为秦王政二十五年六月二十八日，两者相隔约三个月；案例二南郡州陵“尸等捕盗疑购案”，案件受理日为秦王政二十五年二月十七日，奏谳日为秦王政二十五年五月十六日，两者

① 朱汉民、陈松长主编：《岳麓书院藏秦简（叁）》，前言。

② 本文中秦汉简牍日期历日，参考徐锡祺：《西周（共和）至西汉历谱》，北京，北京科学技术出版社，1997年版；张培瑜：《根据新出历日简牍试论秦和汉初的历法》，《中原文物》2007年第5期。另见朱汉民、陈松长主编：《岳麓书院藏秦简（叁）》，第95—165页。

③ “猩、敞知盗分赃案”简上抄录的南郡“下劾”日为廿三年九月庚子，但是在秦王政二十三年九月并没有“庚子”日，又因“下劾”日期早于案件奏谳日，此处应为书手的笔误，实际上的“下劾”日期为秦王政二十二年九月庚子；参见 Ulrich Lau and Michael Lüdke：*Exemplarische Rechtsfälle vom Beginn der Han-Dynastie：Eine Kommentierte Übersetzung des Zouyanshu aus Zhangjiashan/Provinz Hubei*，Tokyo：Research Institute for Languages and Cultures of Asia and Africa（ILCAA），Tokyo University of Foreign Studies，2012，p. 131，footnote 653。

④ 需要指出的是，“猩、敞知盗分赃案”受理日为“廿一年五月丁未”，即秦王政二十一年五月二十八日（公元前226年1月17日），经江陵县初审之后，南郡以“录囚”方式发现案件审理不当，于廿二年九月庚子“下劾”，要求复审该案件。

相隔约三个月；案例三南郡江陵“猩、敞知盗分赃案”，受理日为秦王政二十二年九月二十九日，奏谳日为秦王政二十三年四月，两者相隔约五个月；案例四南郡江陵“芮盗卖公列地案”，受理日秦王政秦王政二十二年十一月十三日，奏谳日为秦王政二十二年二月二十六日，两者相隔约三月余。

秦代案件受理之后，经过案件调查、讯问犯罪嫌疑人与相关证人、庭审等司法阶段之后，司法官吏在查明案件事实情况之后，对犯罪行为人应该如何定罪量刑有所疑问，才可向上级司法机构奏谳案件。考虑到案件奏谳需要经过以上刑事司法诉讼各阶段，岳麓秦简《为狱等状四种》上述四个案件中的受理日与奏谳日之间相隔约为 3—5 个月，司法官吏应该是及时将“疑狱”奏报给上级司法机关，并未出现疑难刑事案件淹留的情况。

2. 张家山汉简《奏谳书》中的“疑狱奏谳”案例

据内容来判断，张家山汉简《奏谳书》中的案例一至案例十三皆为“疑狱奏谳”类型的案例。这十三个案例中，因案例六至案例十三甚为简略，并未记载案件受理与奏谳时间，下文将不予分析。兹将《奏谳书》案例一至案例五的受理时间与奏谳时间列于表 11：[①]

表 11　《奏谳书》中“疑狱奏谳”案例的受理时间与奏谳时间

案例	受理时间	奏谳时间
一、南郡夷道“男子毋忧屯卒去亡”案	十一年六月戊子（高祖十一年六月四日）	十一年八月己丑（高祖十一年八月六日）
二、南郡江陵“婢媚去亡”案	十一年三月己巳（高祖十一年三月十四日）	十一年八月丙戌（高祖十一年八月三日）
三、京兆胡县“狱吏阑娶妻去亡临淄”案	不详	十年七月癸巳（高祖十年七月三日）
四、京兆胡县“隐官解娶亡人”案	十二月壬申（高祖十年十二月九日）	不详
五、南郡江陵“武拒捕格斗击伤视”案	十年五月庚戌（高祖十年五月十九日）	十年七月甲寅（高祖十年七月二十四日）

在《奏谳书》以上五个“疑狱奏谳”案例中，只有三个案件明确记载了其受理日和奏谳日：案例一南郡夷道“男子毋忧屯卒去亡”案，案件受理日为高祖十一年六月四日，奏谳日为高祖十一年八月六日，两者相距约为两个月；案例二南郡江陵“婢媚去亡”案，受理日为高祖十一年三月十四日，奏谳日为

① 蔡万进将具有明确受理日期与奏谳日期的“奏谳”案例列于表中，以讨论汉初奏谳日期。参见蔡万进：《〈奏谳书〉与汉代奏谳制度》，载氏著：《张家山汉简〈奏谳书〉研究》，第 123—124 页。

高祖十一年八月三日，两者相距约为四个月；案例五南郡江陵“武拒捕格斗击伤视”案，受理日为高祖十年五月十九日，奏谳日为高祖十年七月二十四日，两者相距约为两个月。① 可见，张家山汉简《奏谳书》这三个案例中，司法官吏也应该是严格遵照了高祖七年“谳疑狱诏”，将疑难刑事狱案及时向上级司法机构奏谳，并未致疑狱淹留。

综合以上分析来看，岳麓秦简《为狱等状四种》与张家山汉简《奏谳书》所载“疑狱奏谳”类案例的受理日与奏谳日相隔一般约为三或四个月，秦汉法律对“疑狱奏谳”类案例的期限要求或许是由司法官吏受理案件后，于四个月内向上级司法机构奏谳案例。并且，这两个案例集中所载的这些疑难案件并无淹留情况，在秦汉刑事法律实施皆得以及时审理并奏谳。但因《为狱等状四种》与《奏谳书》所载“疑狱奏谳”类案例较少且多为南郡辖内的案件，又应是选择了秦汉时期具有代表性的典范案例，或许并无法代表西汉初期官吏“疑狱奏谳”的司法全貌。

第三节　秦汉“录囚”刑事法律程序及其实践

秦汉刑事法律制度中的“录囚”程序，即皇帝、中央司法官吏或者上级司法官吏在巡视监狱、听取囚犯辞证或查核刑事案件卷宗的过程中，若发现案件审理有不当之处或案件存在淹留未决的情况，可启动案件的查核程序，以平反冤假错案并督办积压狱案。② 录囚制度也是历代各朝政府实现刑事法律监管的一种重要途径与方式。③

（一）传世文献中的“录囚”记载

早在西周文献记载中，就有关于录囚制度的内容。如《礼记·月令》载：

---

① 蔡万进指出，从《奏谳书》明确记有奏谳日期的案例来看，奏谳一般集中于八、九月。因汉初承秦历，仍以十月为岁首，故案件多在七、八月奏谳，目的是在季秋九月论决囚犯之前呈送。参见蔡万进：《〈奏谳书〉与汉代奏谳制度》，载氏著：《张家山汉简〈奏谳书〉研究》，桂林，广西师范大学出版社，2006 年版，第 125 页。

② 程政举分析了录囚制度的产生及其形成原因，讨论了汉代的录囚时间、录囚管辖、录囚主体、录囚方式与范围，以及录囚制度的作用。参见程政举：《汉代录囚制度考论》，《文博》2006 年第 1 期。张琮军结合传世文献与出土文献分析，讨论了汉代的皇帝录囚、刺史录囚以及郡太守录囚。参见张琮军：《汉代刑事证据在司法监督制度中的运用》，《政法论坛》2013 年第 1 期。

③ 关于录囚制度的历史发展与意义，参见江涛、张先昌：《录囚制度的历史嬗变与现代省思》，《内蒙古社会科学》2007 年第 4 期；朱振辉、丁国峰：《从古代录囚制度看刑事法律纠错程序的建立》，《求索》2013 年第 3 期；李青：《中国古代司法监察的现代意义》，《政法论坛》2018 年第 4 期。

仲春之月……命有司省囹圄，去桎梏，毋肆掠，止狱讼。①

此条注疏曰：

其入囹圄者，乃《大司寇》所谓“罢民之害人而置于圜土”者，其罪本轻，此时行宽大之政，命有司视其可赦者赦之，故省去囹圄也。②

由以上记载来看，西周时期要求官府在仲春时，巡视监狱并视察囚犯，若发现罪行本为轻微之人，可行宽大政策，命令官吏赦免可赦免者的罪，以省囹圄之苦，所体现的是西周时期慎刑的司法理念。

在汉代传世文献中，也有多则关于“录囚”的记载，如《汉书》载：

（隽不疑）每行县录囚徒还，其母辄问不疑：“有所平反，活几何人？”即不疑多有所平反，母喜笑，为饮食语言异于他时；或亡所处，母怒，为之不食。故不疑为吏，严而不残。③

根据颜师古对于此处“录囚”的注解，汉代录囚即在于巡视监狱，以了解狱案是否存在冤情、是否滞留未决：

省录之，知其情状有冤滞与不也。今云虑囚，本录声之去者耳，音力具反。而近俗不晓其意，讹其文遂为思虑之虑，失其源矣。④

（二）《奏谳书》中的“淮阳守行县掾（录）新郪狱”案

下文将结合简牍材料重点分析秦汉如何以录囚程序来处理疑难未决的案件，保障刑事法律公正、及时的实施。张家山汉简《奏谳书》案例十六“淮阳守行县掾新郪狱”即为此类案例：

淮阳守行县掾新郪狱：七月乙酉新郪信爰书：求盗甲告曰：从狱史武备盗贼，武以六月壬午出行公粱亭。至今不(75)来。不智(知)在所，

---

① （清）孙希旦撰：《礼记集解》，沈啸寰、王星贤点校，北京，中华书局，1989年版，第424页。

② 同上。

③ （汉）班固撰：《汉书》，第3036—3037页。

④ 同上书，第3036页。

求弗得。公粱亭校长丙坐以颂毄（系），毋毄（系）牒，弗穷讯。（76）①

据此案例载，淮阳郡守在查核其辖内新郪县刑事案件的过程中，发现了这则滞留未决的刑事狱案。高祖六年七月乙酉（七月二日），求盗甲向官府告发，狱史武因防备盗贼，于六月壬午日（六月二十九日）去往公粱亭后，至今未归。他们不知狱史武何在，经追查也未发现他的踪迹。

淮阳郡守发现，在求盗甲告发之后，公粱亭校长丙因牵涉此案一直被拘系，但是官府没有制作相应的拘捕文书，丙也未被司法官吏及时审讯。因该案被官吏受理后，拘系者久被拘押而未经审讯，且案件调查与审理过程中皆有所迟缓，引起了淮阳郡守的关注。如前引岳麓秦简 J14 上的法律规定，拘系犯罪嫌疑人或相关当事人后，县道官吏应在五日内对其展开审讯：

☑□下县道官而弗治，毄（系）人而弗治，盈五日，赀一盾；过五日到十日，赀一甲；过十日到廿日，赀二甲，后有盈十日，辄驾（加）一甲。（283/J14）②

淮阳郡守于高祖六年七月甲辰（七月二十一日）举劾，要求官府重新审理该案件，并提到武防备盗贼至今不归，由踪迹看来，他或许已经被杀害。郡守要求谨慎追查犯罪者，并且查探此案调查及审讯过程中是否存在为奸诈者或故意放纵犯罪者的官吏，若发现应对他们依法论处。

经“录囚”提起案件审理后发现，武因在高祖六年五月祈雨时无礼于新郪县令信，信拿剑辱骂武，欲靠近武时，武已离去。约十日后，舍人告诉信，武欲将此事告知丞相与郡守。由于信害怕武告发他，便与茅长苍同谋杀害了武。此后，负责追捕此案罪犯的丙与赘共同捕获了苍，苍将此案事实告诉丙与赘，他因县令信杀害了武，丙与赘便释放了苍。

此案最后的判决结果为，信与苍合谋杀害狱史武，被处以弃市。丙与赘纵囚，与之同罪，也被处以弃市。因此案涉及故意杀害罪，案件审判结果由新郪县上报郡司法机构。③

① 张家山二四七号汉墓竹简整理小组编：《张家山汉墓竹简〔二四七号墓〕》（释文修订本），第98页。

② 陈松长主编：《岳麓书院藏秦简（肆）》，第162页。

③ 据张家山汉简《二年律令》简396—397上的律文：“县道官所治死罪及过失、戏而杀人，狱已具，勿庸论，上狱属所二千石官。二千石官令毋害都吏复案，问（闻）二千石官，二千石官丞谨录，当论，乃告县道官以从事。彻侯邑上在所郡守。”张家山二四七号汉墓竹简整理小组编：《张家山汉墓竹简〔二四七号墓〕》（释文修订本），第62页。

“淮阳守行县掾(录)新郪狱”案中,淮阳郡守正是以“录囚”方式发现了滞留未决的案件,并以举劾程序督办该案,保证了案件的公正审理与判决。可见,秦汉时期的录囚程序是刑事法律制度实施中官僚机构内部进行制约与监察的重要方式,有利于上级司法机构查核刑事案件审判中存在的问题,并惩罚所涉枉法官吏。

并且,据岳麓秦简 1758 和 1923 上的秦令,地方官吏必须配合巡视官吏的查核与监督:

> 令曰:诸有案行县官,县官敢屏匿其所案行事及壅塞止辤(辞)者,皆耐之。所屏匿罪当罨(迁)若耐以上,以其(218/1758)所屏匿罪论之,有(又)驾(加)其罪一等。 廷丁廿一(219/1923)①

此令规定,如官吏巡视县官府,县官府不得隐匿所调查的事情或者是阻碍他人的言辞,否则将处以耐刑。如果所隐匿的犯罪行为应该处以迁刑或耐刑之上,以所隐匿罪刑论处所涉官吏,并且此刑罚之上再加刑一等。秦汉法律中,对官吏的渎职行为多处以罚金刑,对官吏在巡视官府时故意隐瞒犯罪事实的行为则处以耐刑,也可见秦汉政府重视并保障录囚程序的实施。

第四节 秦汉“乞鞫”刑事法律程序及其实践

秦汉刑事法律制度中的“乞鞫”程序,即在案件经过初审后,若犯罪嫌疑人及其亲属认为刑事案件审判有所不当,由他们提出重审。② 秦汉刑事法律中规定了“乞鞫”的前提条件、程序与要求,用以纠正错判案件及解决案件淹留问题,有助于实现刑事法律制度实施的公正性与及时性。

(一) 秦汉“乞鞫”法律规定

张家山汉简《二年律令》简 114—117 上的律对“乞鞫”作出了具体、明确

---

① 陈松长主编:《岳麓书院藏秦简(伍)》,第 140—141 页。

② 关于秦汉时期乞鞫制度的研究:参见程政举:《张家山汉墓竹简反映的乞鞫制度》,《中原文物》2007 年第 3 期;高恒:《〈奏谳书〉注释》,载氏著:《秦汉简牍中法制文书辑考》,北京,社会科学文献出版社,2008 年版,第 375—381 页;程政举:《汉代的乞鞫程序》,载氏著:《汉代诉讼制度研究》,北京,法律出版社,2010 年版,第 222—233 页;杨振红:《秦汉“乞鞫”制度补遗》,载复旦大学出土文献与古文字研究中心编:《出土文献与古文字研究》(第六辑),上海,上海古籍出版社,2015 年版,第 499—509 页;欧扬:《读鞫与乞鞫新探》,《湖南大学学报(社会科学版)》2016 年第 4 期;南玉泉:《秦汉的乞鞫与覆狱》,《上海师范大学(哲学社会科学版)》2017 年第 1 期。

的规定：

> 罪人狱已决，自以罪不当，欲气（乞）鞫者，许之。气（乞）鞫不审，驾（加）罪一等；其欲复乞鞫，当刑者，刑乃听之。死罪不得自气（乞）(114)鞫，其父、母、兄、姊、弟、夫、妻、子欲为气（乞）鞫，许之。其不审，黥为城旦舂。年未盈十岁为气（乞）鞫，勿听。狱已决盈一岁，不(115)得气（乞）鞫。气（乞）鞫者各辞在所县道，县道官令、长、丞谨听，书其气（乞）鞫，上狱属所二千石官，二千石官令都吏覆之。都吏所覆治，廷(116)及郡各移旁近郡，御史、丞相所覆治移廷。(117)①

以上汉律详尽规定了"乞鞫"的程序与要求。首先，"乞鞫"必须在案件判决之后的一年之内提起。② 其次，如果案件通过再审发现犯罪嫌疑人的乞鞫不当，与案件事实有所不符，犯罪者的罪刑将再加一等。犯罪嫌疑人如仍认为官府的定罪量刑不当，可再次乞鞫，但是对于犯罪行为应处以肉刑的犯罪人，在其执行肉刑后方可乞鞫。再者，法律禁止应判死刑的犯罪者自行乞鞫，只允许其父母、兄弟、姐姐、妻子、丈夫、儿女为其乞鞫。如若其亲属乞鞫不当，会被处以黥为城旦舂。秦汉法律中未满十岁的未成年人因其心智不成熟并不具备刑事责任能力，其乞鞫请求也将不被官府接受。从以上关于乞鞫程序的法律规定来看，秦汉一方面以乞鞫程序保障法律实施的公正性，另一方面也对犯罪嫌疑人及其亲属乞鞫不实予以惩罚，以防止案件审理因此拖延和耽误，浪费国家司法资源，并影响到刑法的有效实施。

此外，从秦汉乞鞫法律程序来看，乞鞫者应向其所在县道提出请求，由县道令、长及县丞仔细听取后书写乞鞫状，上报至所属二千石官，由二千石官交于都吏复审。都吏复审的案件应交由所属廷尉及旁郡复核，由御史、丞相复审的案件再交由廷尉复核。将乞鞫案件交由不同的司法机构审理与复核，既可防范官吏枉法裁判，也便于上级机构实施司法监督与核查。

（二）《奏谳书》中的"讲盗牛乞鞫"案分析

岳麓秦简《为狱等状四种》与张家山汉简《奏谳书》均收录了"乞鞫"类案

① 张家山二四七号汉墓竹简整理小组编：《张家山汉墓竹简〔二四七号墓〕》（释文修订本），第24—25页。

② 杨振红提出，由西汉到东汉，乞鞫时间从案件判决后的一年缩短为三个月。参见杨振红：《秦汉"乞鞫"制度补遗》，载复旦大学出土文献与古文字研究中心编：《出土文献与古文字研究》（第六辑），第501页。

件。对秦汉乞鞫司法案例的分析,将有助于了解刑事法律实践中"乞鞫"程序是否得到了有效实施,具体而言,即秦汉刑事诉讼程序中由犯罪嫌疑人及其亲属提出乞鞫申请之后,地方司法机构是否受理其乞鞫请求,以及由上级司法机构复审刑事案件的情况如何,是否保障了刑事法制公正、及时的实施。

《为狱等状四种》收录的第二类案例为三个"乞鞫"类案例。但因载有这三个秦代案例的竹简残损较为严重,简文残缺,因此下文将主要分析《奏谳书》案例十七"讲盗牛"的秦代乞鞫案。①

据此案例,讲盗牛案的原审由雍县于秦王政二年二月癸亥(二月十六日)审判。雍县判定讲与毛合谋盗牛,并对他们分别处以黥城旦的刑罚。二年四月丙辰(四月十日),已被执行黥城旦刑的讲提出乞鞫请求,要求复审此案。因雍县位于内史辖内,此案由秦的中央司法机构廷尉复审。

廷尉经查阅原审案件的卷宗了解案件实施情况后,启动了此案的复审程序。复审虽由廷尉负责,其重审的程序与原审相同。案件重审中,首先由犯罪嫌疑人供述案情,再由官吏围绕案件事实质问犯罪嫌疑人与相关证人,证言仍然是确定案件事实的重要证据,其中的讯问环节也涉及原审过程中的某些重要细节。在案件重审的审讯阶段,官吏发现毛污蔑了讲盗牛,且讲与毛在此案原审中分别遭受了原审官吏的笞掠刑讯:

> 毛曰:不能支疾痛,即诬讲,以彼治罪也。
>
> 铫曰:不智(知)毛诬讲,与丞昭、史敢、赐论盗牛之罪,问如讲。昭、敢、赐言如铫,问如辞。②

原审官吏丞昭、史敢、铫、赐也供认他们在审判讲盗牛案件中存在失刑的问题。值得注意的是,原审官吏丞昭、史敢、铫、赐也参与了讲盗牛案的复审程序。据此案例,无法知晓是否因案件重审皆要求原审官吏出席,还是因此案涉及原审官吏滥用刑讯及失刑的法律责任,由原审官吏参与了重审。此案重审将讲盗牛案与原审司法官吏错判的两案合并审理,在一定程度上也有利于节约司法资源。

《二年律令》简 95—97 上的律文对失刑罪如何论处有所规定:

> 其非故也而失不(95)审者,以其赎论之。爵戍四岁及毄(系)城旦

① 张家山二四七号汉墓竹简整理小组编:《张家山汉墓竹简〔二四七号墓〕》(释文修订本),第100—102 页。

② 同上书,第 101 页。

春六岁以上罪，罚金四两。赎死、赎城旦舂、鬼薪白粲、赎斩宫、赎劓黥、戍不盈(96)四岁，毄(系)不盈六岁，及罚金一斤以上罪，罚金二两。(97)①

由以上规定来看，司法官吏在此则案件的原审判决中误判讲盗牛，并对其处以黥城旦的刑罚，官吏应被处以赎黥城旦刑即罚金二两。此则案例内容还记载了重审后对讲的处理。秦王政二年十月戊寅(十月六日)，廷尉告知城旦讲被拘系所在地汧县县令讲盗牛案的复审结果，而后讲被免为隐官，并令其自主。②

综上，《奏谳书》"讲盗牛乞鞫"案的初审受理日为秦王政元年十二月癸亥(十二月十六日)，两个月后，初审审结于二月癸亥(二月十六日)，并且其间讲已经被执行刑罚。讲提出乞鞫日为二年四月丙辰(二年四月十日)，再于二年十月戊寅(二年十月六日)由廷尉告知汧县县令该案复审结果，即讲提出乞鞫后半年内复审结束。③ 由此案例来看，秦汉时期的"乞鞫"制度有效保障了刑事司法审判的公正，是刑事法律制度有效、及时实施的重要保障。

第五节 秦汉"覆狱"刑事法律程序及其实践

秦汉刑事法律制度中的"覆狱"程序是指由上级司法机构对刑事案件予以重审，是刑事司法监管的重要方式。学者对"覆讯"程序的实施步骤、方式有所讨论。程政举认为，"覆讯"是案件经由初审程序，且案件基本情况已清楚之后，再由其他官员或审讯官吏本人进行第二次审讯，以验证初次审讯程序的真实程度。④ 杨振红指出，"覆狱"是初审的司法验证程序，由上级司法机构对案件进行复核审理。⑤ 南玉泉认为，"覆狱"为主理司法机关的司法

① 张家山二四七号汉墓竹简整理小组编：《张家山汉墓竹简〔二四七号墓〕》(释文修订本)，第22页。

② 此案对讲的处理也与法律规定相符，据《二年律令》简124上的律规定："庶人以上，司寇、隶臣妾无城旦舂、鬼薪白粲罪以上，而吏故为不直及失刑之，皆以为隐官；女子庶人，毋筭(算)事其身，令自尚。"张家山二四七号汉墓竹简整理小组编：《张家山汉墓竹简〔二四七号墓〕》(释文修订本)，第25页。

③ 参见杨振红：《秦汉"乞鞫"制度补遗》，载复旦大学出土文献与古文字研究中心编：《出土文献与古文字研究》(第六辑)，上海，上海古籍出版社，2015年版，第505—506页。

④ 参见程政举：《略论〈奏谳书〉所反映的秦汉"覆讯"制度》，《法学评论》2006年第2期。

⑤ 参见杨振红：《秦汉"乞鞫"制度补遗》，载复旦大学出土文献与古文字研究中心编：《出土文献与古文字研究》(第六辑)，第506—507页。

行为。秦汉诉讼制度中，乞鞫案件及司法机关的立案讯录为“覆”，受皇帝命令立案侦查及审讯的案件也是“覆”。[①] 水间大辅详细分析了秦汉时期承担覆狱制度的司法机构与官吏，他将覆狱分为由乞鞫进行的覆狱、因劾进行的覆狱、由诏命进行的覆狱、由行冤狱使者进行的覆狱、因御史府的命令而进行的覆狱及必要性覆狱。从水间大辅的分类来看，则本章上文中所提及的“录囚”与“乞鞫”制度也可视为覆狱制度的两种形式。[②]

张家山汉简《奏谳书》案例十八的题名为“南郡卒史盖庐、挚、朔，叚(假)卒史瞗复攸庳等狱簿”，这则案件为由御史下达命令要求南郡复审邻郡苍梧郡攸县的滞留疑案。

这则案件发生于公元前220年，秦苍梧郡攸县利乡发生反乱，此地原属楚国故地，为秦征服“新地”。攸县令史𧻓和义先后征发两批黔首平定反乱，因官吏义等人未先行伺望敌情，为反敌所惊而战死，以致新黔首恐慌不安，逃避战事并躲匿于山中。此后，攸县增发第三批新黔首抗击反贼，最终得以击败反贼。当时秦律规定，“吏所兴与群盗遇，去北，以儋乏不斗律论；律：儋乏不斗，斩”。[③] 据此，背敌逃离的新黔首应由官府追捕并依律论处，但第一二批逃避的新黔首却未被追捕归案，其原因在于：被征发的新黔首名籍由令史𧻓保管，但他担心承担义战败的连带责任，已逃跑且不知去向；此外，由攸县官府保存的名籍副本散乱无章，且其中并未区分不同批次征发的新黔首。此案经苍梧郡郡守举劾后，由攸县代守县令媱、县丞魁与狱吏氏负责审理，但因他们一直等待𧻓归案，致此案已淹留一年有余。

应该是苍梧郡后又向御史奏报了此狱留案件，这也符合秦令要求官吏上报长久不决淹狱的法律规定：

> 制诏御史：闻狱多留或至数岁不决，令无罪者久毄(系)而有罪者久留，甚不善，其举留狱上(059/1125)之。(060/0968)[④]

御史收到奏报后，于秦王政廿七年二月壬辰(七月二月十七日)将御史书下发至南郡，命令南郡派卒史至攸县复核此案。在这期间，庳被任命为攸

---

① 参见南玉泉：《秦汉的乞鞫与覆狱》，《上海师范大学(哲学社会科学版)》2017年第1期。

② 参见〔日〕水间大辅：《秦汉时期承担覆狱的机关与官吏》，载武汉大学简帛研究中心编：《简帛》(第七辑)，上海，上海古籍出版社，2012年版，第277—295页。

③ 张家山二四七号汉墓竹简整理小组编：《张家山汉墓竹简〔二四七号墓〕》(释文修订本)，第104页。

④ 陈松长主编：《岳麓书院藏秦简(伍)》，第58页。

县县令，庳了解案情后，认为义等带领卒史抗击反贼，因未先行伺候敌情而至败亡，以致新黔首惊恐。他独自上书皇帝请求减免新黔首之罪，以下诏安抚他们。就在庳上书之后不久，南郡覆狱官吏到达攸县，开始审理此案。这段时间内䜣也被追捕归案，覆狱官吏便以侦查探访的方式巧妙地区分了先后三次征发的新黔首，以此追捕并拘系了临阵脱逃的前两批新黔首。

"南郡卒史盖庐、摯、朔，叚（假）卒史瞗复攸庳等狱簿"中并未记载南郡覆狱官吏如何审理新黔首战败脱逃案，此应系另案处理，其内容记载了攸县新任县令庳独自上书请求皇帝减免新黔首罪的案件。南郡覆狱官吏以律"儋乏不斗，斩。篡遂纵囚，死罪囚，黥为城旦；上造以上耐为鬼薪"论处了庳。①

由此案件也可了解到，秦汉时期若案件滞留过久，需由地方司法官吏奏报上级司法机构，由上级司法机构下令要求官吏"覆狱"淹留案件并督促办案，以尽快审理淹留的刑事案件，并保障刑事法制得以有效、及时的实施。

第六节　秦汉诉讼职权分离的程序及其实践

秦汉刑事诉讼案件最终由县令、县丞审判，县令、县丞一般由中央朝廷直接任命，以强化中央集权下的郡县管理。秦汉县令、县丞兼有行政与司法职能，如日常征税、征发徭役、管理户籍、维护地方治安等行政工作，仅从每个诉讼案件都需要由县令与县丞定罪量刑与判决来考虑，其所承担司法职能方面的负担是很重的。② 又因秦汉刑事诉讼中明确就案件各阶段作出审限规定制度，要求司法官吏必须及时审结刑事案件，防止刑事案件延缓与滞留，以确保刑事法律制度的有效实施，秦汉政府也必须寻求合理的方式来分配司法官吏在刑事法律实践过程中的职责，以提高司法诉讼效率。秦汉刑事诉讼职权分离的程序制度即可起到此作用。

秦汉地方司法审判虽然由县令、县丞作出，但是县令、县丞并不会参与到刑事司法诉讼中的各个环节。据张家山汉简《奏谳书》的案例，宫宅洁指出，秦汉刑事诉讼程序中从听取犯罪嫌疑人的供述到诘问等环节都由狱吏等司法小吏负责。狱吏等听取供述、诘问犯罪嫌疑人与案件当事人并调查案件后，经他们确定案件事实，再由他们整理、汇总询问笔录与相关案卷材

① 张家山二四七号汉墓竹简整理小组编：《张家山汉墓竹简〔二四七号墓〕》（释文修订本），第104—105页。

② 参见沈刚：《秦县令、丞、尉问题发微》，载中国文化遗产研究院编：《出土文献研究》（第十七辑），上海，中西书局，2018年版，第194—198页。

料，于案件庭审阶段呈交给县令与县丞。秦汉刑事诉讼程序中的"鞫"阶段为关键环节，为有权作出判决的县令与县丞负责，由他们根据狱吏查明的犯罪事实，再结合法律规定，对犯罪人定罪量刑。如宫宅洁总结，在秦汉刑事司法诉讼的整个过程中，司法官吏所遵循的是"下僚起草，上官裁决"的原则。① 籾山明也指出，秦汉县级诉讼实际上由处于官僚末端并负责司法事务的"狱吏"主导。他将这种司法诉讼称之为"狱吏主导型"或者"小吏主导型"的刑事司法审判。②

传世文献所反映，"狱吏"在秦汉法律实施过程中具有非常重要的作用。如《史记·绛侯周勃世家》载：

> 其后人有上书告勃欲反，下廷尉。廷尉下其事长安，逮捕勃治之。勃恐，不知置辞。吏稍侵辱之。勃以千金与狱吏，狱吏乃书牍背示之，曰"以公主为证"。公主者，孝文帝女也，勃太子胜之尚之，故狱吏教引为证。勃之益封受赐，尽以予薄昭。及系急，薄昭为言薄太后，太后亦以为无反事。文帝朝，太后以冒絮提文帝，曰："绛侯绾皇帝玺，将兵于北军，不以此时反，今居一小县，顾欲反邪！"文帝既见绛侯狱辞，乃谢曰："吏方验而出之。"于是使使持节赦绛侯，复爵邑。绛侯既出，曰："吾尝将百万军，然安知狱吏之贵乎！"③

汉文帝时绛侯周勃免相就国，有人上书告发周勃意欲谋反，皇帝将此案下至廷尉。在廷尉将此案发至长安后，官吏逮捕周勃后进行审问。因周勃恐惧，不知如何陈述狱辞，狱吏便稍有侵辱，周勃乃以重金行贿狱吏。后因薄太后说情，文帝读周勃狱辞，周勃被无罪释放。即使是周勃受审讯，也难免遭受狱吏之侵辱，何况平民百姓，从中可窥见狱吏对案件有极重要的主导作用。

又如《史记·韩长孺列传》曰：

> 其后安国坐法抵罪，蒙狱吏田甲辱安国。安国曰："死灰独不复然乎？"田甲曰："然即溺之。"居无何，梁内史缺，汉使使者拜安国为梁内

① 〔日〕宫宅洁：《秦汉时期的审判制度》，徐世虹译，载杨一凡、〔日〕寺田浩明主编：《日本学者中国法制史论著选——先秦秦汉卷》，第293—296页。

② 〔日〕籾山明：《秦汉时代的刑事诉讼》，载氏著：《中国古代诉讼制度研究》，李力译，上海，上海古籍出版社，2009年版，第100—102页。

③ （汉）司马迁撰：《史记》，第2072—2073页。

史，起徒中为二千石。田甲亡走。安国曰："甲不就官，我灭而宗。"甲因肉袒谢。安国笑曰："可溺矣！公等足与治乎？"卒善遇之。①

汉景帝时御史大夫韩安国，曾侍梁孝王为中大夫，后坐法有罪，梁国蒙县狱吏田甲侮辱韩安国。从这则故事中狱吏田甲狂横骄慢的态度与做法，也可反映西汉时期犯罪嫌疑人因狱案受到羁押时，一般都是由狱吏审讯处理，他们在案件的司法诉讼过程中具有重要的作用。

因此，司马迁在《报任安书》中有言曰：

今交手足，受木索，暴肌肤，受榜棰，幽于圜墙之中，当此之时，见狱吏则头枪地，视徒隶则心惕息。何者？积威约之势也。②

司马迁因李陵案连累入狱后，手足受木索，肌肤暴露于外，深受榜棰之苦。在此之时，见狱吏便磕头触地，视徒隶则内心恐惧喘息。这也从侧面反映出狱吏案件审讯中的主导地位，可对羁押者高压审讯。宫宅洁也指出，秦汉时期的人们对"狱"的惧怕并非因为避免诉讼的心理，而是因为对"狱"中狱吏展开高压讯问的恐惧，"狱"成为了汉人心生畏惧的场所。③

以上出土文献与传世文献都反映出，秦汉法律实践过程中，案件的讯问、调查等环节由狱吏负责，他们在案件诉讼中起着积极的主导作用，也在很大程度上影响了县令、县丞在庭审中对犯罪嫌疑人的定罪量刑。刑事法律制度的有效实施应保证司法资源的有效配置，在刑事诉讼过程中对司法职权进行分离，有助于让官吏各司其职、各尽其责，也有利于提高刑事诉讼的审判效率。

---

① （汉）司马迁撰：《史记》，第 2859 页。

② （汉）班固撰：《汉书》，第 2732—2733 页。

③ 参见〔日〕宫宅洁：《围绕"劾"——中国古代诉讼制度的发展》，载氏著：《中国古代刑制史研究》，杨振红、单印飞、王安宇、魏永康译，桂林，广西师范大学出版社，2016 年版，第 244—245 页。

结　　论

回顾中国刑法史，秦汉是重要的历史节点，其刑事立法、刑法原则、刑法编纂、刑罚体系及刑事诉讼制度对后世影响深远。因此，研究秦汉刑事法制对梳理中国古代刑法史发展的脉络具有重要研究意义。

自20世纪70年代中期以来，秦汉法律史研究的发展得益于简牍出土史料的发现。这些史料性质不同、内容相异、信息丰富的秦汉法律简牍，为考证秦汉法律史提供了丰富且具有重要价值的研究材料。本书主要以睡虎地秦简、里耶秦简、岳麓秦简及张家山汉简等出土简牍为材料研究了秦汉刑事法制文本的相关问题，并探寻刑事法制形成与建构的法律原因，进而从动态角度理解秦汉刑事法制的实施。通过研究，本书主要在以下四个问题上形成了自己的观点。

一、秦汉刑法文本的体例与结构

秦汉刑法文本的体例及其结构形态是研究中国古代刑法编纂史的重要主题。其刑法体例在古代刑法立法史上具有承上启下之作用，篇章结构及立篇标准为后世所承袭，魏晋立法者正是在承袭汉律的基础上有所突破，变革汉律的分类方式与编纂体例制定了新的刑法典。

由出土秦汉简牍来看，秦汉刑事法律文本形成了“篇—章”的体例，刑律“篇”（律篇）系集合“类”（罪类）构建，律“章”（律条）为结合“事”（犯罪行为）形成。其中，“章”（律条）是秦汉刑事法律中最重要的文本结构单位，“章”是刑法规则的表述形式，一般由犯罪行为和刑罚后果构成。

秦汉法律的书写载体——简牍因其形制及特点，在一定程度上影响了刑法的编纂方式与体例结构。书写于简牍之上的秦汉法律集并非为闭合、稳定的编纂物，而是动态、开放的法律典籍，律条及律篇皆可随法律修改废止、新法创制而不断被删减或追加，并缀联于原简册之上。此种动态、开放的立法模式导致法律编纂中出现了各种问题，律条分类归篇并非事先依据统一、清晰的逻辑规则，秦汉刑法中存在律篇混淆、分类模糊、律条抵牾等问题。因此，从分类编纂的角度来看，秦汉尚未形成结构完整、呈现体系化且独立的刑事法典。

而后，魏晋立法者正是意识到法律合理分类具有极为重要的作用，在继承秦汉律“法篇—法条”结构的基础上，依据“都总事类”的原则对秦汉法律重新分类，以使得律条与律名达到名实相副，进而制定呈体系化的刑法典。

二、秦汉刑法的罪数形态及处罚原则

秦汉刑事立法与司法实践中，需要判断犯罪人的行为构成一罪还是数罪，并依据不同的犯罪形态相应处刑。研究秦汉刑法中的罪数形态及其处罚原则，也有助于理解秦汉刑法原则背后的法律原理与逻辑。

本书借用现代刑法学关于罪数与数罪并罚的理论来梳理与归纳秦汉刑法中的罪数及处罚原则，是以现代法学方法分析秦汉法律史的一次有益尝试，有效融通了法律史与部门法学的研究。研究发现，秦汉刑事立法中对如何认定一罪或数罪，并区分不同的罪数形态来适用刑罚处罚，形成了相对固定的规则，并从中体现出较强的法律逻辑与方法。秦汉刑事立法与司法实践中，根据犯罪行为的性质区分“实质数罪”“牵连犯”“想象竞合犯”等不同罪数形态，并由此确定适用的刑罚处理原则。尤其值得注意的是，秦汉刑法以吸收原则对数罪进行并罚，并且以从一重的方式处罚想象竞合犯，这实际上减轻了犯罪者应被执行的刑罚，在一定程度上也体现了秦汉刑法处罚数罪时的恤刑，反映出帝国早期的法律尤其是秦代法律并非如汉代传世文献反映的那般残酷暴虐，君主与官吏擅断罪刑、滥用刑罚。

此外，秦汉刑法中的“再犯”也与数罪相区分，再犯为前罪已经判决后，后罪才发生或被发现。因再犯的人身危险性与社会危害性大，秦汉刑法对再犯予以加重处罚。

尽管依据目前出土的秦汉法律简牍，仍然无法知晓秦汉法律中关于犯罪形态的分类及处罚方法的全部内容，但已有的资料显示，秦汉刑法的罪数形态及处罚原则凸显了较强的客观逻辑，在一定程度上体现了罪刑相适应的刑法原则。刑法正是建立在对一罪与数罪、数罪各种形态的不同区分上，来对犯罪行为合理量刑。这有利于维护秦汉刑法的权威性与严肃性，也有助于秦汉刑事法制的顺利实施。

三、秦汉刑法的传播方式

秦汉帝国将刑法作为治国理政的重要手段，在刑罚的威慑主义之下，刑法功能实现的有效性在很大程度还取决于刑法的普及性，秦汉政府注重将法律传播至其吏民，将他们纳入法律体系之内，以进行有效的政治统治与社会控制。在一定程度上来看，秦汉刑事法律的性质、内容与功能决定了其适用的对象。秦汉刑法具有二重属性：刑法既为“裁判规范”，用于指引司法官吏作出刑事司法裁判；也为“行为规范”，用于规范、指导、约束与控制吏民的行为。与之相应，秦汉刑法既需向官吏也需向普通百姓公布与传播，进而实现刑法惩罚犯罪与预防犯罪的功能。

在文书行政的秦汉帝国，秦汉政府管理吏民的行政模式有所不同，这也决定了秦针对官吏与庶民的信息传递方式有所差异，因此，秦向吏民传递法律的方式相应也有所区别。秦汉刑法自皇帝颁布后，即应于当日或当刻由朝廷下发，不得稽留至次日下发。新刑法通过官文书邮书传递的方式被逐级下发至各地各级官府，以使得刑法为官吏所知晓。取决于对某犯罪事项规定是否有旧法律的存在，秦汉新刑法或自颁布之日起生效，或自到达地方官署之日起生效。因此，秦汉时期并不以犯罪行为发生之时的有效法律作为审案与判决的依据，而以地方官府断案时的有效法律作为依据。从此种意义上来看，秦汉刑事法律具有溯及既往效力，即刑法对其生效以前未经判决或判决尚未确定的犯罪行为也予以适用。

因秦汉官吏为代表政府适用与执行刑法的主体，秦也注重以各种途径培训官吏的刑法知识与司法技能。首先，秦汉以官吏知晓法律的程度作为考核他们的重要标准。其次，官府通过汇编各类可作为指导教材的法律书籍，让官吏从中习晓刑法知识，并提取刑事司法审判经验，以用于他们的法律实践工作。再者，秦汉还通过“以吏为师”的方式，由熟谙法律的官吏教授其他官吏刑法知识与技巧，并且指导他们的司法实务。

秦汉政府的文书并不会下发至普通百姓，直接管理庶民的为其所在县乡的官吏及典老、典里。与此行政管理模式相适应，秦汉刑法也由他们负责向庶民传布。由出土简牍反映，县乡官吏、里典、典老向百姓传播法律的方式主要为：召集庶民口头诵读法律，将法律抄录于特殊的载体上予以发布，借助刑事司法诉讼程序与刑罚的执行程序向百姓直接普法。

由以上分析来看，因刑法传播对秦汉刑事法制实施具重要意义，秦汉政府注重向吏民传播法律。即使秦汉所辖范围广袤,所属百姓众多,且信息传递技术有限,政府仍然探索并使用了行之有效的途径传播刑法,以使吏民执法守法,进而实现刑罚预防犯罪、惩罚犯罪的功能。

四、秦汉刑法的实施机制

在刑事法律实施的过程中,秦汉官府接受案件的告劾,拘捕犯罪嫌疑人后,案件即进入刑事司法诉讼阶段,以司法裁判作为定罪量刑的程序要件为古今共有的刑事法律制度。在法律实践中,对犯罪者定罪量刑需要提供及时、有效的制度供给。

借用“奖励”与“惩罚”的双向机制,秦汉实施了“官方”和“非官方”的刑事法律执行模式:一方面,秦汉官僚集团内部的官吏具有举劾犯罪行为与拘捕犯罪者的义务,以贯彻与执行国家法律,维护国家社会秩序;另一方面,因乡里社会的百姓比邻而居、彼此熟悉,内部信息共享,于是秦汉政府鼓励并奖励百姓主动积极地告发及拘捕犯罪者,又借助连坐等刑事责任制度,要求他们互相监察、互相告发犯罪行为,否则犯罪者的亲属、伍人及同居也将因连坐而被惩罚。

由出土简牍反映,秦汉刑法对吏民告劾犯罪行为和拘捕犯罪者作出了具体、细化的规定,如刑法规范了告劾与拘捕的程序、实施步骤与奖励方式。在刑事法制实施过程中,告劾和拘捕程序对发现并惩罚犯罪行为具有重要意义。在交通相对落后、技术不发达及信息不对称的秦汉时期,秦汉告劾和拘捕的刑事法律程序有助于政府扩充其信息收集能力,掌握危及国家社会秩序的重要犯罪信息,使得政府可以在有限的信息约束下控制社会,维护社会秩序,以加强中央集权体制下政府对社会的监管和控制能力。

此外,秦汉刑事法律实践中尤其是刑事司法诉讼程序中,还形成了一系列特别程序以保障刑事司法审判的及时性与公正性。首先,审限制度作为督办刑事案件的前置措施,规定了司法诉讼过程中各阶段的期限,以有效控制刑事案件的审理周期,防止案件淹留。此外,秦汉还施行“疑狱奏谳”“录囚”“乞鞫”及“覆狱”等特别程序,促使司法官吏公正、及时地作出审判,保障刑事法律实践的有效性,这些制度则可视为促进刑事司法审判有效进行的后置措施。秦汉刑事法制实施过程中的这些特别程序具有重要意义:其一,及时惩罚犯罪,保障刑法功能的实现;其二,促进吏民守法,保障司法公正;其三,减少司法耗费,提高司法效益;其四,彰显国家司法权威,并实现中央对地方的司法监督。

总而言之，秦汉以法律治政理民，君主的政治权力通过法律规则的执行而渗透于社会内部，实现对国家的控制。秦汉刑事法制作为维护当时特定社会结构和秩序的治理方式，也须适合于帝国统治下的社会情况与治理需求。秦汉政府正是基于这些考虑制定了刑法，并实施了可供运行的刑法机制。秦汉刑事法制的有效实施，也为秦汉帝国的建构与运行奠定了坚实的基础。

自睡虎地秦简、里耶秦简、岳麓秦简以及张家山汉简等材料发布以来，它们为秦汉刑法史提供了极为重要的研究资料。但是，因这些简牍资料零碎、分散，目前仍然难以完全依照秦汉刑法原有的体系框架来对其刑事法律制度进行集中、整体、全面的梳理与研究。因此，本书在已有简牍资料的基础上，结合传世文献的记载，通过把握这些简牍材料之间的线索，对秦汉刑事法律制度的文本与实施进行了以上各方面的考证与研究。运用发布的新简牍资料不断深化对秦汉刑制史的研究，理解秦汉刑事法制的形成、实施，并窥探中国古代刑事法律制度的变迁，仍将是今后研究努力的方向。

参考文献

一、古籍

(汉)司马迁撰:《史记》,北京,中华书局,1959年版。

(汉)班固撰:《汉书》,北京,中华书局,1962年版。

(汉)许慎撰:《说文解字》,(宋)徐铉校定,北京,中华书局,2013年版。

(南朝宋)范晔撰:《后汉书》,北京,中华书局,1965年版。

(北齐)魏收撰:《魏书》,北京,中华书局,1974年版。

(唐)房玄龄等撰:《晋书》,北京,中华书局,1974年版。

(唐)长孙无忌等撰:《唐律疏议》,刘俊文点校,北京,中华书局,1983年版。

(唐)杜佑撰:《通典》,北京,中华书局,1988年版。

(清)沈家本撰:《历代刑法考》,邓经元、骈宇骞点校,北京,中华书局,1985年版。

(清)孙诒让撰:《周礼正义》,王文锦、陈玉霞点校,北京,中华书局,1987年版。

(清)孙希旦撰:《礼记集解》,沈啸寰、王星贤点校,北京,中华书局,1989年版。

(清)王先慎撰:《韩非子集解》,钟哲点校,北京,中华书局,1998年版。

二、参考论著

艾永明:《中华法系并非"以刑为主"》,《中国法学》2004年第1期。

蔡万进:《张家山汉简〈奏谳书〉研究》,桂林,广西师范大学出版社,2006年版。

蔡万进:《简帛学的学科分支新论》,载蔡万进、邬文玲主编:《简帛学理论与实践》(第一辑),桂林,广西师范大学出版社,2021年版,第37—43页。

曹旅宁:《秦律新探》,北京,中国社会科学出版社,2002年版。

曹旅宁:《张家山247号墓汉律制作时代新考》,载中国文物研究所编:《出土文献研究》(第六辑),上海,上海古籍出版社,2004年版,第117—124页。

曹旅宁:《张家山汉律研究》,北京,中华书局,2005年版。

曹旅宁:《张家山336号汉墓〈朝律〉的几个问题》,《华东政法大学学报》2008年第4期。

曹旅宁:《张家山336号汉墓〈功令〉的几个问题》,《史学集刊》2012年第1期。

陈公柔:《先秦两汉考古学论丛》,北京,文物出版社,2005年版。

陈光中、沈国锋:《中国古代司法制度》,北京,群众出版社,1984年版。

陈俊强:《汉唐正史〈刑法志〉的形成与变迁》,《台湾师大历史学报》2010年第43期。

陈侃理:《睡虎地秦简"为吏之道"应更名"语书"——兼谈"语书"名义及秦简中类似文献

的性质》,载李学勤主编:《出土文献》(第六辑),上海,中西书局,2015 年版,第 246—257 页。

陈梦家:《汉简缀述》,北京,中华书局,1980 年版。

陈锐:《从"类"字的应用看中国古代法律及律学的发展》,《环球法律评论》2015 年第 5 期。

陈松长:《岳麓书院所藏秦简综述》,《文物》2009 年第 3 期。

陈松长:《〈岳麓简(三)〉"癸、琐相移谋购案"相关问题琐议》,《华东政法大学学报》2014 年第 2 期。

陈松长、李婧嵘:《〈二年律令〉将〈贼律〉置于篇首原因初探》,载中国文化遗产研究院编:《出土文献研究》(第九辑),北京,中华书局,2010 年版,第 218—225 页。

陈松长、温俊萍:《论秦律的罪数处罚——以"岳麓书院藏秦简"为中心》,载杨振红、邬文玲主编:《简帛研究》(二〇一六秋冬卷),桂林,广西师范大学出版社,2017 年版,第 80—85 页。

陈苏镇:《汉初王国制度考述》,《中国史研究》2004 年第 3 期。

陈涛、高在敏:《中国法典编纂的历史发展与进步》,《法律科学》2004 年第 3 期。

陈伟:《秦与汉初的文书传递系统》,载中国社会科学院考古研究所、中国社会科学院历史研究所、湖南省文物考古研究所编:《里耶古城·秦简与秦文化研究——中国里耶古城·秦简与秦文化国际学术研讨会论文集》,北京,科学出版社,2009 年版,第 150—157 页。

陈伟:《岳麓书院藏秦简(伍)校读(续)》,简帛网 2018 年 3 月 10 日(http://www.bsm.org.cn/?qinjian/7741.html)。

陈伟:《秦汉简牍所见的律典体系》,《中国社会科学》2021 年第 1 期。

陈耀钧、阎频:《江陵张家山汉墓的年代及相关问题》,《考古》1985 年第 12 期。

陈寅恪:《金明馆丛稿二编》,北京,生活·读书·新知三联书店,2001 年版。

陈长琦、赵恒慧:《两汉县级管辖下的司法制度》,《史学月刊》2002 年第 6 期。

陈中龙:《试论〈二年律令〉中的"二年"——从秦代官府年度律令校雠的制度出发》,载中国法制史学会、"中央"研究院历史语言研究所主编:《法制史研究》(第二十七期),台北,元照出版公司,2015 年版,第 203—236 页。

程树德:《九朝律考》,北京,中华书局,1963 年版。

程政举:《汉代录囚制度考论》,《文博》2006 年第 1 期。

程政举:《略论〈奏谳书〉所反映的秦汉"覆讯"制度》,《法学评论》2006 年第 2 期。

程政举:《〈二年律令〉所反映的汉代告诉制度》,《华东政法大学学报》2007 年第 3 期。

程政举:《张家山汉墓竹简反映的乞鞫制度》,《中原文物》2007 年第 3 期。

程政举:《汉代诉讼制度研究》,北京,法律出版社,2010 年版。

初仕宾:《居延简册〈甘露二年丞相御史律令〉考述》,《考古》1980 年第 2 期。

初世宾:《〈二年律令·贼律〉整理刍议》,载卜宪群、杨振红主编:《简帛研究》(二〇〇四),桂林,广西师范大学出版社,2006 年版,第 173—188 页。

崔永东:《张家山汉简中的法律思想》,《法学研究》2003 年第 5 期。

代国玺:《说"制诏御史"》,《史学月刊》2017 年第 7 期。

戴炎辉:《中国法制史》,台北,三民书局,1967 年版。

戴炎辉:《唐律通论》,台北,元照出版公司,2010 年版。

邓小南:《走向"活"的制度史——以宋朝信息渠道研究为例》,载阎步克、邢义田、邓小南等:《多面的制度:跨学科视野下的制度研究》,北京,生活·读书·新知三联书店,2021年版,第107—136页。

凡国栋:《秦汉出土法律文献所见"令"的编序问题——由松柏1号墓〈令〉丙第九木牍引发的思考》,载中国文化遗产研究院编:《出土文献研究》(第十辑),上海,中西书局,2011年版,第160—168页。

范忠信:《中国古代法律宣教制度及其主要特征》,《河南省政法管理干部学院学报》2007年第4期。

方潇:《当下中国法律史研究方法刍议》,《江苏社会科学》2016年第2期。

〔日〕冨谷至:《江陵张家山二四七号汉墓出土竹简——特别是关于〈二年律令〉》,载卜宪群、杨振红主编:《简帛研究》(二〇〇八),桂林,广西师范大学出版社,2010年版,第296—310页。

〔日〕冨谷至:《通往晋泰始律令之路(Ⅰ):魏晋的律与令》,朱腾译,徐世虹校译,载中国政法大学法律史学研究院编:《日本学者中国法论著选译》,北京,中国政法大学出版社,2012年版,第124—163页。

〔日〕冨谷至:《通往晋泰始律令之路(Ⅱ):魏晋的律与令》,朱腾译,徐世虹校译,载中国政法大学法律史学研究院编:《日本学者中国法论著选译》,北京,中国政法大学出版社,2012年版,第164—189页。

〔日〕冨谷至:《文书行政的汉帝国》,刘恒武、孔李波译,南京:江苏人民出版社,2013年版。

〔日〕冨谷至:《木简竹简述说的古代中国——书写材料的文化史》,刘恒武译,上海,中西书局,2021年版。

甘肃简牍保护研究中心、甘肃省文物考古研究所、甘肃省博物馆、中国文化遗产研究院古文献研究室、中国社会科学院简帛研究中心编:《肩水金关汉简(壹)》,上海,中西书局,2011年版。

甘肃简牍博物馆、甘肃省文物考古研究所、甘肃省博物馆、中国文化遗产研究院古文献研究室、中国社会科学研究院简帛研究中心主编:《肩水金关汉简(肆)》,上海,中西书局,2015年版。

甘肃省博物馆、中国科学院考古研究所编:《武威汉简》,北京,文物出版社,1964年版。

甘肃省文物考古研究所、甘肃省博物馆、文化部古文献研究室、中国社会科学院历史研究所编:《居延新简:甲渠候官与第四隧》,北京,文物出版1990年版。

高亨注译:《商君书注译》,北京,中华书局,1974年版。

高恒:《秦汉简牍中法制文书辑考》,北京,社会科学文献出版社,2008年版。

高敏:《〈张家山汉墓竹简·二年律令〉中诸律的制作年代试探》,《史学月刊》2003年第9期。

高敏:《秦汉魏晋南北朝史论考》,北京,中国社会科学出版社,2004年版。

〔日〕宫宅洁:《秦汉时期的审判制度——张家山汉简〈奏谳书〉所见》,载杨一凡、〔日〕寺田浩明主编:《日本学者中国法制史论著选——先秦秦汉卷》,北京,中华书局,2016年版,第269—299页。

〔日〕宫宅洁:《中国古代刑制史研究》,杨振红、单印飞、王安宇、魏永康译,桂林,广西师范大学出版社，2016 年版。
〔日〕广濑薰雄：《秦汉时代律令辨》，载中国政法大学法律古籍研究所编：《中国古代法律文献研究》（第七辑），北京，社会科学文献出版社，2013 年版，第 111—126 页。
〔日〕广濑薰雄：《简帛研究论集》，上海，上海古籍出版社，2019 年版。
关翠霞、贾丽英：《简牍所见秦汉子女的孝亲责任》，《河北法学》2009 年第 1 期。
桂齐逊：《唐律关于"二罪以上俱发"等相关规范试析》，《华冈文科学报》2002 年总第 25 期。
韩树峰：《汉魏无"亲亲相隐"之制论》，载中国政法大学法律古籍整理研究所编：《中国古代法律文献研究》（第六辑），北京，社会科学文献出版社，2012 年版，第 221—237 页。
韩树峰：《汉晋法律的清约化之路》，《"中央研究院"历史语言研究所集刊》2015 年第 86 本第 2 分。
郝铁川：《从多元立法权和司法权到一元立法权和司法权的转折——春秋时期"铸刑书"、"铸刑鼎"辨析》，《华东政法大学学报》2005 年第 5 期。
何勤华：《中国法学史纲》，北京，商务印书馆，2012 年版。
何有祖、刘盼、蒋鲁敬：《张家山汉简〈二年律令·赐律〉简序新探——以胡家草场汉简为线索》，《文物》2020 年第 8 期。
侯欣一、赵晓磊：《汉代司法程序之顺位辨正——以汉代劾制为中心的再考察》，《南开学报（哲学社会科学版）》2018 年第 1 期。
胡平生、张德芳：《敦煌悬泉汉简粹释》，上海，上海古籍出版社，2001 年版。
胡平生：《"扁书"、"大扁书"考》，载中国文物研究所、甘肃省文物考古研究所编：《敦煌悬泉月令诏条》，北京，中华书局，2001 年版，第 51—53 页。
胡平生：《云梦龙岗六号秦墓墓主考》，载中国文物研究所、湖北省文物考古研究所编：《龙岗秦简》，北京，中华书局，2001 年版，第 156—160 页。
胡平生：《胡平生简牍文物论稿》，上海，中西书局，2012 年版。
胡仁智：《张家山汉简所见汉律中的"告"制论析》，《西南民族大学学报（人文社科版）》2008 年第 12 期。
胡伟：《汉代疑狱奏谳及其司法实践》，《求索》2010 年第 8 期。
胡永恒：《法律史研究的方向：法学化还是史学化》，《历史研究》2013 年第 1 期。
湖北省文物考古研究所、云梦县博物馆：《湖北云梦睡虎地 M77 发掘简报》，《江汉考古》2008 年第 4 期。
湖南省文物考古研究所、湘西土家族苗族自治州文物处、龙山县文物管理所：《湖南龙山里耶战国——秦代古城一号井发掘简报》，《文物》2003 年第 1 期。
湖南省文物考古研究所、益阳市文物处：《湖南益阳兔子山遗址九号井发掘简报》，《文物》2016 年第 5 期。
湖南省文物考古研究所、益阳市文物管理处：《湖南益阳兔子山遗址九号井发掘报告》，载湖南省文物考古研究所编：《湖南考古辑刊》（第 12 集），北京，科学出版社，2016 年版，第 129—163 页。
湖南省文物考古研究所、中国文物研究所：《湖南张家界古人堤简牍释文与简注》，《中国历史文物》2003 年第 2 期。
黄春平：《从出土简牍看汉帝国中央的信息发布——兼评张涛先生的"府报"说》，《新闻与传播研究》2006 年第 4 期。

黄东海、范忠信:《春秋铸刑书刑鼎究竟昭示了什么巨变》,《法学杂志》2008 年第 2 期。
黄盛璋:《云梦龙岗六号秦墓木牍与告地策》,载中国文物研究所、湖北省文物考古研究所编:《龙岗秦简》,北京,中华书局,2001 年版,第 152—155 页。
江涛、张先昌:《录囚制度的历史嬗变与现代省思》,《内蒙古社会科学》2007 年第 4 期。
晋文:《张家山汉简中的田制等问题》,《山东师范大学学报(人文社会科学版)》2019 年第 4 期。
荆州博物馆:《湖北荆州市胡家草场墓地 M12 发掘简报》,《考古》2020 年第 2 期。
荆州地区博物馆:《江陵张家山三座汉墓出土大批竹简》,《文物》1985 年第 1 期。
荆州地区博物馆:《江陵张家山两座汉墓出土大批竹简》,《文物》1992 年第 9 期。
孔庆明:《秦汉法律史》,西安,陕西人民出版社,1992 年版。
〔德〕劳武利:《张家山汉简〈奏谳书〉与岳麓书院秦简〈为狱等状四种〉的初步比较》,李婧嵘译,《湖南大学学报(社会科学版)》2013 年第 3 期。
黎翔凤:《管子校注》,梁运华整理,北京,中华书局,2004 年版。
李婧嵘:《张家山 247 号汉墓〈二年律令〉书手、书体试析》,《湖南大学学报(社会科学版)》2016 年第 4 期。
李婧嵘:《〈二年律令〉简书性质探析》,《史林》2016 年第 5 期。
李均明:《〈二年律令·具律〉中应分出〈囚律〉条款》,《郑州大学学报(哲学社会科学版)》2002 年第 3 期。
李均明:《简牍法制论稿》,桂林,广西师范大学出版社,2011 年版。
李均明、刘国忠、刘光胜、邬文玲:《当代中国简帛学研究》,北京,中国社会科学出版社,2019 年版。
李力:《从几条未引起人们注意的史料辨析〈法经〉》,《中国法学》1990 年第 2 期。
李力:《张家山二四七号墓汉简法律文献研究及其述评》,东京:东京外国语大学亚非语言文化研究所,2009 年版。
〔美〕李梦涛:《试谈郭店楚简中不同手迹的辨别》,载卜宪群、杨振红主编:《简帛研究》(二〇〇六),桂林,广西师范大学出版社,2008 年版,第 10—29 页。
李明晓、赵久湘:《散见战国秦汉简帛法律文献整理与研究》,重庆,西南师范大学出版社,2011 年版。
李勤通:《试论岳麓秦简中〈为狱等状四种〉的性质》,载邬文玲、戴卫红主编:《简帛研究》(二〇一八春夏卷),桂林,广西师范大学出版社,2018 年版,第 50—65 页。
李勤通:《论中国古代刑法篇目编纂的理念与标准——兼谈秦汉后法典"以刑统罪"说的片面》,《中南大学学报(社会科学版)》2021 年第 2 期。
李勤通:《论秦汉律"律名否定论"》,载王捷主编:《出土文献与法律史研究》(第九辑),北京,法律出版社,2020 年版,第 451—473 页。
李勤通、周东平:《秦汉初期律令中的史官职业教育体系》,《现代大学教育》2016 年第 1 期。
李青:《中国古代司法监察的现代意义》,《政法论坛》2018 年第 4 期。
李天虹:《湖北出土楚简(五种)格式初析》,《江汉考古》2011 年第 4 期。
李晓英:《汉代奏谳制度辨析》,《河南大学学报(社会科学版)》2010 年第 3 期。
李学勤:《〈奏谳书〉解说(上)》,《文物》1993 年第 8 期。

李学勤主编:《十三经注疏・尚书正义》,北京,北京大学出版社,1999 年版。
李学勤:《云梦龙岗木牍试释》,载中国文物研究所、湖北省文物考古研究所编:《龙岗秦简》,北京,中华书局,2001 年版,第 149—151 页。
李学勤:《张家山汉简研究的几个问题》,《郑州大学学报(社会科学版)》2002 年第 3 期。
李雪梅:《古代中国"铭金纪法"传统初探》,《天津师范大学学报(社会科学版)》2010 年第 1 期。
李振宏:《萧何"作律九章"说质疑》,《历史研究》2005 年第 3 期。
李志芳、蒋鲁敬:《湖北荆州市胡家草场西汉墓 M12 出土简牍概述》,《考古》2020 年第 2 期。
李忠林:《秦至汉初(前 246 至前 104)历法研究——以出土历简为中心》,《中国史研究》2012 年第 2 期。
栗劲:《秦律通论》,济南,山东人民出版社,1985 年版。
连宏:《〈二年律令・贼律〉中的罪名及其法律问题研究》,《社会科学战线》2010 年第 11 期。
梁启超:《先秦政治思想史》,北京,东方出版社,1996 年版。
梁涛:《二重证据法:疑古与释古之间——以近年出土文献研究为例》,《中国社会科学》2013 年第 2 期。
林剑鸣:《〈日书〉与秦汉时代的吏治》,《新史学》1991 年第 2 卷第 2 期。
林明、朱运涛:《保辜制的制度与思想探析》,《法制与社会发展》2005 年第 5 期。
刘风景:《法条的功用与设置》,《法学》2018 年第 5 期。
刘国忠:《流散简帛资料的整理及其学术价值》,载蔡万进、邬文玲主编:《简帛学理论与实践》(第一辑),桂林,广西师范大学出版社,2021 年版,第 117—126 页。
刘欢:《关于〈二年律令〉颁行年代的探析》,《考古与文物》2006 年第 2 期。
刘敏:《从〈二年律令〉论汉代"孝亲"的法律化》,《南开学报(哲学社会科学版)》2006 年第 2 期。
刘庆:《秦汉逮捕制度考》,《河北学刊》2010 年第 3 期。
刘庆:《秦汉告、劾制度辨析》,《中国史研究》2016 年第 4 期。
刘晓林:《秦汉律与唐律"谋杀"比较研究》,《甘肃社会科学》2013 年第 2 期。
刘晓林:《从"贼杀"到"故杀"》,《苏州大学学报(法学版)》2015 年第 1 期。
刘志远:《二重性视角下的刑法规范》,北京,中国方正出版社,2003 年版。
刘自稳:《里耶秦简中的追书现象——从睡虎地秦简一则行书律说起》,载中国文化遗产研究院编:《出土文献研究》(第十六辑),上海,中西书局,2017 年版,第 147—164 页。
鲁家亮:《里耶秦简所见"小史"刍议》,载出土文献与中国古代文明研究协同创新中心中国人民大学分中心编:《出土文献的世界:第六届出土文献青年学者论坛论文集》,上海,中西书局,2018 年版,第 92—101 页。
马克昌、高铭暄:《刑法学》(第八版),北京,北京大学出版社、高等教育出版社,2017 年版。
马力:《长沙五一广场东汉简牍举劾文书初读》,载李学勤主编:《出土文献》(第八辑),上海,中西书局,2016 年版,第 211—220 页。
马力:《〈岳麓书院藏秦简(伍)〉举留狱上计诏初读》,载邬文玲、戴卫红主编:《简帛研究》(二〇一九春夏卷),桂林,广西师范大学出版社,2019 年版,第 114—122 页。
马梦龙:《张家山三三六号汉墓〈秩律〉残简相关问题阐释》,《江汉考古》2014 年第 6 期。

〔俄〕马硕:《可计量的犯罪与刑罚:早期中华帝国非官方执法的量化与正当性》,朱潇译,载周东平、朱腾主编:《法律史译评》(第五卷),上海,中西书局,2017 年版,第 1—17 页。

马怡:《“始建国二年诏书”册所见诏书之下行》,《历史研究》2006 年第 5 期。

马怡:《扁书试探》,载孙家洲主编:《额济纳汉简释文校本》,北京,文物出版社,2007 年版,第 170—183 页。

孟彦弘:《秦汉法典体系的演变》,《历史研究》2005 年第 3 期。

南玉泉:《汉唐律的罪数与处罚》,载张中秋编:《理性与智慧——中国法律传统再讨论》(中国法律史学会 2007 年国际学术研讨会文集),北京,中国政法大学出版社,2008 年版,第 234—244 页。

南玉泉:《秦汉的乞鞫与覆狱》,《上海师范大学(哲学社会科学版)》2017 年第 1 期。

南玉泉:《秦令的性质及其与律的关系》,载徐世虹等:《秦律研究》,武汉,武汉大学出版社,2017 年版,第 74—92 页。

〔日〕籾山明:《中国古代诉讼制度研究》,李力译,上海,上海古籍出版社,2009 年版。

〔日〕籾山明:《简牍文书学与法制史——以里耶秦简为例》,载柳立言主编:《史料与法史学》,台北,“中央研究院”历史语言研究所 2016 年版,第 37—68 页。

欧扬:《读鞫与乞鞫新探》,《湖南大学学报(社会科学版)》2016 年第 4 期。

欧扬:《岳麓秦简〈亡律〉日期起首律条初探》,载周东平、朱腾主编:《法律史译评》(第八卷),上海,中西书局,2020 年版,第 55—71 页。

彭浩:《秦〈户律〉和〈具律〉考》,李学勤主编:《简帛研究》(第一辑),北京,法律出版社,1993 年版,第 48—55 页。

彭浩:《谈〈奏谳书〉中的西汉案例》,《文物》1993 年第 8 期。

彭浩:《谈〈奏谳书〉中秦代和东周时期的案例》,《文物》1995 年第 3 期。

彭浩:《张家山汉简〈算数书〉注释》,北京,科学出版社,2001 年版。

彭浩:《〈津关令〉的颁行年代与文书格式》,《郑州大学学报(哲学社会科学版)》2002 年第 3 期。

彭浩:《读松柏出土的西汉木牍(一)》,简帛网 2009 年 3 月 31 日,(http://www.bsm.org.cn/?hanjian/5211.html)。

彭浩:《读云梦睡虎地 M77 汉简〈葬律〉》,《江汉考古》2009 年第 4 期。

齐继伟:《秦〈发征律〉蠡测——兼论秦汉“律篇二级分类说”》,《中国史研究》2021 年第 1 期。

钱大群:《唐律研究》,北京,法律出版社,2000 年版。

钱大群:《秦律“三环”论》,载杨一凡总主编、马小红主编:《中国法制史考证》甲编第二卷《历代法制考·战国秦法制考》,北京,中国社会科学出版社,2003 年版,第 106—115 页。

钱穆:《两汉经学今古文平议》,北京,商务印书馆,2001 年版。

〔日〕浅井虎夫:《中国法典编纂沿革史》,陈重民译,李孝猛点校,北京,中国政法大学出版社,2007 年版。

邵方:《〈晋书·刑法志〉与汉〈九章律〉》,《法学评论》2007 年第 1 期。

沈刚:《秦县令、丞、尉问题发微》,载中国文化遗产研究院编:《出土文献研究》(第十七辑),上海,中西书局,2018 年版,第 194—215 页。

沈刚:《秦代县级行政组织中的武职系统——以秦简为中心的考察》,《烟台大学学报(哲学社会科学版)》2018 年第 6 期。
沈刚:《秦简所见地方行政制度研究》,北京,中国社会科学出版社,2021 年版。
〔日〕水间大辅:《汉初三族刑的变迁》,《厦门大学学报(哲学社会科学版)》2012 年第 6 期.
〔日〕水间大辅:《秦汉时期承担覆狱的机关与官吏》,载武汉大学简帛研究中心编:《简帛》(第七辑),上海,上海古籍出版社,2012 年版,第 277—295 页。
宋国华:《秦汉律"购赏"考》,《法律科学》2013 年第 5 期。
宋洁:《汉律构成中"篇""章""条""事"之关系》,杨振红、邬文玲主编:《简帛研究》(二〇一四),桂林,广西师范大学出版社,2014 年版,第 198—207 页。
苏亦工:《法律史学研究方法问题商榷》,《北方工业大学学报》1997 年第 4 期。
孙家红:《微观法史学刍议——一项主要针对中国大陆法史学的思考和讨论》,载陈景良、郑祝君主编:《中西法律传统》(第 10 卷),北京,中国政法大学出版社,2014 年版,第 3—28 页。
孙家洲:《再论"矫制"——读〈张家山汉墓竹简〉札记》,《南都学坛(人文社会科学学报)》2003 年第 4 期。
孙家洲主编:《额济纳汉简释文校本》,北京,文物出版社,2007 年版。
孙家洲:《兔子山遗址出土〈秦二世元年文书〉与〈史记〉纪事抵牾释解》,《湖南大学学报(社会科学版)》2015 年第 3 期。
孙沛阳:《简册背划线初探》,载复旦大学出土文献与古文字研究中心编:《出土文献与古文字研究》(第四辑),上海,上海古籍出版社,2011 年版,第 449—458 页。
唐俊峰:《甲渠候官第 68 号探方出土劾状简册的复原与研究》,载西北师范大学历史文化学院、甘肃简牍博物馆编:《简牍学研究》(第五辑),兰州,甘肃人民出版社,2014 年版,第 38—58 页。
唐俊峰:《秦汉劾文书格式演变初探》,载中国政法大学法律古籍整理研究所编:《中国古代法律文献研究》(第十一辑),北京,社会科学文献出版社,2017 年版,第 131—159 页。
唐俊峰:《秦代迁陵县行政信息传递效率初探》,载武汉大学简帛研究中心编:《简帛》(第十六辑),上海,上海古籍出版社,2018 年版,第 191—230 页。
唐俊峰:《新见荆州胡家草场 12 号汉墓〈外乐律〉〈蛮夷律〉条文读记与校释》,载周东平、朱腾主编:《法律史译评》(第八卷),上海,中西书局,2020 年版,第 72—93 页。
万荣:《秦汉简牍"自告"、"自出"再辨析——兼论"自诣"、"自首"》,《江汉论坛》2013 年第 8 期。
万荣:《秦与汉初刑事诉讼程序中的判决:"论"、"当"、"报"》,载武汉大学简帛研究中心主编:《简帛》(第十一辑),上海,上海古籍出版社,2015 年版,第 144—150 页。
王安宇:《秦汉时期的异地诉讼》,《中国史研究》2019 年第 3 期。
王国维:《古史新证——王国维最后的讲义》,北京,清华大学出版社,1994 年版。
王捷:《秦监察官"执法"的历史启示》,《环球法律评论》2017 年第 2 期。
汪桂海:《汉代官文书制度》,南宁,广西教育出版社,1999 年版。
汪桂海:《从湘西里耶秦简看秦官文书制度》,载中国社会科学院考古研究所、中国社会科学院历史研究所、湖南省文物考古研究所编:《里耶古城・秦简与秦文化研究——中国里耶古城・秦简与秦文化国际学术研讨会论文集》,北京,科学出版社,2009 年版,第 141—149 页。

王明钦:《王家台秦墓竹简概述》,载〔美〕艾兰、邢文主编:《新出简帛研究》,北京,文物出版社,2004 年版,第 26—49 页。

王沛:《刑鼎、宗族法令与成文法公布——以两周铭文为基础的研究》,《中国社会科学》2019 年第 3 期。

汪世荣:《〈奏谳书〉所见秦朝的推理方法》,载葛洪义主编:《法律方法与法律思维》(第 1 辑),北京,中国政法大学出版社,2002 年版,第 219—228 页。

王四维:《秦郡"执法"考——兼论秦郡制的发展》,《社会科学》2019 年第 11 期。

王伟:《张家山〈二年律令〉编联初探》,载陈伟主编:《简帛》(第一辑),上海,上海古籍出版社,2006 年版,第 353—367 页。

王伟:《论汉律》,《历史研究》2007 年第 3 期。

王伟:《辩汉律》,《史学月刊》2013 年第 6 期。

王彦辉:《关于〈二年律令〉年代及性质的几个问题》,《古代文明》2012 年第 1 期。

邬文玲:《〈甘露二年御史书〉校读》,载中国政法大学法律古籍整理研究所编:《中国古代法律文献研究》(第五辑),北京,社会科学文献出版社,2012 年版,第 46—60 页。

邬勖:《〈岳麓简(三)〉"癸、琐相移谋购案"中的法律适用》,《华东政法大学学报》2014 年第 2 期。

吴旺宗:《西汉与新莽时期政府信息传播媒介——额济纳汉简"扁书"探析》,载孙家洲主编:《额济纳汉简释文校本》,北京,文物出版社,2007 年版,第 184—187 页。

谢桂华、李均明、朱国炤:《居延汉简释文合校》,北京,文物出版社,1987 年版。

邢义田:《地不爱宝:汉代的简牍》,北京,中华书局,2011 年版。

邢义田:《天下一家:皇帝、官僚与社会》,北京,中华书局,2011 年版。

邢义田:《治国安邦:法制、行政与军事》,北京,中华书局,2011 年版。

熊北生、陈伟、蔡丹:《湖北云梦睡虎地 77 号西汉墓出土简牍概述》,《文物》2018 年第 3 期。

徐世虹:《"三环之"、"刑复城旦舂"、"系城旦舂某岁"解——读〈二年律令〉札记》,载中国文物研究所编:《出土文献研究》(第六辑),上海,上海古籍出版社,2004 年版,第 79—89 页。

徐世虹:《九章律再认识》,载"沈家本与中国法律文化国际学术研讨会"组委会编:《沈家本与中国法律文化国际学术研讨会论文集》,北京,中国法制出版社,2005 年版,第 683—698 页。

徐世虹:《说"正律"与"旁章"》,载中国文化遗产研究院编:《出土文献研究》(第 8 辑),上海,上海古籍出版社,2007 年版,第 74—85 页。

徐世虹:《秦汉法律的编纂》,(韩国)《中国中古世史研究》2010 年第 24 辑。

徐世虹:《秦汉法律研究百年(一)——以辑佚考证为特征的清末民国时期的汉律研究》,载中国政法大学法律古籍整理研究所编:《中国古代法律文献研究》(第五辑),北京,社会科学文献出版社,2011 年版,第 1—22 页。

徐世虹:《文献解读与秦汉律本体认识》,《"中央研究院"历史语言研究所集刊》2015 年第 86 本第 2 分。

徐世虹:《西汉末期法制新识——以张勋主守盗案牍为对象》,《历史研究》2018 年第 5 期。

徐世虹:《出土简牍法律文献》,载中国政法大学法律古籍整理研究所编:《中国古代法律文献概论》,上海,上海古籍出版社,2019 年版,第 55—93 页。

徐世虹、支强:《秦汉法律研究百年(三)——1970年代中期至今:研究的繁荣期》,载中国政法大学法律古籍整理研究所编:《中国古代法律文献研究》(第六辑),北京,社会科学文献出版社,2012年版,第95—170页。

徐锡祺:《西周(共和)至西汉历谱》,北京,北京科学技术出版社,1997年版。

徐燕斌:《汉简扁书辑考——兼论汉代法律传播的路径》,《华东政法大学学报》2013年第2期。

徐燕斌:《周秦两汉法律"布之于民"考论》,《法学研究》2017年第6期。

徐燕斌:《中国古代法律传播史稿》,北京,中国社会科学出版社,2019年版。

徐忠明:《从西方民法视角看中国固有"民法"问题——对一种主流观点的评论》,载何勤华主编:《法的移植与法的本土化》,北京,法律出版社,2001年版,第507—536页。

徐忠明:《明清国家的法律宣传:路径与意图》,《法制与社会发展》2010年第1期。

许光县:《中国古代法律传播模式研究——以国家传播为中心的考察》,《政法论坛》2011年第4期。

闫晓君:《略论秦律对汉律的影响》,《甘肃政法学院学报》2005年第5期。

闫晓君:《张家山汉简〈告律〉考论》,《法学研究》2007年第6期。

闫晓君:《秦汉时期的捕律》,《华东政法大学学报》2009年第2期。

杨伯峻:《春秋左传注》,北京,中华书局,1990年版。

杨建:《西汉初期津关制度研究》,上海,上海古籍出版社,2010年版。

杨宽:《战国史》,上海,上海人民出版社,2016年版。

杨振红:《从〈二年律令〉的性质看汉代法典的编纂修订与律令关系》,《中国史研究》2005年第4期。

杨振红:《秦汉律篇二级分类说——论〈二年律令〉二十七种律均属九章》,《历史研究》2005年第6期。

杨振红:《汉代法律体系及其研究方法》,《史学月刊》2008年第10期。

杨振红:《从出土秦汉法律看中国古代的"礼"、"法"观念及其法律体现——中国古代法律之儒家化说商兑》,《中国史研究》2010年第4期。

杨振红:《秦汉"乞鞫"制度补遗》,载复旦大学出土文献与古文字研究中心编:《出土文献与古文字研究》(第六辑),上海,上海古籍出版社,2015年版,第499—509页。

杨振红:《简帛学的知识系统与交叉学科属性》,载蔡万进、邬文玲主编:《简帛学理论与实践》(第一辑),桂林,广西师范大学出版社,2021年版,第8—18页。

姚磊:《肩水金关汉简〈永始三年诏书〉校读》,《中国文字研究》(第二十四辑),上海,上海书店出版社,2016年版,第89—99页。

游逸飞:《试论张家山汉简〈二年律令〉的几处讹误》,《珞珈史苑》2013年第1期。

于增尊:《论我国刑事审限制度及其启示》,《中国政法大学学报》2015年第3期。

于振波:《从"公室告"与"家罪"看秦律的立法精神》,《湖南大学学报(社会科学版)》2005年第5期。

于振波:《浅谈出土律令名目与"九章律"的关系》,《湖南大学学报(社会科学版)》2010年第4期。

岳纯之:《论〈唐律疏议〉的形成、结构和影响》,《政法论丛》2013年第2期。

云梦睡虎地秦墓编写组:《云梦睡虎地秦简》,北京,文物出版社,1981年版。

臧知非:《秦"以吏为师、以法为教"的渊源与流变》,《江苏行政学院学报》2008年第4期。
曾加:《张家山汉简法律思想研究》,北京,商务印书馆,2008年版。
张伯元:《"累论"与数罪并罚》,载中国政法大学法律古籍整理研究所编:《中国古代法律文献研究》(第八辑),北京,社会科学文献出版社,2014年版,第49—54页。
张伯元:《〈岳麓简(三)〉的内容与法律史价值》,《华东政法大学学报》2014年第2期。
张仁玺:《秦汉家庭研究》,北京,中国社会出版社,2002年版。
张传玺:《睡虎地秦简〈法律答问〉"狱未断"诸条再释——兼论秦及汉初刑罚体系构造》,载中国政法大学法律古籍整理研究所编:《中国古代法律文献研究》(第十二辑),北京,社会科学文献出版社,2018年版,第120—172页。
张传玺:《秦及汉初逃亡犯罪的刑罚适用和处理程序》,《法学研究》2020年第3期。
张春龙、张兴国:《湖南益阳兔子山遗址九号井出土简牍概述》,《国学学刊》2015年第4期。
张琮军:《汉代刑事证据在司法监督制度中的运用》,《政法论坛》2013年第1期。
张琮军:《秦代简牍文献刑事证据规则考论》,《法学》2015年第2期。
张琮军:《秦汉辞证制度探析——以出土简牍文献为中心》,《当代法学》2021年第5期。
张积:《论汉代的法律教育》,《中国政法大学学报》2009年第3期。
张家山汉简研读班:《张家山汉简〈二年律令〉校读记》,载李学勤、谢桂华主编:《简帛研究》(2002、2003),桂林,广西师范大学出版社,2005年版,第177—195页。
张建国:《再析晋修泰始律时对两项重要法制的省减》,《北京大学学报》1990年第6期。
张建国:《试析汉初"约法三章"的法律效力——兼谈"二年律令"与萧何的关系》,《法学研究》1996年第1期。
张建国:《叔孙通定〈傍章〉质疑——兼析张家山汉简所律篇名》,《北京大学学报(哲学社会科学版)》1997年第6期。
张建国:《帝制时代的中国法》,北京,法律出版社,1999年版。
张金光:《释张家山汉简〈历谱〉错简——兼说"新降为汉"》,《文史哲》2008年第3期。
张俊民:《〈额济纳汉简〉册书再探讨》,《考古与文物》2007年第4期。
张明楷:《刑法学》,北京,法律出版社,2016年版。
张培瑜:《根据新出历日简牍试论秦和汉初的历法》,《中原文物》2007年第5期。
张维迎、邓峰:《信息、激励与连带责任——对中国古代连坐、保甲制度的法和经济学解释》,《中国社会科学》2003年第3期。
张兆凯:《任子制新探》,《中国史研究》1996年第1期。
张政烺:《秦律"葆子"释义》,载杨一凡总主编、马小红主编:《中国法制史考证》甲编第二卷《历代法制考·战国秦法制考》,北京,中国社会科学出版社,2003年版,第99—105页。
张忠炜:《〈二年律令〉年代问题研究》,《历史研究》2008年第3期。
张忠炜:《汉科研究:以购赏科为中心》,《南都学刊》2012年第3期。
张忠炜:《秦汉律令关系试探》,《文史哲》2011年第4期。
张忠炜:《秦汉律令法系研究初编》,北京,社会科学文献出版社,2012年版。
张忠炜、张春龙:《汉律体系新论——以益阳兔子山遗址所出汉律律名木牍为中心》,《历史研究》2020年第6期。
张忠炜:《秦汉律令法系研究续编》,上海,中西书局,2021年版。

赵凯:《汉代匿名文书犯罪诸问题再探讨》,《河北学刊》2009 年第 3 期。

支强:《秦律用语与律义内涵》,载徐世虹等:《秦律研究》,武汉,武汉大学出版社,2017 年版,第 217—224 页。

中国科学院考古研究所:《居延汉简甲编》,北京,科学出版社,1959 年版。

中国人民大学法学院法律史料研读班:《岳麓书院藏秦律令简集注(一)》,载邬文玲、戴卫红主编:《简帛研究》(二〇二一春夏卷),桂林,广西师范大学出版社,2021 年版,第 155—202 页。

中国社会科学院考古研究所、甘肃省博物馆编:《武威汉简》,北京,文物出版社,1964 年版。

中国文物研究所、湖北省文物考古研究所编:《龙岗秦简》,北京,中华书局,2001 年版。

〔日〕中田薰:《汉律令》,载中国政法大学法律古籍整理研究所编:《中国古代法律文献研究》(第三辑),北京,中国政法大学出版社,2007 年版,第 101—124 页。

周东平:《问题的多面性及其对策——中国法律史学困境的知识运行解读》,《江苏社会科学》2016 年第 2 期。

周东平主编:《〈晋书·刑法志〉译注》,北京,人民出版社,2017 年版。

周海锋:《秦律令之流布及随葬律令性质问题》,《华东政法大学学报》2016 年第 4 期。

朱腾:《秦汉时代的律令断罪》,《北方法学》2012 年第 1 期。

朱腾:《秦汉时代律令的传播》,《法学评论》2017 年第 4 期。

朱振辉、丁国峰:《从古代录囚制度看刑事法律纠错程序的建立》,《求索》2013 年第 3 期。

祝总斌:《略论晋律的"宽简"与"周备"》,《北京大学学报》1983 年第 2 期。

〔日〕滋贺秀三:《中国法文化的考察——以诉讼的形态为素材》,王亚新译,载王亚新、梁治平编:《明清时期的民事审判与民间契约》,北京,法律出版社,1998 年版,第 1—18 页。

〔日〕滋贺秀三:《关于曹魏〈新律〉十八篇篇目》,载杨一凡总主编、〔日〕寺田浩明主编:《中国法制史考证》丙编第二卷《日本学者考证中国法制史重要成果选译魏晋南北朝隋唐卷》,北京,中国社会科学出版社,2003 年版,第 252—266 页。

〔日〕滋贺秀三:《刑罚的历史》,徐世虹译,载杨一凡、〔日〕寺田浩明主编:《日本学者中国法制史论著选:先秦秦汉卷》,北京,中华书局,2016 年版,第 62—84 页。

三、英文文献

Barbieri-Low, Anthony J. and Yates, Robin D. S.: *Law, State and Society in Early Imperial China: A Study with Critical Edition and Translation of the Legal Texts from Zhangjiashan Tomb no. 247*, Leiden: Brill, 2015.

Cullen, Christopher: *The Suan Shu Shu 'Writings on Reckoning': A Translation of a Chinese Mathematical Collection of the Second Century BC, with Explanatory Commentary, and an Edition of the Chinese Text*, Cambridge UK: Needham Research Institute, 2004.

Erickson, Susan N.: "Han Dynasty Tomb Structures and Contents," in *China's Early Empires: A Re-appraisal*, edited by Michael Nylan and Micheal Loewe, Cambridge: Cambridge University Press, 2010, pp. 13 - 82.

Giele, Enno: *Imperial Decision-Making and Communication in Early China: A Study of Cai Yong's Duduan*, Wiesbaden: Harrassowitz, 2006.

Giele, Enno: "Excavated Manuscripts: context and Methodology," in *China's Early Empires: A Re-appraisal*, edited by Michael Nylan and Michael Loewe, Cambridge: Cambridge University Press, 2010, pp. 114 – 134.

Guo Jue: "Concepts of Death and the Afterlife Reflected in Newly Discovered Tomb Objects and Texts from Han China," in *Mortality in Traditional Chinese Thought*, edited by Amy Olberding and Philip J. Ivanhoe, Albandy, N. Y.: State University of New York Press, 2011, pp. 85 – 115.

Hulsewé, A. F. P.: *Remnants of Han Law*, Leiden: E. J. Brill, 1955.

Korolkov, Maxim: "Calculating Crime and Punishment: Unofficial Law Enforcement, Quantification, and Legitimacy in Early Imperial China," *Critical Analysis of Law* 3: 1(2016), pp. 70 – 86.

Lau, Ulrich and Lüdke, Michael: *Exemplarische Rechtsfälle vom Beginn der Han-Dynastie: Eine Kommentierte Übersetzung des Zouyanshu aus Zhangjiashan/Provinz Hubei*, Tokyo: Research Institute for Languages and Cultures of Asia and Africa (ILCAA), Tokyo University of Foreign Studies, 2012.

Lau, Ulrich and Staack, Thies: *Legal Practice in the Formative Stages of the Chinese Empire: An Annotated Translation of the Exemplary Qin Criminal Cases from the Yuelu Academy Collection*, Leiden: Brill, 2016.

Li Xueqin and Xing Wen: "New Light on the Early-Han Code: A Reappraisal of the Zhangjiashan Bamboo-Slip Legal Texts," *Asia Major*, 3rd ser. 14. 1(2001), pp. 125 – 146.

Loewe, Michael: "Wood and Bamboo Administrative Documents of the Han Period," in *New Sources of Early Chinese History: An Introduction to the Reading of Inscriptions and Manuscripts*, edited by Edward L. Shaughnessy, Berkeley: Society for the Study of Early China and the Institute of East Asian Studies, University of California, 1997, pp. 161 – 192.

MacCormack, Geoffrey: "The Transmission of Penal Law (*Lü*) from the Han to the T'ang: A Contribution to the Study of the Early History of Codification in China," *Revue internationale des droits de l'antiquité*, vol. 3(2004), pp. 50 – 57.

Milburn, Olivia: "Gai Lu: A Translation and Commentary on a Yin-Yang Military Text Excavated from Tomb M247, Zhangjiashan," *Early China*, vol. 33(2010), pp. 101 – 140.

Osamu, Ōba: "The Ordinances on Fords and Passes Excavated from Han Tomb Number 247, Zhangjiashan," translated and edited by David Spafford, Robin D. S. Yates and Enno Giele with Michael Nylan, *Asia Major* (3rd ser.)14. 2(2001), pp. 119 – 141.

Pokora, Timoteus: "The Canon of Laws by Li Kui—A Double Falsification?" *Archiv Orientalni*, vol. 27(1959), pp. 96 – 121.

Poo, Mu-chou: "Preparation for the Afterlife in Ancient China," in *Mortality in Tradi-*

tional Chinese Thought, edited by Amy Olberding and Philip J. Ivanhoe. Albany, N.Y.: State University of New York Press, 2011, pp. 13 - 36.

Sanft, Charles: "Law and Communication in Qin and Western Han China," *Journal of the Economic and Social History of the Orient*, vol. 53(2010), pp. 690 - 711.

Staack, Thies: "From Copies of Individual Decrees to Compilations of Written Law: On Paratextual Framing in Early Chinese Legal Manuscripts," in *Copying Manuscripts: Textual and Material Craftsmanship*, edited by Antonella Brita, Giovanni Ciotti, Florinda De Simini, and Amneris Roselli, Napoli: Unior Press, 2020, pp. 183 - 240.

Yate, Robin D. S.: "Soldiers, Scribes, and Women: Literacy among the Lower Orders in Early China," in *Writing and Literacy in Early China: Studies from the Columbia Early China Seminar*, edited by Li Feng and David Prager Branner, Seattle and London: University of Washington Press, 2011, pp. 339 - 369.